······中国基础教育国家级教学成果文库

U0573704

"导学讲评式教学"的理论与实践

王富英团队DJP教学研究

王富英　朱远平　著

北京师范大学出版集团
BEIJING NORMAL UNIVERSITY PUBLISHING GROUP
北京师范大学出版社

图书在版编目(CIP)数据

"导学讲评式教学"的理论与实践：王富英团队 DJP 教学研究 / 王富英，朱远平著. —北京：北京师范大学出版社，2019.1(2023.8 重印)

（中国基础教育国家级教学成果文库）

ISBN 978-7-303-23422-6

Ⅰ. ①导… Ⅱ. ①王… ②朱… Ⅲ. ①中小学－教学法 Ⅳ. ①G632.4

中国版本图书馆 CIP 数据核字(2018)第 020836 号

教材意见反馈 gaozhifk@bnupg.com 010-58805079
营销中心电话 010-58802755 58800035
北师大出版社教师教育分社微信公众号 京师教师教育

出版发行：北京师范大学出版社 www.bnupg.com
　　　　　北京市西城区新街口外大街 12-3 号
　　　　　邮政编码：100088
印　　刷：北京溢漾印刷有限公司
经　　销：全国新华书店
开　　本：710 mm×1000 mm 1/16
印　　张：21.25
字　　数：312 千字
版　　次：2019 年 1 月第 1 版
印　　次：2023 年 8 月第 2 次印刷
定　　价：55.00 元

策划编辑：路　娜　郭　翔　　责任编辑：李云虎　秦　奕
美术编辑：陈　涛　焦　丽　　装帧设计：陈　涛　焦　丽
责任校对：韩兆涛　　　　　　责任印制：马　洁

总　　序

　　教育兴则国家兴，教育强则国家强。中共中央、国务院高度重视教育事业，始终将教育事业摆在优先发展的位置上。在中共十九大报告中，习近平总书记明确指出："优先发展教育事业。建设教育强国是中华民族伟大复兴的基础工程，必须把教育事业放在优先位置，深化教育改革，加快教育现代化，办好人民满意的教育。要全面贯彻党的教育方针，落实立德树人根本任务，发展素质教育，推进教育公平，培养德智体美全面发展的社会主义建设者和接班人。"2018年9月10日，全国教育大会在北京召开，习近平总书记强调：在党的坚强领导下，全面贯彻党的教育方针，坚持马克思主义指导地位，坚持中国特色社会主义教育发展道路，坚持社会主义办学方向，立足基本国情，遵循教育规律，坚持改革创新，以凝聚人心、完善人格、开发人力、培育人才、造福人民为工作目标，培养德智体美劳全面发展的社会主义建设者和接班人，加快推进教育现代化、建设教育强国、办好人民满意的教育。

　　"两个一百年"奋斗目标的实现、中华民族伟大复兴中国梦的实现，归根到底靠教育，而基础教育则是实现伟大复兴中国梦、提高民族素质、促进人的全面发展的奠基工程。为此，要鼓励校长和教师创新教育思想、教育模式和教育方法，在实践中办出特色，教出风格。

　　近些年，基础教育领域教育教学成果斐然，涌现出了一大批有特色的学校、有个性的校长、有风格的教师。在此背景下，2014年，教育部委托中国教育学会组织评选了首届"基础教育国家级教学成果奖"，共有417项成果获奖。这些获奖成果是改革开放以来我国基础教育改革创新的缩影，凝聚着几代教育工作者的智慧和心血。获奖者中有的是历史悠久、文化积淀深厚，至今仍然在实践中勃发着育人风采的名校；有的是建校时间短，在校长和教师的勠力同心、共同耕耘下创出佳绩的新学校；有

的是办学理念先进、管理经验丰富、充满活力的校长；有的是师德高尚、业务精湛、热爱学生的教师。总结和推广他们的经验，是推动我国基础教育改革、提高基础教育质量、实现基础教育内涵式发展的重要动力，也是写好教育"奋进之笔"、实现教育现代化的重要保证。

为了宣传首届"基础教育国家级教学成果奖"的获奖成果，充分发挥优秀教学成果的示范、引领和借鉴作用，有效促进基础教育的教学改革与质量提升，教育部委托中国教育学会与北京师范大学出版社共同组织编写了"中国基础教育国家级教学成果文库"（以下简称"文库"）。"文库"围绕首届"基础教育国家级教学成果奖"中的特等奖、一等奖及部分二等奖进行组稿，将每一项教学成果转化为一部著作，深入挖掘优秀成果的创新教育理念与教育思想，系统展示教育教学模式和教育方法，着力呈现对教育突出热点问题和难点问题的工作思路、解决措施和实际效果。这套"文库"将成为宣传优秀教学成果、交流成功教改经验、促进基础教育教学质量提升的综合服务平台。

新时代呼唤更好的教育，人民群众期盼更好的教育。只有扎根中国大地，努力挖掘民族文化底蕴，不断吸收优秀文明成果，始终坚定本土教育自信，持续创生本土教育智慧，才能创造富有中国特色的教育理论和教育文明，推进教育教学改革实践探索；才能切实回应人民群众最现实的教育关切，增强人民群众的教育获得感；才能真正办好人民满意的教育，满足人民对美好生活的向往。人民满意的教育既是我们奋斗的目标，也是我们前进的动力。

2018 年 9 月

序 从"灰色的"还原为"常青的"

成都市龙泉驿区教科院远平、富英两位学友嘱我为他们行将付梓的力作《"导学讲评式教学"的理论与实践——王富英团队DJP教学研究》一书作序，限时甚急，仓促之下浏览全书，实为不求甚解的跑马观花，即便如此，也产生了说上几句的冲动，于是欣然命笔。

纵观全书，可谓气势磅礴，架构宏大，求实务虚，名实相合，体例精妙，亮点纷呈，诚如本书"前言"所述，充分体现了该书的系统性、理论性、实用性和创新性。初读便已感触良多，这里仅择其一二，聊陈心得。

该书自始至终围绕"导学讲评式教学"（简称DJP教学）系统展开。研究者将DJP教学定义为："学生在教师的引导下，根据学案自主学习、对话性讲解、学习性评价，以达到深度理解与学会学习、促进师生发展的教与学方式。"显然，DJP教学与传统课堂的教与学大异其趣。传统课堂是单向度的线性式教育方式，以"记问之学"的传授为主，培养"会走路的两脚书橱"，说重一点就是培养"领有博士执照的傻瓜"（马斯洛语）。DJP教学则倡导多向度的立体式教育方式，它在本质上就是"道而弗牵，强而弗抑，开而弗达"（《学记》）的现代表述。人本教育必须是基于人性的教育。压抑个性，封锁潜能，泯灭自由发展，这一定是反人本教育的，当然不合时宜。我一直以为，传统教学模式以千篇一律的方式统治全部课堂教学，这是它基于功利目标和评价方式所造成的"死症"。同样，现代课堂创新模式也不能期望其定于一尊，步传统教学模式后尘。教育从来都是"教有原则，教无定法"。我曾提出"八仙教育"，即主张探索多元教育模式，自然也包括探索多元课堂教与学方式。DJP教学就是探索多元教学模式的一个精致范例。

"对话"是该书最为凸显的核心概念，它包括对话性讲解、对话性表达、对话性活动、对话性人格等。尽管早有学者论及对话教育、对话课堂，但该书将对话嵌入教与学的全过程，并赋予对话以系统的解读和全新的意义，彰显其价值所在。我在研究"关系哲学"时将关系形态与社会形态做对应解读，认为前工业社会是"指令关系"（命令与服从），工业社会是"规则关系"（条文与规约），后工业社会或信息社会是"对话关系"（平等与参与），这与该书所理解和践行的"对话教学"毫无二致。书中有一小节谈到，DJP教学是"我与你"在人格和精神上的"相遇"，师生关系应当是"我与你"的关系，即平等的相互接纳的关系，而非"我与他"的排斥关系，这是人格主义者布伯（或译为布贝尔）的"相遇哲学"的观点。布氏认为教师以"总括"的方式施教，持的是"我—你"的态度，若学生也进行"总括"，那施教关系的完整性就不复存在了，变成了友谊关系。布氏显然割裂了师生的教学关系与友谊关系，这方面显然不如DJP教学的认识高明。

书中提出的"四还给"教学原则彰显了学生的自主学习、自由发展的意含，特别是"把学习时间还给学生"尤有深究其发展意义的价值。我多年前就在相关文本和演讲中对学生的"自由时空"做过专门解读。学生唯有在"自由时空"中才会产生反思、想象和灵感，也才能发展兴趣爱好和特殊才智。长期高度紧张的学习不会增益学生的智商和智慧，诚如西方哲人名言："悠闲出智慧。"或因如此，几位来中国讲学的获得诺贝尔奖的科学家几乎都忠告中国学生：少学习，多思考，不断追问为什么。无独有偶，该书也提出类似表述，即"少告多启，以启促思"。我以为，这句话也应成为本书的"名句"。

该书对"学案"和"学生讲解"的系统分析和解读，很有创意和实践价值。教学旨趣的变迁必然带来模式的转型，DJP教学的展开必然牵动教案向学案的转移。该书很好地因应了这种系统的变化。"学生讲解"即我们所谓的"小先生制"，同样是因应系统变迁的创举。此外，对DJP教学"123355"的架构设计，对DJP教学学生观、教育观、知识观、学习观等的深入分析，以及对DJP教学的要素分析和解读都很有见地，也很具亮色。这里不再做一一评点。

黑格尔说：当哲学涂它的灰色于灰色之上，一种形式的生活已经变老了，由于灰色，它不能再返老还童。革命导师化用黑格尔的话语讲，理论是灰色的，生活之树是常青的。DJP 教学正是把灰色的理论还原为常青的教育生活的实践探索。

是为序。

纪大海

2017 年 1 月 7 日于蓉城

前　言

我国基础教育课程改革虽已进行多年，但新课程所倡导的自主、合作、探究等学习方式在教学实践中并未得到有效实施，"讲授法"教学范式仍统治着课堂，教学中仍固守"教师讲—学生听"的单一教学方式，学生处于被动学习状态，学习主体性严重缺失。同时，教学评价关注学生学习结果与行为表现，虽然发挥了评价的甄别与部分激励功能，但却忽略了评价的认知与生成功能，造成了学习与评价相分离、学习者与评价者相对立的弊端。

为改变这种现状，近年来我国基础教育中的一些教育实践者以学案为载体，对课堂教学方式进行了大胆改革，取得了一些成绩。但学案作为教学实践的产物，充满着经验的成分，缺乏理论指导与引领，出现了学案编写中的随意性、盲目性以及学案使用上的生搬硬套等问题，有些学校甚至把学案当作了应试教育的"新工具"。

针对以上问题，从 2007 年起，四川省特级教师、成都市龙泉驿区教育科学研究院数学教研员王富英领衔的研究团队以学生的学为出发点，以改善学生学习方式，激发学生学习主动性，促使学生学会学习，促进学生发展为目的，用"参与者知识观"设计学生的学习活动，用体现"学习形态知识"的学案代替体现"教育形态知识"的教案，以学生参与的多种视域融合的"对话性讲解"代替教师独霸话语权的单向度的"独白式讲解"，以内在的凸显认知发展功能的学习评价代替外在的发挥甄别竞争功能的学业评价，设计了"导学讲评式教学"（简称 DJP 教学），① 在成都市龙泉驿区进行了教学改革实验研究。

该研究沿着"基于课堂—高于课堂—回归课堂"的研究路径，成都市

---

① "导学""讲评"与"评价"是导学讲评式教学的核心要素与主要环节。故取"导""讲""评"汉语拼音首字母 DJP，将导学讲评式教学简称为 DJP 教学。

龙泉驿区 20 多所学校、3000 多名教师参与，开展了历时近 10 年的区域性课堂教学改革探索，取得了显著的成效。该研究实践在较短时间内改变了实验学校的落后面貌，理论上创造性地提出"知识的学习形态""讲解性理解""学习内评价""多元对话性学习"等一些新的理论与观点，在《中国教育学刊》《数学教育学报》《教学与管理》《数学通报》等期刊发表了论文 30 多篇，在科学出版社出版了学术专著《数学学案及其设计》和 9 部导学教材。课题领衔人和一些主要成员先后在第十三届国际数学教育大会，第一、第二届华人数学教育大会以及国内一些学术会议和教师培训会上进行专题报告 60 多场次，成果在基础教育界和学术界产生了一定的影响，引起了国内外专家的高度关注。2009 年 5 月美国路易斯安那州立大学吕联芳博士专程到实验学校调研考察一周，在第三十四届国际数学教育心理学大会介绍"导学讲评式教学"。2015 年 4 月美国范德堡大学 Erin 和 Emily 博士、2017 年 6 月 15 日美国威廉佩恩基金会"好学"项目(Great Learning)经理，宾夕法尼亚大学教育学研究生院教育政策研究联盟(CPRE)高级研究员埃利奥特·文鲍姆(Elliot Weinbaum)博士专程前来龙泉驿区调研考察。国际著名教育家弗赖登塔尔奖获得者 Paul 教授(美国)、David 教授(澳大利亚)和 Tom 教授(美国)等称"导学讲评式教学融合了东西方教学理念，既关注了学生的参与又传承了中国数学课堂中注重数学本质与思想方法的优秀传统，改变了国外学者对中国课堂教学的看法"[1]。北京师范大学博士生导师曹一鸣教授、南京师范大学马复教授、天津师范大学博士生导师王光明教授、成都师范学院姚文忠教授等国内知名专家学者前来调研考察。教育部中小学教材审定委员马复教授评价指出："DJP 教学重心置于学生的学，有效整合了多种学习方式，使我们看到了中国人自己建构的教学模式。"[2]

2014 年该成果分别获得首届基础教育国家级教学成果二等奖，四川省第五届普通教育优秀教学成果一等奖，成都市优秀教学成果一等奖。

---

① 赵文君：《导学讲评式教学中学生参与情况跟踪研究》，硕士学位论文，北京师范大学，2014。

② 王富英：《"导学讲评式教学"的理论与实践》序。

目前，该成果由四川省教科所发文在全省推广运用，并已成为一种新的教学范式。

《"导学讲评式教学"的理论与实践——王富英团队 DJP 教学研究》一书，从理论与实践两个方面对该项研究进行了较为系统地整理。

全书共分七章。

第一章讲述导学讲评式教学的研究背景；

第二章对导学讲评式教学的基本内涵、核心要素和结构进行了系统介绍；

第三章对导学讲评式教学的基本理念进行了系统介绍；

第四章主要讨论导学讲评式教学的基本模式；

第五章就导学讲评式教学中的学案及其设计进行了系统介绍；

第六章对导学讲评式教学中的学生讲解进行了系统介绍；

第七章对导学讲评式教学中的评价进行了系统介绍。

本书作为《中国基础教育国家级教学成果文库》收录的学术著作，除了着力呈现研究团队对教育教学改革中热点、难点问题研究的工作思路和解决措施外，还体现出以下几个方面的特点。

一是系统性。本书完整地论述了导学讲评式教学的基本内涵、基本理念和基本模式。对导学讲评式教学的核心要素和结构体系进行了详细地阐述，并分别系统介绍了与 DJP 教学中"导学""讲解""评价"三个主要环节对应的、具有自身特色的"导学讲评式教学中的学案及其设计""导学讲评式教学中的学生讲解""导学讲评式教学中的评价"，目的是给读者展示一幅多层次、多维度、立体的导学讲评式教学的全景图。

二是理论性。作者坚持"上通理论，下达课堂"的宗旨，以理论引导实践，以实践支撑理论。全书各章节的内容，不仅是本书内容体系的有机组成部分，而且也具有相对的独立性和完整性，如书中对"导学讲评式教学中的学案设计""导学讲评式教学中的学生讲解""导学讲评式教学的评价"等的论述。读者根据需要，可通篇阅读，也可选读部分章节。

三是实用性。本书所阐述的主要观点、方法，都是从课堂教学实践中提炼出来的，又接受了教学实践的检验，因此，具有较强的可操作性

和实效性。如在讨论学生讲解的相关问题时，通过典型案例分析，指出了教学中学生讲解的内涵、特征、类型及注意事项，为教师在课堂教学中的实际操作提供可借鉴的范式。

四是创新性。作者运用最新研究成果，提炼出了一些具有实践"根须"的教育教学观点，如"知识的学习形态""讲解性理解""学习内评价"和"多元对话性学习"等，揭示了导学讲评式教学的理论生成和实践操作过程，为读者进行课堂教学改革提供了新的视角与途径。

本书由研究团队中的两位主要研究者完成。王富英拟定全书写作框架并与朱远平讨论后分工完成。其中，第一章和第七章由朱远平撰写；第二章至第六章由王富英撰写。全书由朱远平合成整理，王富英审稿、修改、定稿。

当前，基础教育课程改革已步入深水区。整个教育界关注的焦点是"学生核心素养"。按照北京师范大学林崇德教授的解释，核心素养是可以通过接受教育来形成和发展的。[①] 通过导学讲评式教学培养学生核心素养是我们孜孜不倦的追求。导学讲评式教学作为时代的产物，所引起的教学变革是全方位的，所引发的教学问题也是多层面、多维度的。由于我们的知识与能力有限，加之接受出版社的写作任务后只有 3 个月的写作时间，在这么短的时间内将近 10 年的研究进行系统梳理，虽然我们进行了艰苦地努力，也难免挂一漏万。书中的很多观点只是我们研究中的一些认识，有些还有待在深化研究中进一步完善，所以不足之处恳请读者提出批评，与我们联系，以便我们进行纠正与完善。

著　者

2017 年 2 月 10 日星期四

---

① 林崇德：《对未来基础教育的几点思考》，载《课程·教材·教法》，2016(3)。

目　录

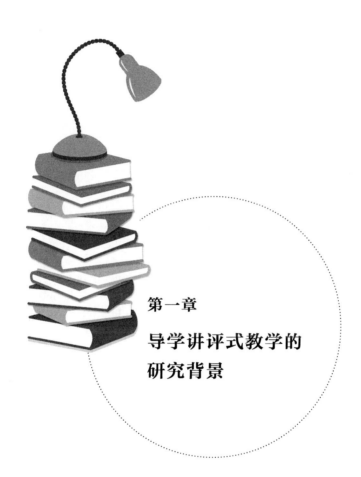

第一章

**导学讲评式教学的
研究背景**

在我国基础教育中，关于课堂教学研究的课题很多。本研究主要是解决哪些问题？解决这些问题的出发点是什么？采用的研究方法和研究路径又是什么？这些问题是否真正是当下教学中存在的问题？这些就是本章要阐述和回答的主要问题。

第一节　研究要解决的主要问题

一、　"三 Li 现象"问题

基础教育课程改革已进行多年，但由于受升学压力、社会文化与教育惯性的影响，学校课堂教学并未发生实质性的改变，教学中注重的仍然是教师的"教"而忽略学生的"学"，所采用的教学方法是"讲授式"和简单的"问答式"，学生处于被动学习状态，"教与学分离，主导与主体脱离，素质教育与应试教育对立"的现象(我们称为"三 Li 现象")仍然严重存在。在教学中，如何将教师的"教"与学生的"学"紧密结合？如何既使教师的"主导"作用充分发挥又使学生的"主体"地位得到充分的保障？如何既不回避提高升学考试成绩又全面提高学生的素质和核心素养？这已成为学校领导和教师们希望解决而又不得其解的难题，也是本课题要解决的主要问题。

二、　主体性缺失问题

教育的核心问题是"人"的问题，如何认识和体现"人"在教育中的地位？这是主体性教育理论关注的问题。主体性是人性的核心，是人性的精华。人的主体性具有四个基本特性：主观能动性、自主性、创造性和自我调节性。① 教育的主体是多元并存的，既有教师和学生，也有教育

_____

① 刘海君：《关于教育主体性缺失的研究》，硕士学位论文，云南师范大学，2003。

管理者等人员。当前，教育的主体性缺失集中体现在两个方面：主体性表现过度和主体性发挥不足。尽管新课改进行了多年，但我国中小学课堂教学中仍是教师主宰一切，学生处于被动地学习状态，学习主体性严重缺失。主要表现在：学生缺乏个性，不善言谈，个人观点较少，易受暗示；学生缺乏主见，学习目标空洞抽象，理想不切实际；学生缺乏创造性，实践能力较差，普遍没有研究性学习的意识和行为，不会主动提出问题，甚至害怕提问，对学校和老师的讲解较少提出异议，更不会恰当地表现自己的观点，等等。

三、 学生学习方式单一问题

我国学生的学习长期以来就是被动接受、死记硬背。传统教学过分突出和强调知识接受与掌握，忽视发现与探究，使学生学习变成了仅仅是直接接受书本知识，学生学习的过程纯粹成了被动接受、死记硬背的过程。这种学习方式束缚了学生的思维和智力，削减了学生的学习兴趣和热情，不仅不能促进学生发展，反而会成为学生发展的阻力。这种学习方式，使教育质量难以提高。课程改革必然要求在学习方式上实现由被动学习、机械学习、独自学习向主动学习、灵活学习、合作学习转变，以实现新一轮课程改革的目标。

以往学生在沉重的课业负担下，很少有自由支配的时间，主观能动性难以得到充分发挥，合作能力得不到培养，探究欲望受到抑制。因此，改变原有单一、被动的学习方式，建立和形成能充分调动、发挥学生主体性的多样化学习方式，促进学生在教师指导下主动学习，成为我国基础教育课程改革的核心任务。[①] 然而，现实的情况是，新课程改革倡导的自主、合作、探究等学习方式在教学实践中并未得到有效实施。"教师讲—学生听"的单一学习方式仍然是课堂教学的主要活动方式。

---

① 吴晓燕：《新课程背景下学生学习方式转变新探》，硕士学位论文，苏州大学，2010。

四、 学习与评价分离问题

我们知道，教育评价具有强大的导向功能，有什么样的教育评价，就有什么样的教育实践，有什么样的教育实践，就有什么样的学生发展。学习评价是学校教育评价的主要组成部分。学习评价的目的在于改进学习实践，而这种实践旨在"支援学习"。"它不仅是对学生学习成绩的认可，更重要的是对学习者学习行为的引导，促进学生认知能力、动手能力、分析问题和解决问题能力不断提高。"①但是，在学习评价实践中，注重的是对"学习的评价"（assessment of learning），即对学习的成效做出价值判断的活动。"评价的目的是为了甄别和选拔，而不是促进学习和改善表现；评价标准是预设的，而非生成的；评价所关注的是学习结果，而非学习过程；评价方法注重纸笔的考试或测验，并常常将学习评价和考试画上等号，似乎只有考试，才能客观、科学、公正，才能甄别学生，才能提供学习调控的信息。"②教学实践中的评价关注学生在学习活动中所获得的学习结果与行为表现，发挥了评价的甄别与部分激励功能，而忽略了评价的认知与生成功能，造成了学习与评价相分离、学习者与评价者相对立的弊端。

五、 学案导学理论欠缺问题

1997 年，在我国课堂教学这块热土上生长出了一个打上中国教学文化胎记的"教学生物"——学案（或称为导学案、讲学案、讲学稿等）③。学案开发了一种新的教学工具，它改变了教师的课程观、教材观、知识观，改变了课堂学习的活动方式，也改变了学习的价值观与评价观；它让课堂教学充满了生命的活力。可以毫不夸张地说，学案正在

---

① 刘仁坤，杨亭亭，王丽娜：《论现代远程教育多元化的学习评价方式》，载《中国电化教育》，2012(4)。

② 张治勇，李国庆：《学习性评价：深度学习的有效路》，载《现代远距离教育》，2013(1)。

③ 王新民，王富英，谭竹：《数学学案及其设计》，北京，科学出版社，2011。

引领着一场自下而上的教学改革运动。

当前，基于学案的教学模式及其教学改革实验如雨后春笋般涌现出来。但是，学案作为教学实践的产物，充满着经验的成分，具有强烈的"草根"色彩。由于缺乏理论指导与引领，出现了学案编写中的随意性、盲目性以及使用上的生搬硬套等问题，有些学校甚至把学案当作了应试教育的新工具。因此，通过教学实践探索和总结提炼，建构一套学案导学理论，从理论上来分析说明学案的特质、知识形态、构成要素、教学功能以及学案编写的基本原则等，是当务之急，势在必行。

第二节　研究的过程与方法

一、　研究的基本思路

本课题属于课堂教学方式改革研究，我们秉承"以学生发展为本"的教育理念，遵循"基于课堂—高于课堂—回归课堂"的研究路径，以学生的学为出发点，主要围绕"一个中心""三条主线"与"三个主要环节"开展改革研究工作。一个中心：改善学生的学，促进学生的发展；三条主线：学什么，怎样学，学得如何；三个主要环节：学案导学，对话性讲解，学习性评价。研究的技术线路如下图1-1所示：

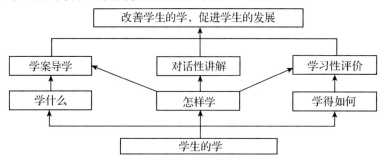

图 1-1　研究的技术路线

二、 研究的基本过程

我们本着"从实践中来，到实践中去"的原则，在成都市龙泉驿区双槐中学试点研究的基础上逐步推开，自下而上地开展研究。课题研究的基本过程是：总结经验—比照反思—改进设计—实践研究—理论提升—普及推广。

1. 总结经验

在"十五"期间，我们组织开展了《中学数学自主探究式学习的研究》的课题研究，在研究中取得了丰硕的成果，为本课题的研究打下了坚实基础，其中有许多经验值得我们提炼和继承。

2. 比照反思

根据本课题的研究目的，借鉴国内相关教育教学改革研究中的成功经验，通过比照，反思研究中所存在的问题，进一步厘清研究思路。

3. 改进设计

遵循"从实践到理论再到实践"的技术路线，从教学目标、教学结构程序、教学手段方法等方面完善导学讲评式教学的研究设计，通过理论学习、调查访问、座谈交流等方式，将方案中不切实际的因素去除，突出强化有效的做法和策略。

4. 实践研究

在研究中边实践、边摸索、边改进，"摸着石头过河"逐渐修改、完善，最后形成导学讲评式教学，并先在实验基地学校进行实验，取得成功经验后，再向全区大面积推广，在实践中深化提高。

5. 理论提升

坚持"上通理论，下达课堂"的原则，在反复实践、积累经验的基础上，将研究过程中涌现出的教师成果和学生成果加以提炼和总结，形成一个符合素质教育要求、学科特点、教学规律和学生发展规律，有一定特色的高效课堂教学方式。

6. 普及推广

将实践中获得的研究成果通过学术期刊、学术研讨、教研活动、教师培训、观课议课等方式进行普及推广。

三、 研究的基本方法

由于本课题涉及面大、范围广，对理论水平要求高，本研究采取了定量研究与定性研究相结合的实证研究方法。研究中具体采用了以下方法。

1. 调查法

在课题研究过程中，通过分类抽样调查，弄清课堂教学中存在的问题，为课题研究提供现实的依据。

2. 文献法

在研究过程中，我们系统学习了建构主义学习理论、课程评价理论、理解教学理论、对话教学理论等教育理论的相关著作，查阅了国内外目前此类课题相关研究的动态和研究成果，并创造性地运用到了本课题的理论研究之中。

3. 实验研究法

在研究中我们选取成都市龙泉驿区双槐中学、成都市龙泉驿区第七中学和成都市龙泉中学为实验学校，教师根据学情，采用自愿选题、课题组组织配合的方式，自觉地、有目的地进行课堂教学改革实验，在取得成效的基础上再面向全区推广。

4. 行动研究法

"在行动中研究，在研究中行动"，主要研究人员既是研究者又是实践者。在研究过程中，除了一线教师在实践中进行探索、研究外，课题设计者王富英和课题研究组副组长、初中数学教研员谭竹深入一线课堂进行教学实践。此外，课题组主研人员，内江师范学院数学与信息学院的王新民教授和成都市龙泉驿区教育科学研究院朱远平书记也经常到学校听课，与一线教师一起备课、修改学案，讨论解决实践中存在的问题。

研究人员在实践中逐渐完善课题方案，并把课堂教学改革实践中涌现出的成功经验及时进行总结、提炼，上升到一定的理论高度后写成论文，先在成都市龙泉驿区教育局主办的杂志《课改在线》发表，后在《数学教育学报》《中国教育学刊》《教与学管理》《教育科学论坛》等刊物发表，再通过召开现场会、经验交流会、专题研讨会和教研活动进行推广以用于指导实践。

5. 视频编码分析法

在研究的过程中，课题组与北京师范大学博士生导师曹一鸣教授进行了为期三年的联合研究。其间，录制了 120 多节课，运用 Nvivo 视频分析工具(Nvivo 是澳大利亚 QSR 公司开发的一款功能强大的质性分析软件，能够有效地分析多种不同的数据，如大量的逐字稿文字、影像图形、声音和录像带数据，是实现质性研究的最佳工具)，对 60 多个典型课例进行编码分析。对导学讲评式教学与传统教学学生课堂参与情况进行了量化比较分析，得出了"导学讲评式教学中学生更多的是主动参与"，而且"学生更多的是深度参与"[①]等研究结论。

第三节　研究成果的形成过程

整个课题研究经历了"基于课堂的探索阶段——高于课堂的提炼阶段——回归课堂的改进阶段——超越课堂的深化阶段"四个阶段。

一、 基于课堂的探索阶段

课题研究一般有两种方式：一种是由上而下根据理论假设提出研究课题，撰写研究方案，然后试验验证获得研究成果；另一种是由下而上根据实际教学中存在的问题，在一定的研究思想指导下，边实践、边总

---

① 赵文君，王富英，曹一鸣：《DJP 教学与传统教学中学生参与情况的比较研究——基于两节初中数学录像课的编码分析》，载《中学数学杂志(初中版)》，2013(12)。

结提炼进而获得研究成果。本课题研究采用的是后一种研究方式。

在本课题研究的起始阶段(2007年3—12月),我们根据在实际教学中存在的主要问题,本着"从学生的学"为出发点,"把学生学习的自主权还给学生,把课堂话语权还给学生"的原则进行课堂教学改革试验。但到底如何才能更加有效地进行,我们当时心中也没底,于是我们选取全区最薄弱的学校——成都市龙泉驿区双槐中学,放手让学校和教师进行大胆试验,采用"摸着石头过河"的方式,边实践、边改进、边总结。

2007年3月,课题组副组长、初中数学教研员谭竹老师带领一些数学教师到杜郎口中学去考察学习。考察回来后,双槐中学叶定安校长和谯红副校长(现为成都市龙泉驿区社区学院院长)带领教师们大胆地进行试验。当时,学校把这项试验研究叫作"自主学习",采取的方式是让学生先进行自主学习,再到班上进行交流。我们也随时到学校听课、观察,发现问题及时进行改进。试验一开始就遇到困难。由于该校学生基础较差,完全由学生自主学习,使学生心中没有目标和问题,不知道如何学,因此,实施的效果并不好。于是我们就提出,教师拟定自学提纲,让学生根据这些提纲进行自主学习,这样就比只让学生自己去学习要好得多。但实施中又出现了新的问题:基础好、学习能力强的学生基本能够根据提纲进行学习,而中等水平的学生和基础较差的学困生则不能有效地进行自学,于是我们提出把提纲细化成学案,用学案指导学生自主学习,并且在学生自学时要求教师加强指导,即"指导自学"。学生在学案的引导和教师的指导下进行自学,效果很不错,这样就把先前的问题解决了。随着研究的深入,新的问题又出现了:学生自学后让学生在班上进行讲解交流,刚开始进行时,学生很感兴趣——"以前是老师讲我们听,现在让我们讲,太有意思了",可进行了一段时间后,一些学生的讲解不深不透,耽搁了课堂教学时间,学生兴趣逐渐消失。叶定安校长给课题组组长王富英老师打电话说:"王老师,我们的试验出现了高原现象,走不下去了,怎么办?"这时我们及时指出:加强对学生的学习评价。至此,"导学""讲解""评价"三个主要环节由此形成。2007年年底,我们正式称这种教学为"导学讲评式教学",以"中学数学导学讲评式教学的研究"为研究课题申报成都市"十一五"教育科研课题获得批准主项，以成都市龙泉驿区双槐中学为试验基地学校正式开展研究。随着研究的开展，我们又以《导学讲评式教学促进教师专业化发展的研究》为题申报四川省人文社会科学重点基地课题并获得批准立项。该课题由成都市龙泉驿区第七中学、成都市龙泉中学、成都市龙泉驿区第六中学、成都经济技术开发区实验中学等五个学校承担并开展研究。

由此可知，从课题的初步设想，开展试验，到正式提出课题申请立项，经历了一个由下到上，逐渐摸索明晰的过程。

二、 高于课堂的提炼阶段

在课题研究中，"许多实践问题之所以长期得不到解决，是因为与这些问题相关的理论问题迟迟没有进展"。[①] 所以，任何课题研究，若不能及时进行理论提炼，并用提炼的理论指导研究活动，往往不能有效完成研究任务，而且也不可能取得有价值的研究成果。

当课题正式进入研究阶段时，课题主要研究人员根据研究进程和研究中存在的问题及时提炼理论，并以提炼的理论指导课堂教学实践，从而保证了研究的顺利有效进行。在我们提出利用学案指导学生进行自学时，由于学案的含义不清，内容结构不明，各试验教师便根据自己的理解，写出了各种不同形式的学案，很多学案实际上就是习题单，有些学案就是教案，只是换了一种说法，等等。这时，课题组感到必须要从理论上把学案内涵、特征、内容、结构弄清楚，否则，研究无法进行下去。于是，课题负责人王富英针对研究中出现的这一情况，在课堂试验的基础上，及时在理论上对学案的内涵、特征、内容，以及学案设计的原则等问题进行了研究，撰写了《学案及其设计》一文，并在龙泉驿区教育局主办的内部刊物《课改在线》上发表。后来，该文经修改后以《数学学案及其设计》为题在核心期刊《数学教育学报》上发表，这样就及时规

---

① 季苹：《教什么知识——对教学的知识论基础的认识》，104 页，北京，教育科学出版社，2009。

范了学案的栏目内容和设计，使课题研究走上了快速推进的轨道。

随着研究的推进，内江师范学院数学与信息学院王新民教授加入研究团队，香港大学教育学院博士生赵文君也参与到课题研究中(她在北京师范大学读硕士时就在导师曹一鸣教授的指导下加入了本课题研究队伍，其硕士论文内容就是本课题的相关研究。她在读博期间主动要求加入成都市王富英名师工作室，其博士论文继续做本课题研究)。在研究中，课题主要研究人员通过对课堂教学进行分析、总结、提炼，先后撰写了《DJP 教学：促进学生主动学习的教学模式》《导学讲评式教学中的"讲解性理解"》《学习内评价的含义及其基本特征》《导学讲评式教学的研究》《数学教学中学生讲解的内涵与价值》《DJP 教学中要处理好的几种关系》等 30 多篇研究论文，在《中国教育学刊》《数学教育学报》《数学通报》《教育科学论坛》等刊物上发表。这些研究论文明确了导学讲评式教学的核心要素和主要环节，揭示了导学讲评式教学的基本内涵和教学模式，提炼了学案的内涵、特征、构成要素、设计原则和各种课型学案的设计等研究成果。研究人员在科学出版社出版了著作《数学学案及其设计》和一系列学案导学教材《高中数学学案(必修 1-4)》，在黄山书社出版了《初中数学学案(7—8 年级)》。这些高于课堂的总结提炼，极大地促进了课题研究的顺利进行，又提升了课题研究的水平。

三、 回归课堂的改进阶段

课题研究中提炼的理论只有回归课堂，指导实践，才能有效发挥理论的指导作用和价值。

在本课题研究中，研究人员将"课题研究""课堂教学研究"和"课改实验研究"有机结合起来，通过专题教研活动、课堂大赛、教师培训等，将总结提炼的研究成果回归课堂，指导实践研究。我们针对一些研究者对学案理解不准，学案撰写质量不高的问题，将出版的著作《数学学案及其设计》分发给教师，组织他们学习理解学案的内涵、特征和构成要素，从而提高了学案设计的质量。当一些教师对学生讲解的价值和作用认识不清时，我们组织教师学习发表的论文《导学讲评式教学的"讲解性理解"》，提高了试验教师对学生讲解的内涵和价值的认识。当一些教师对学习评价的内涵和特征理解不够，运用不当时，我们又组织教师学习发表的论文《学习内评价的含义及其基本特征》。我们通过理论研究回归课堂，从而使课题研究上升了一个台阶，顺利地完成了研究任务，于2011年年底圆满结题，同时，在回归课堂指导教学实践中对一些研究中存在的不足之处进行了改进和完善。

课题结题后，我们继续将研究成果回归课堂，指导区内外课堂教学改革。2012年3月，教育部《基础教育课程》杂志社、北京师范大学基础教育课程研究中心在龙泉驿区召开全国导学讲评式教学研讨会，课题主研人员王富英、王新民在会上做专题讲座，两位教师上现场展示课，课题研究成果向全国推广，在教育界和学术界产生了较大的反响。2012年12月，成都市龙泉驿区教育局发文将研究成果在全区大面积推广。2013年11月，四川省教科所在龙泉驿区举办全省教育科研培训者培训现场活动，邀请课题组组长王富英就课题成果做专题报告，课题主研人员对研究成果进行了现场展示。2014年3月，四川省教科所颁发成果推广文件并在四川省广元市青川县召开现场推广会，全省各地市500多人参加，课题组组长王富英做专题报告，龙泉中学李培祥副校长作推广经验介绍，4位教师进行导学讲评式教学展示，将课题研究成果在全省进行大面积推广。

目前，成都市所辖龙泉驿区、天府新区等地区部分学校和省内其他地区的部分学校已将该研究成果用于课堂教学实践。通过将研究成果回归课堂，指导教学实践，充分发挥了课题研究成果的价值和作用，取得了良好的课堂教学效益。

四、 超越课堂的深化阶段

本课题结题后，我们反思总结课题研究中有待深化的理论和实践问题，成功申报了全国教育科学"十二五"规划2011年度教育部规划课题《区域推进多元学习构建高效课堂的研究》，进一步开展深化研究。

研究中，我们与北京师范大学博士生导师曹一鸣教授合作，连续进行了三年的跟踪调查研究，运用 Nvivo 视频分析工具对 60 多个典型课例进行编码分析，对导学讲评式教学中学生的参与和传统教学中学生的参与情况进行量化比较分析，得出了一些有价值的研究成果。

在研究中，我们从教学论、学习心理学、教育学、哲学等角度进行了深入研究。从教学论的角度对 DJP 教学的课堂教学进行分析，揭示了高效课堂教学的构成要素，撰写论文《高效数学教学构成要素的分析》在数学教育权威期刊《数学教育学报》2012 年第 3 期发表，并被人大报刊复印资料《初中数学教与学》2012 年第 10 期全文转载；对 DJP 教学中学生讲解的价值做进一步的深化研究，撰写论文《数学教学中学生讲解的内涵与价值》在核心期刊《数学通报》2016 年第 10 期发表。从学习心理学的角度对导学讲评式教学中知识生成的基本过程进行了分析，提出了"多元对话性学习"的概念，撰写论文《多元学习之内涵及特征》在核心期刊《教学与管理》2017 年第 5 期发表；撰写论文《让知识在对话交流中生成——DJP 教学中知识生成的过程与理解分析》在《中国数学教育》2013 年第 11 期发表。从教育学的角度对 DJP 教学进行分析，提出了"分享教育"的概念，撰写论文《论分享教育的含义与特征》在《教育科学论坛》2016 年第 5 期发表。从哲学诠释学和对话哲学的角度对导学讲评式教学的哲学原理进行分析，撰写论文《导学讲评式教学的哲学蕴意》。从教研的角度，揭示了有效教研的构成要素，撰写论文《中小学教研要素与有效教研分析》在核心期刊《中国教育学刊》2012 年第 11 期发表。

2016 年 12 月，深化研究课题——《区域推进多元学习构建高效课堂的研究》顺利结题。现在，我们又对已有研究成果做进一步反思，发现原有的 DJP 教学课堂中存在以下问题：导学的工具以纸质学案为主，方式有些单一；学生讲解交流局限在课堂的较多，时空受到了一定的限制；具体实施的策略体系不够健全等。面对这些问题，课题主研人员、初中数学教研员谭竹领衔，成功申报了成都市"十三五"教育科研课题《互联网背景下初中数学导学讲评式教学的研究》；高中数学教研员王海阔领衔，成功申报了成都市"十三五"教育科研课题《高中数学教学中导学讲评式教学策略的研究》，对课题进行进一步深化研究。

第二章

导学讲评式教学概述

什么是导学讲评式教学？它的核心要素有哪些？有什么样的结构体系？热心的读者看到本章标题后可能会立即提出一系列问题，本章的目的就是对这些问题进行系统的解答和介绍。

第一节　导学讲评式教学的基本内涵

一、　从一个教学案例谈起

为了更清楚地说明导学讲评式教学的基本概念，在给出导学讲评式教学的定义之前，我们先看一个教学案例。本案例是课题负责人王富英为了全面了解导学讲评式教学在教学实践中各个环节的具体实施情况，于 2008 年 3 月 7 日在成都市龙泉驿区双槐中学进行的一次研究性教学实践课。选用的上课年级是还未实施过这种教学法的七年级一班。教材是北师大版初中数学教材，内容是"平方差公式"。为了节省篇幅，我们摘取如下几个主要片段。

案例 2-1　平方差公式的教学

片段 1：学生在学案的引导下自主学习

上课时教师将学案发给学生，要求学生在学案的引导下进行自主学习。由于是第一次采用此教法，学生在自学前教师先进行了"如何进行自学"的指导："请同学们拿出刚才发给大家的学案，并按照学案的要求进行自学。但要注意，读数学书不像读其他文学书籍，要手脑并用，读写结合。读书的过程中需要计算的要计算，重要的部分要划线，关键的字、词要圈点，新的认识要注解，不懂的就打个问号，便于寻求他人帮助。现在同学们就开始自学教材。"

对应"学案设计部分"片段：

（一）公式的探究

● 操作思考：请完成教材 35 页的"做一做"，并仔细观察比较几个算式及计算结果，思考以下问题：这几个算式有何共同特点？由此你发现了什么规律？

> 注：教材35页中的"做一做，计算下列各题"。
> (1) $(x+2)(x-2)$
> (2) $(1+3a)(1-3a)$
> (3) $(x+5y)(x-5y)$
> (4) $(2y+z)(2y-z)$

★ 思路启迪：注意四道计算题中每一个题由哪些部分组成，它们中每个因式的项数、符号有何相同点和不同点，这些与计算结果之间有何关系。

● 归纳概括：从前面四个例子中你发现的一般规律是什么？请再举两个例子验证你发现的规律是否成立，并用自己的语言叙述你发现的规律，用字母把你发现的规律用公式的形式表示出来。

★ 想一想：你能推导该公式吗？推导的依据是什么？请将你推导的过程写在下面。

（二）公式特征的认识

● 观察思考：观察以上公式思考以下问题。

1. 公式左右两边各是什么形式？

2. 公式中含有几个字母，这些字母有何特点？

● 归纳概括：请把你观察到的公式特征用文字语言进行归纳概括。

（三）公式的运用

运用公式进行以下运算：（略）

［说明：学案中设计四组运用公式计算的练习题：直接运用用公式两组（第一组：字母 a、b 的顺序与公式完全一致，第二组：字母 a、b 的顺序与公式不一致，目的是让学生准确理解和把握公式的特征），逆用公式和连用公式各一组（目的是进一步熟悉公式，把握公式特征，形成技能）。］

教师在课堂巡视指导中发现，有些学生并不是先看书完成学案中"（一）公式的探究"的内容，而是直接利用书上的公式解学案中"（三）公式的运用"的计算题，于是教师马上进行提示："同学们，拿到学案不要急急忙忙做题，一定要根据学案的要求先看书学习，完成学案中'（一）

公式的探究'和'(二)公式特征的认识',特别是学案上提出的思考问题一定要认真思考。"在教师的指导下学生自学近 20 分钟后,多数学生自学完教材并完成了学案的大部分内容,少部分学生完成了学案一半的内容;大部分学生都能推导公式,并能根据公式进行简单计算,但对公式中字母的含义不甚理解,对公式的探究过程与方法漠不关心。

[说明:在学生自主学习过程中,教师要给予必要的指导,而不是放任不管。学生根据学案自学后,各组便自发地在组内交流讨论,教师也参与其中,待讨论"高潮"结束后教师再根据学习内容分配各组讲解任务,学生根据讲解任务在组内讨论,为在全班交流讲解做准备。]

片段 2:师生的对话性讲解

生 1:我们组讲的内容是公式的结构特征。我们认为平方差公式的结构特征就是两数和与两数差的积等于它们的平方差,因为两个数由相同字母的平方减去相反数的平方。

师:哦,两个数的和乘以两个数的差(注:其实学生的讲解偏离了公式的结构特征,而是在讲公式的意义,但这时教师没有终止学生的讲解,而是利用学生忽略了"这"字含义的现象,举例自然地引导学生进一步探究),我们看 $(x+y)(a-b)$,是不是两个数的和乘以两个数的差,能用公式吗?

生 2:不能!应该是两个数的和乘以这两个数的差。这里的"这"指的是前面的两个数,不是另外的两个数。

师:对!公式的表述中,"这"字很重要,不能丢掉哦!好,现在我们回到对公式结构特征的认识。公式的结构是指公式是由哪些部分组成的,特征就是公式有何特点。平方差公式的结构特征是什么?

生 1:左边是两个字母相加,右边是两个字母相减(说完不敢肯定,马上转向老师期待老师的评判,这时其他学生也感到有些不对,七嘴八舌地议论开来)。

师:把括号看成一个整体,左边是什么形式?

生 1:左边是两个多项式相乘,右边是用相同字母的平方减……(心里明白,说不清楚)。

师：还有没有其他同学补充？

生3：右边是利用多项式的法则计算出来的结果（不敢肯定，回头看着老师）。

生4：特点就是有一组是相等的数，如 a 和 a 就是相等的数。另一组必须是互为相反数 b 与 $-b$。

师：很好！（注：学生只说出了字母的特点，没有说明字母之间的关系，于是提问）而且都必须是什么？

生5：都必须是二项式。左边是两个二项式相乘，右边是差，平方差！

师：哪两个的差？随便写两个数的差行不行？如，$(3x+2y)(3x-2y^2)=(3x)^2-(2y^2)^2$ 或者 $(3x)^2-(2y)^2$？

众生：不行！（七嘴八舌地指出错误）

生4：数不相同，一个是 $2y$，一个是 $3y^2$。

师：哦，$3x$ 和 $3x$ 相同，$2y$ 和 $2y^2$ 不同，$2y$ 与 $-2y^2$ 也不是互为相反数 $[$ 在 $(3x+2y)(3x-2y^2)$ 相应部分画线 $]$，它们不具有公式的特点。还有没有补充的？

生6：必须是相同的数的平方差。

生7：左边是两个数的和与这两个数的差相乘。

师：好，现在我们来总结一下公式的特点。公式的特点是：公式的左边是两个二项式相乘，或者是可以转化为两个二项式相乘的形式。这两个二项式的第一项必须是什么？

众生：相同的数！

师：另一项是什么？右边呢？

生8：另一项必须是"互为相反数"，公式的右边是相同项的平方减去互为相反数的平方。

从这两个片段，我们基本可以看到这种教法的全貌，并发现它有以下几个特点：

第一，这里采用的教学方法不是"教师讲解，学生被动接受，再大运动量练习"的方式，而是教师引导学生先进行自主学习探究，再与他人合作交流，并通过师生的对话讲解和评析而获得知识意义的理解与掌握。例如，对于公式结构特征的认识，学生面向全班展示、表达、解释自己或小组讨论的观点、想法与发现等，教师与其他学生通过倾听、追问、质疑、评价等对话交流，最后获得公式结构特征的正确认识。

第二，这里追求的不只是知识的理解与掌握，而是通过对知识意义的建构过程，以提高学生的观察、比较、归纳、概括和探索创新思维能力，这已超出了学科本身，而是从素质教育的角度着力于提高、增进学生的学科核心素养和学科品质以及终身发展的基本素质。

第三，这里既充分保障了学生的主体地位，又很好地发挥了教师的主导作用。在整个教学过程中教师把学习的自主权还给了学生，让学生自己在学案引导下自主学习，初步建构对知识意义的理解，规划、确定在全班讲解的内容和讲解的顺序，最后学生通过师生、生生的对话活动深化对知识意义的理解。

第四，这里的自学不是放任学生不管，任由其自己看书学习，而是在学案的引导下的自主学习，这是与一般的自主学习的不同之处。因为，完全由学生自己自学，一些学生特别是学习较困难的学生会感到无从下手，阅读教材也不知道要思考哪些问题，从而不得要领，若能在学生自学时有一个引导学生自主学习探究的方案，则可克服这些问题，使学生的自学更加有效。而学案是教师在深入钻研教材、分析学情之后，根据课程标准的要求和学生的实际，把学习内容、学习目标和教师的学法指导有机融入一体而编写的一个引导和帮助学生自主学习、探究的方案①。这样，在学生自主学习探究时，就有一个无声的老师在引导和帮助学生如何去阅读、如何去思考、如何去探究，从而极大提高学生自主学习的效率，因此，学案在本课中使学生对学习内容的理解起到了重要的帮助和引导作用。

总之，这里展现的教学是一种全新的教与学方式和教学理念。这种

---

① 王富英，王新民：《数学学案及其设计》，载《数学教育学报》，2009(1)。

教学的具体内涵是什么？这就是我们下面要给读者介绍的内容。

二、 导学讲评式教学的基本内涵

（一）导学讲评式教学的定义

有了以上教学案例的直观感知，现在，我们就可以给出导学讲评式教学的具体定义了。在研究的过程中，我们曾经给出了导学讲评式教学两个定义，最早给出的第一定义为：

> 导学讲评式教学是指学生在教师的引导和帮助下，在自主学习、探究学习内容，初步建构知识意义的基础上，通过与同伴的对话讲解和师生的评析过程，获得对知识意义的深入理解、学科思想方法的体验与感悟、学科活动经验的丰富与积累，从而使学生自我增进一般科学素养，提高社会文化修养，形成和发展学科品质，最终达到学会学习、学会合作、学会探究、学会交流、学会评价的教与学活动。

这个定义清楚地表明了教与学的具体操作过程和教学目标。定义中我们可以看到整个教学过程有三个主要环节：引导自学—对话讲解—质疑评价。简称为"导学—讲解—评价"。"引导自学"是指"在教师引导和帮助下，自主学习探究学习内容，初步建结构知识意义"；"对话讲解"是指学生自学后在小组内交流讲解自己的理解和认识，在此基础上，小组派代表在全班讲解小组内的共同理解；"质疑评价"是指在讲解者讲解后，其同伴与老师在认真倾听后对讲解者讲解内容的追问、质疑和评析。教学目标是"获得对知识意义的深入理解、学科思想方法的体验与感悟、学科活动经验的丰富与积累，从而使学生自我增进一般科学素养，提高社会文化修养，形成和发展学科品质"，最终目标是达到"五个学会"。但这个定义的缺点是太长，不够简洁，而且导学讲评式教学的三个主要环节和核心要素凸显不够。因此，我们对以上定义进行修订后给出以下的第二定义：

导学讲评式教学是指学生在教师的引导下，根据学案自主学习、对话性讲解、学习性评价，以达到深度理解与学会学习、促进师生发展的教与学方式。

在以上定义中，"教师引导下自主学习"简称为"导学"，"对话性讲解"简称为"讲解"，"学习性评价"简称为"评价"，这样以上定义则清楚地表明了导学讲评式教学的基本环节："导学—讲解—评价"，其核心要素是"导学""讲解""评价""对话""理解"。教学目的是使学生对知识意义达到"深度理解"，最终目的是要学生"学会学习"和促进"师生发展"。这里的关键词是"学案""对话性讲解""学习性评价""深度理解"和"学会学习"。这些关键词的含义，我们在本书第三、第四、第五、第六章中将会详细讲述。

这两个定义各有长处，第一定义虽然较长，但表述清楚，操作性强，特别指明了学生应达成的学科素养和五个核心素养，清楚地表明了学习理解的过程。定义中没有明确提出学生发展，但确定了学生发展的目标要素：知识意义的理解；学科思想方法的掌握；学科活动经验的积累；科学素养、社会文化修养、学科品质的形成和"五个学会"。第二定义简洁，明确提出了达成目标就是"深度理解""学会学习"和"师生发展"，但操作和理解过程不是很明确，学生发展的内涵也不是清楚，需要再次解读，而且只强调了学会学习，而没有"学会合作""学会探究""学会交流"和"学会评价"这"四个学会"也是学生未来生活的必备品质和关键能力。所以，一线教师仍然用第一定义的较多，因此我们保留了两个定义，根据需要可以灵活选用。

从第一定义和第二定义中我们看到，"导学""讲解"和"评价"既是核心要素又是主要教学环节。因此，我们取"导""讲""评"汉语拼音的第一个大写字母"D、J、P"，简称导学讲评式教学为 DJP 教学(在本书的后面部分，我们常用简称 DJP 教学进行表述)。

（二）导学讲评式教学的基本内涵

导学讲评式教学的基本内涵主要体现在以下几个方面。

1. DJP 教学创建了一种超越传统的教学方式

从教学论的角度看，DJP 教学不但较完整地具备了教学构成要素：学生、内容、教师、教学手段、教学环境和教学目的，而且 DJP 教学中的各个构成要素与传统教学中教学的构成要素相比其性质和作用均发生了根本性的变化，更确切地说，是超越了传统教学。

第一，DJP 教学中的学生不再是传统"授受式教学"中被动的、全盘接受教师所讲授的一切，而是在教师的引导下，主动地利用自己已有的知识和经验在与他人的对话中主动建构知识意义，因而 DJP 教学中的学生已真正成为自己学习的主人。

第二，DJP 教学中的学习内容不再只是教材中"学术形态的知识"，而是对教材知识进行加工改造，并结合教材内容对现实生活中的各种资源进行整合了的具有"学习形态的知识"。所谓"学习形态的知识"是指从学生的学习需要出发，将学术形态的知识进行学习法加工，变成符合学生学习特点和认知规律，易于学生自主学习、合作探究、展示生命活力的知识[①]。因为，为了使学生的自主学习更加有效，则必须要求教师事先对教材知识进行学习法的加工改造，将学术形态的知识变成符合学生的认知规律，便于学生自学的知识。学习形态的知识的表征形式是学案。所以，DJP 教学中的学习是在学案引导下的自主学习，这也是 DJP 教学与其他课改实验提出的自主学习的重要区别。关于学案，我们将在第五章专门介绍。

第三，DJP 教学中的教师不再是知识的化身和权威。教师的主要任务不再是传授知识，而是如何有效地进行学习设计和激发调动学生学习的主动性和积极性，创建学生学习共同体，组织引导学生在自由、平等、和谐的学习氛围中，通过对话交流完成知识意义的建构。因此，教师是学生学习的组织者、引导者与合作者。

第四，DJP 教学中的教学手段是多样化的，不再是单一的一支粉笔和一块黑板，而是多种现代教学手段的整合。例如，互联网、QQ 群、

---

① 王新民，王富英：《高效数学教学构成要素的分析》，载《数学教育学报》，2012(3)。

微信、短信、多媒体、电子黑板、微视频等现代教学手段。DJP 教学中，我们经常可以看到有的学生利用多媒体进行讲解；有的学生把自己的讲解制成微视频放在班级或者年级 QQ 群里与大家分享，这样可以使一些学习困难的学生在课后看别人讲解的微视频进行复习；还有一些学生结合学习内容自己编制或者选择好的学习材料整理后放到 QQ 群里供大家学习之用；很多学生在自主学习遇到困难或不清楚的问题在互联网上查阅资料；还有很多学生在 QQ 群、短信或者微信里进行交流讲解；还有些学生为了在课堂上讲解更加有条理化、更加生动，便在网上下载有关材料为讲解做准备；等等。特别是互联网技术的运用可使 DJP 教学的教学手段更加现代化，从而打破教室的限制走向更加广阔的交流空间和范围，给学生提供了两个展示、讲解的平台：课堂上学生的讲解交流平台和互联网上讲解展示交流的平台。因此，互联网将对 DJP 教学的运用和深化带来更加广阔的前景。

第五，DJP 教学中的教学环境是一个民主、自由、宽松、和谐的环境。在 DJP 教学中没有权威，没有师道尊严，师生、生生都是平等的合作伙伴。在面对共同探究的问题时，大家都可以自由地发表自己的见解和想法，听者都十分尊重讲解者并认真地倾听其讲解的内容后再发表自己的意见。教学中没有谁必须听谁的意见，而是谁的见解正确就听谁的。

第六，DJP 教学的目的是通过交往互动与对话讲解，获得对知识意义的深度理解后达到学会学习，促进师生的发展（这部分内容我们在后面将详细论述）。

2. DJP 教学创建了一种多元学习与互惠学习方式

首先，DJP 教学中的学习是多元学习。我们认为，任何有效的学习都是多种学习方式的有机整合。因为，任何一种学习方式都有其自身的优势与不足。如"接受学习"能够在较短时间内接受较多的知识和结论，单位时间内接受的信息多，但不足之处是由于学习者没有经历知识探究发现的过程，不能形成丰富的探究发现的经验，不能有效提高探究创新能力。"自主学习"能够培养学生的自学能力，但若没有同伴或教师的帮助学习的效果不一定很好。"合作学习"能够培养学生的合作精神和能力，同伴之间能够建立深厚的感情和友谊，能够使学生在将来的社会中有效地与他人合作，但也不是所有内容都适合合作学习，只有在自己遇到不能解决的问题时才有需要合作的愿望和要求，也才能有效进行合作。"探究式学习"能有效提高探究创新的意识和能力，但花费的时间较多，而且也不是所有的内容都能够进行探究，有些比较难的学习内容还是需要教师的讲解，即采用接受学习才能完成。若能在一个学习的过程中，根据学习的内容和需要有机地整合几种学习方式，则既可以充分发挥各种学习方式的优势又可以弥补各种学习方式的不足，从而提高学习的有效性。

DJP 教学中学生的学习方式是自主学习、合作学习、探究式学习和有意义的接受学习的有机整合的多元学习。学生先在教师和学案的引导下自主学习，当学习中遇到困难自己不能解决时再寻求他人的帮助，并与同伴进行合作学习和探究式学习。若遇到在与同伴的合作中都不能解决的问题时便寻求教师的帮助，这时教师根据学生存在的问题进行重点的讲解，这时的学习就是接受式学习。而这时的接受式学习是在学生产生困惑对老师帮助具有强烈期望的前提下进行的，知识之间的内在逻辑意义已在自主学习中产生。所以，这时的接受学习是奥苏贝尔提出的主动的、有意义的接受学习，而不是被动的、机械的接受学习。DJP 教学中的接受学习除了在遇到困难后接受教师的讲解时存在外，在学生自己自主学习教材内容时同样存在。

其次，DJP 教学的学习也是互惠学习。所谓互惠学习，是指彼此贡献见解，求得互惠与善意的学习[①]。在传统教学的学习中，谋求的是个体对知识、技能大量的"获得"与"积蓄"，不提倡学习者表达与贡献自己的见解与他人共享。这种片面追求知识、技能"积蓄"与"获得"的教育，就是巴西教育家保罗·弗莱雷在《被压迫者教育学》中所指出的"储蓄"式教育。它把"教育变成一种储蓄行为，学生是保管人，教师是储户。教师不是去交流，而是发表公报；让学生耐心地接受、记忆和重

---

① ［日］佐藤学：《学习的快乐——走向对话》，钟启泉译，19 页，北京，教育科学出版社，2004。

复存储材料。"①学生之间也缺乏交流和经验的共享。当今的社会是各种不同类型的人彼此尊重和差异共存的社会，因此，应当寻求相互学习的关系：毫无保留地提供自己的见解，并谦虚地听取他人的见解。在 DJP 教学中，每个学生在自主学习基础上的讲解中，都毫无保留地表达出自己的见解和自己解决问题的思路与方法，与他人共享。听讲者在认真倾听他人讲解时，又诱发自己思维而提出新的见解与他人共享，从而达到了彼此贡献见解，求得互惠与善意的学习效果。

3. DJP 教学开辟了教学的主体间性领域

教学的主体间性是指教师和学生内在的相互性，是两个平等主体间的相互性和统一性，它体现了对师生双方的尊重。在教学的主体间性领域，师生双方共同了解，不仅了解"自我"，而且承认"他我"。承认"他我"与"自我"具有相同的地位与权利。在交往中，师生双方人格平等、机会平等，不存在专制和压迫。双方默守共同认可的规则②。在 DJP 教学中，师生之间不再是以知识为中介的主体对客体的单向灌输的关系，取而代之的是一种"我—你"对话关系。这是一种互为主体的关系，在这种关系中，师生双方的主体性得以彰显。在 DJP 教学中，教师和学生是教学中的两个主体，是作为整体的独特个体而交往，在相互理解中接纳对方。教师不再是教学的控制者，而是对话的引导者、倾听者与合作者。在教学中，教师为学生创设互动和谐的对话氛围，引导学生积极健康的价值取向；教师真正关注每一个学生，真诚倾听每一个学生的声音，体会每一个学生作为独特个体的需要、情感、态度和发展的意向，并随时做出积极的反应；教师融入学生之中，成为学生群体中的一员，跟学生平等对话，一起交流讨论。学生也不再是被控制者和接受知识的容器，他拥有了跟教师对话的权力，是教学过程中跟教师平等的主体。更重要的是，学生成了主动的学习者和建设者，学生在跟教师、同伴、文本的对话的过程中，主动提出问题、思考问题，并通过对话解决问题，不迷信于教

---

① ［巴西］保罗·弗莱雷：《被压迫者教育学》，顾建新等译，35～36 页，上海，华东师范大学出版社，2001。

② 靳玉乐：《对话教学》，6 页，成都，四川教育出版社，2006。

师、书本和权威，他们可以根据自己已有的知识经验内化教学内容。

因此，在 DJP 教学中，师生是作为具有独立个性和完整人格的主体共同步入"我—你"之间，而不存在"主体—客体"关系，也不存在"人—物"关系，双方都不是把对方看作对象，而是与对方一起互相承认、共同参与、密切合作，享受着理解、沟通、和谐的对话人生。

4. DJP 教学的过程是师生、生生精神相遇的过程

传统的教学过程是"教师讲解—学生接受"的单向的文化传递的过程。教学中教师完全是根据自己的经验并从自己如何"好教"的角度出发设计教学，因而在教学时就没有花时间去思考如何有效激活学生的思维、唤醒学生的心灵的意识，一心想着的是如何完成自己要讲解的内容。教学中教师根本不知道学生到底想知道什么？也不知道学生在学习过程中有何需要和感受。同时，由于课堂上教师独霸话语权，学生没有表达自己思想和与他人交流的机会，师生之间没有相互交流，没有思维和思想的交融和碰撞，也没有双方精神的相遇和相互的理解。德国文化教育学家斯普朗格指出："教育绝非单纯的文化传递，教育之为教育，正在于它是一个人格心灵的'唤醒'，这是教育的核心所在"[1]。教育最终的目的不是在于传授已有的东西，而是把人的创造力量诱发出来，将生命感、价值感"唤醒"。[2] DJP 教学中，由于采用的是让学生先在学案引导下的自主学习后再与他人交流表达自己的见解，教师与同伴在认真倾听后通过追问、质疑、答疑、辨析等思想交锋的过程，从而在交往对话中获得知识的意义。这种师生、生生在对话中的交往实际上就是教师的精神和学生的精神以及学生的精神与同伴的精神在教学过程中的相遇。在 DJP 教学中，通过对话、讲解，师生、生生多方平等的交流、相互理解，在理解中，学生进入教师的精神世界，教师也在学生的接纳中进入他们的精神世界之中，学生也在与同伴相互的对话中进入了对方的精神世界，正是在这一来一往的对话交流过程中，教学的意义随之展

---

[1] Hans Scheuerls Klassiker der Padagogik I S. 263，转引自邹进：《现代德国文化教育学》，73 页，太原，山西教育出版社，1992。

[2] 邹进：《现代德国文化教育学》，73 页，太原，山西教育出版社，1992。

现，人生的意义随之发生。同时，这样的教学意义又进一步影响和陶冶师生的精神，提升双方的境界和价值。

5. DJP 教学的过程是经验的获得与共享的过程

首先，DJP 教学的过程是个体经验获得的过程。所谓"经验"，是指过程与结果的联结。只有过程没有结果不能构成经验，而只有结果而没有过程也不能构成经验。例如，一个小孩仅仅把手指伸进火焰，这还不是经验；当这个行动(过程)和他遭受的疼痛(结果)联系起来才能构成经验，从此以后，他知道手指伸进火焰意味着灼伤。杜威指出"经验包含一个主动因素和一个被动因素……在主动方面，经验就是尝试"，这个尝试就是对事物有所作为的过程，"在被动方面，经验就是承受结果。我们对事物有所作为，然后它回过来对我们有所影响。"①经验就是这两个方面的联结。"当一个活动继续深入到承受的结果，当行动所造成的变化回过来反映在我们自身所发生的变化中时，这样的变动就有意义，我们就学到了一点东西。"②所以，学习就是个人经验的建构，学习的过程就是个人经验不断的建构过程。日本教育家佐藤学指出的："'学习'无非就是每一个儿童内部建构的个性化的、个别化的'意义的经验'。"③杜威也强调要从经验中学习。"'从经验中学习'，就是在我们对事物有所作为和我们所享受的快乐或所受的痛苦这一结果之间，建立前前后后的联结。"④而在传统的教学中，由于是教师直接告知学生要学习的结果(知识)，而没有让学生经历获得结果(知识)的探究过程，因此不能建立过程与结果的联结，因而也就不能形成真正属于自己的经验，也不会对知识产生有价值的意义，对知识的学习也就只能是机械的接受和记忆，

---

① ［美］约翰·杜威：《民主主义与教育》，王承绪译，153 页，北京，人民教育出版社，2001。

② ［美］约翰·杜威：《民主主义与教育》，王承绪译，153 页，北京，人民教育出版社，2001。

③ ［日］佐藤学：《学习的快乐——走向对话》，钟启泉译，24 页，北京，教育科学出版社，2004。

④ ［美］约翰·杜威：《民主主义与教育》，王承绪译，154 页，北京，人民教育出版社，2001。

不能获得对知识意义的深刻理解。而 DJP 教学中，学生对知识的意义的建构是先经历进行自主学习探究后再与他人讲解交流的活动过程，然后经受同伴的质疑和教师评析这一结果，再通过内在的反思评价完成了过程与结果的联结，从而形成了对知识意义的认识，获得了建构知识意义的活动经验，进而获得了对知识意义的深刻理解。

其次，DJP 教学的过程是经验共享的过程。所谓"共享"，是指师生作为独立的自我相遇和理解，在二者的平等对话中共同摄取双方的经验和智慧。在 DJP 教学中，讲解者把自己获得的知识、经验和感悟通过讲解表答出来，同伴通过对讲解者的质疑、评析也把自己对同一知识的理解、经验与感悟表达出来，教师通过点评再把自己的知识、经验、思想等提供出来，从而使每个参与者都能借鉴他人的理解、经验和感悟来修正完善自己的观点，从而使师生、生生在多方的精神相遇中达到经验的共享。

由上可知，DJP 教学是在师生、生生精神相遇和经验共享中完成的，所以，整个 DJP 教学过程所关注的就不只是单纯的知识获得，而更多的是人，是师生的共同发展。在科学理性的支配下，教学关注的焦点在于知识授受的数量、质量、效率、效益，以及与之相应的教学方法、手段、内容等方面的改进和完善，构成人之整体的生命和精神的意义和价值方面则明显处于教学的边缘或被忽视的状态之中[1]。DJP 教学则希望通过学生对话性讲解，使教师和学生都可以充分展示自己的智慧和个性，提高课堂教学的对话理性和学生的对话能力，从而引导学生走向一个追求自己生命和精神意义的有价值的人生，提升自己的生命价值，做一个有鲜明个性特征和潜质并得到充分发挥的真正的人。

第二节　导学讲评式教学的核心要素

由于学习的关键是理解，而理解的前提是对话。因此，DJP 教学的

---

①　张增田：《对话教学研究》，转引自靳玉乐：《对话教学》，7 页，成都，四川教育出版社，2006。

核心要素中除"导学""讲解""评价"三个外，还有"理解"和"对话"两个要素，它们一起构成了导学讲评式教学的五个核心要素。

一、 导学

"导学"，即"引导自学"，它是指学生在教师的引导和帮助下的自主学习、探究。DJP教学要求学生先进行自主学习、探究，再与他人进行讲解交流。而要使学生的自主学习、探究更加有效，必须要有教师的指导和帮助，否则学生自学的质量就得不到保障，自学的效果也不一定好，从而严重影响讲解交流的质量。教师为了在学生的自学中进行有效的引导和帮助，就必须掌握导学的方式方法、导学的类型和导学的内容与策略。

（一）导学的方式方法

DJP教学中教师导学的方式方法有"点拨导""示范导""提纲导"和"学案导"四种。

1. 点拨导

主要用于课堂上当学生在自主学习、探究或者交流讲解中思维受阻时教师给予的适当点拨引导。"点拨导"不是直接告知结论，而是给予适当的引导和启发，让学生在教师的启发下自己去探索、分析得出结论。

案例2-2　老师，我们拿不准，请帮助我们一下吧

成都市太平中学何蓉琼老师在让学生讲解《短文两篇》中的《共工怒触不周山》时，学生1在讲文中"地不满东南，故水潦尘埃归焉"中的"归"字翻译时说："这里的'归'是翻译成'流向'好呢还是'流'好呢？我拿不稳，哪位帮我翻译一下？"学生2说："我认为应该翻译成'归向'。"学生1说："但文中已有一个'归'字了。"意思是说，这等于没有翻译。学生3说："我认为应该翻译成'汇集'更好。"对于这几种不同的翻译，学生1仍然拿不准到底哪个更好，于是说："我想请教一下老师。"可这时教师并没有直接告知学生的答案，而是进行点拨引导："请大家看'水

潦'和'尘埃'这两个词的意义。'水潦'是指江河流水,'尘埃'是指泥沙,大家把'归'字带到句子里,再结合这两个词描述的事物及其关系来确定到底翻译成哪个更好。"经教师这一点拨,很多学生很快就得出了结论。很多学生异口同声地说:"应该翻译成'汇集'更好!"

这里教师采用的是"点拨导"。学生在教师的点拨启发下通过自己分析很快就得出了结论。这样不但使学生准确理解了该词的确切意义,而且学会了如何分析确定陌生词语意义的方法,其作用远远大于直按告知学生结论。这就是"点拨导"的价值和魅力所在。

2. 示范导

主要用于对于第一次学习的新内容或者较难操作的步骤和方法,就需要教师给出范例让学生观察教师解决问题的思路和方法以及解决问题的规范格式,从而引导学生根据范例去理解和领悟,然后模仿范例进行学习、探究而达到理解掌握学习探究的方法、形成技能与能力的目的。例如,数学学习中的推理证明、书写格式,体育教学中某个项目的操作要领等,都需要教师先给出范例或者做一个操作示范给学生看,以引导学生去观察和模仿。

案例 2-3　三角函数诱导公式的探究①

[学习探究]

一、学习准备(略)

二、公式探究

1. 问题引入

由"学习准备"使我们想到更一般的问题:若已知角 α 的三角函数值,能否求出 $\sin(\pi+\alpha)$,$\sin(\pi-\alpha)$,$\cos(\pi+\alpha)$,$\tan(\pi\pm\alpha)$,$\sin(-\alpha)$,$\cos(-\alpha)$,$\tan(-\alpha)$,的值呢?为此,首先要弄清楚角 $\pi+\alpha$、$\pi-\alpha$、$-\alpha$ 的终边与角 α 的终边的关系。

---

① 王富英、张昌金:《高中数学学案(必修4)》,23~24页,北京,科学出版社,2012。

观察图 2-1，不难发现：

(1)π+α 的终边与角 α 的终边关于原点对称；

(2)π−α 的终边与角 α 的终边关于 y 轴对称；

(3)−α 的终边与角 α 的终边关于 x 轴对称；

◇思考：能说出你是怎样发现的吗？

2. 公式的探究

我们先来探究 π+α 与角 α 的三角函数的关系。

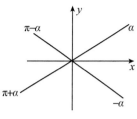

图 2-1

如图 2-2，设任意角 α 的终边与单位圆的交点坐标为 $P_1(x, y)$，由于 π+α 的终边与角 α 的终边关于原点对称，角 π+α 的终边与单位圆的交点 P_2 与点 P_1 也关于原点 O 对称，因此，点 P_2 的坐标为 $(−x, −y)$，由三角函数的定义得，

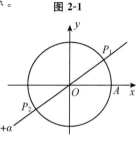

图 2-2

$$\sin \alpha = y, \cos \alpha = x, \tan \alpha = \frac{y}{x}$$

$$\sin(\pi + \alpha) = -y, \cos(\pi + \alpha) = -x,$$

$$\tan(\pi + \alpha) = \frac{y}{x}$$

从而得公式(二)：

$$\sin(\pi + \alpha) = -\sin \alpha$$

$$\cos(\pi + \alpha) = -\cos \alpha$$

$$\tan(\pi + \alpha) = \tan \alpha$$

看完上面的推导过程，你能说明推导的思路和方法吗？请你仿此推导出下面的公式(三)、公式(四)。

公式(三)

$$\sin(\pi - \alpha) = \sin \alpha$$

$$\cos(\pi - \alpha) = -\cos \alpha$$

$$\tan(\pi - \alpha) = -\tan \alpha$$

公式（四）

$$\sin(-\alpha) = -\sin\alpha$$
$$\cos(-\alpha) = \cos\alpha$$
$$\tan(-\alpha) = -\tan\alpha$$

3. 公式特征的探究（略）

在案例 2-3 中，教师在学案中先示范给出公式（二）的推导过程，让学生阅读后思考总结推导的思路与方法，再要求学生仿照以上方法自己推导公式（三）和公式（四）。这里采用的就是"示范导"。

3. 提纲导

主要用于学生自主探究学习内容（如教材）时，教师将学习材料中要学习掌握的主要内容和需要思考解决的关键问题，采取任务提纲或思考问题的形式引导学生带着任务和问题去阅读、思考和探究。这种导学多用于阅读探究的教学。如案例 2-4 所示。

案例 2-4　请按以下提纲阅读教材

成都市太平中学何蓉琼老师在教学初中语文毛泽东写的新闻稿《人民解放军百万大军横渡长江》一文的学案中，以问题提纲的形式引导学生去阅读教材。教师在学案中提出：请同学们仔细阅读教材，思考和探究以下问题：

1. 作者为什么要按照中路军、西路军、东路军的顺序来安排？

2. 新闻标题中的"百万大军"和"横渡"意义何在？作者在文章中是怎样体现的？

3. 本则新闻稿突出了一个怎样的主题思想？

4. 本课的学习使你获得了什么？你有哪些体会和感悟？

4. 学案导

这是指利用学案引导学生学习、探究。DJP 教学中，学案导学有其独特的作用。传统的教学是教师先讲解学习的内容，再由学生进行练习巩固，即"先教后学"，这种教学的优点是知识系统、节省时间、课堂容量大，缺点是学生处于被动接受的地位，对知识理解的深度不够，不利于学生自主学习能力与合作交流能力的培养。DJP 教学的目的是要培养学生的合作交流能力与自主学习的能力，最终使学生学会学习，学会合作、学会交流、学会探究与学会评价，故采取的是"少教多学，以学定教；自主合作，交往对话"的教学方式。

在学生自主学习的过程中，由于学生受学力的局限，要使学生的自学能有效进行，则需要教师在学生学习遇到困难时给予及时的指导与帮助。显然，这在我国目前大班级授课的情况下是不可能做到的。而"学案，是教师在教学理论与学习理论的指导下，在二度消化教材与分析学情的基础上，根据《课程标准》(以下简称《标准》)的要求和学生的认知水平与知识经验，并以学生的学为出发点，把学习的内容、目标、要求和学习方法等要素有机地融入学习过程之中而编写的一个引导和帮助学生自主学习、探究的方案"①。因此，学案可帮助学生将所学知识与已有的知识经验形成联结，为知识的学习提供适当的附着点，而且它又结合学习内容为学生提供有效的学习方式方法与学习策略，指导学生学习。这样，学生在学案的引导下进行自主学习、探究时，就相当于有一个老师在旁进行指导和帮助。这样就把教师对学生的当面指导和帮助通过学案这个"工具"和"桥梁"间接地变为对每个学生"面对面"的指导和帮助，从而提高学生自学、探究的效率。

（二）导学的类型

DJP 教学中"导学"类型主要有以下四种：指导、引导、疏导和辅导。

1. 对学习策略方法的指导

这是指在学生进行自主学习、合作学习、探究式学习时教师要对学

---

① 王富英，王新民：《数学学案及其设计》，载《数学教育学报》，2009(1)。

生进行学习策略上和方法上的指导，这是由 DJP 教学的目的——使学生"学会学习"——决定的。我们常说"授之以鱼，不如授之以渔"，意思是说给别人一条鱼，不如教给别人捕鱼的方法。给一条鱼看起来现在就有鱼吃，但吃完了就再没有了，而教给捕鱼的方法，虽然看起来没有给鱼吃，但由于掌握了捕鱼的方法，以后随时都可以捕鱼吃。在学生的学习中，"鱼"就是学生要学习的"知识"，而"渔"就是学生获得知识的方法。因此，"方法比知识更重要"(爱因斯坦语)。法国著名教育家卢梭也指出："问题不在于告诉他一个真理，而在于教他怎样去发现真理。"①杜威在《明日之学校》中指出："学校中求知识的真正目的，不在知识本身，而在学得制造知识以应需求的方法。"②1972 年，联合国教科文组织在《学会生存》一书中也明确提出："教育应该较少地致力于传递和储存知识，而应该更努力寻求获得知识的方法(学会如何学习)。"因此，要使学生"学会学习"就必须使学生学会和掌握一定的学习方法和学习策略。同时，在 DJP 教学中我们提出要把自主权还给学生，让学生进行自主学习，但这并不是只发一个号召"请同学们自学教材第某页内容"就完了。这种"号召式"或"放羊式"的自学没有多大效果，这是由于：一则学生的自学没有教师的具体要求和监督很难落实；二则学生学习缺乏方法和策略的指导，自学效果也不一定好。所以，学生的自主学习、探究一定要有教师的指导，而这种指导又应把重点放在对学生学习策略方法的指导上。

对学生进行学习策略方法的指导，作为教师应明白以下几点③：

(1)学生作为学习和实践活动的主体，具有不可替代性，教师的指导需要学生在学习的过程中"领悟"和"内化"，才能达到理想效果。

(2)进行学习策略方法的指导时，应把握最佳时机。首先激发学生对学习策略方法的迫切需要，并在学生掌握策略方法的过程中增强指导

---

① 王天一，夏之莲，朱美玉：《外国教育史》(上册)，284 页，北京，北京师范大学出版社，1993。

② [美]杜威：《明日之学校》，转引自赵祥麟，王承绪：《杜威教育名篇》，108 页，北京，教育科学出版社，2006。

③ 孙晚：《谈中小学数学教学中的"五导"》，载《数学教育学报》，2009(2)。

的针对性，引导学生运用有关策略方法完成富有挑战性的工作。

（3）任何策略方法的运用都表现为一定的过程，学生对学习策略方法的掌握需要对策略运用过程进行反思和体验，以便提高理性认识的层次，达到形成和掌握学习策略方法的目的。另外，学习策略方法的形成不是一蹴而就的，它有一个循序渐进的过程，不能操之过急，中途而废。

（4）学习策略方法不能脱离相应的具体学习内容而独立存在。从根本上讲，学习策略方法来源于共同的学习现实，并随着学习的进程而发展；同时，学生对相应的学习策略方法的掌握也应立足于自己的学习现实，教师的指导也应尊重学生的这两个"现实"。

案例 2-5　如何阅读数学教材

2008 年 3 月 7 日，我在课题研究中到成都市双槐中学七年级一班运用 DJP 教学法进行"平方差公式"的研究课教学时，让学生在学案的引导下先进行自学教材内容。在巡回指导学生学习的过程中，发现学生不会读数学教材。很多学生读书时没有仔细钻研，就像看小人书一样，囫囵吞枣般很快就翻阅完了，结果做后面的习题就套书上的例题。面对学生存在的这个共同的学习现实，这时我就要求学生停下来对学生进行数学书阅读策略方法的指导："同学们，在读数学书要先准备一张纸和一支笔。读的过程中要手脑联动。'手动'要做到'画、圈、演、注、写'。'画'指阅读过程中对于重要的概念，定理要画线；'圈'指对于概念、定理中的关键词要在下面圈点，以引起注意和关注；'演'指演算，教材中有些步骤省略没有过程，即使有详细的解题过程也不要只看，还要自己亲手演算一下，这样才有体会与发现；'注'是指阅读时，对于一些地方自己有新的理解与见解，就在旁边写出批注；'写'指阅读中还存在哪些疑难问题需要向别人请教，要及时在学案中写下来，便于向他人请教，或者带着这些问题去认真听取别人的讲解。

'脑动'是指在阅读教材时大脑要做到'思、追、联、理、记'。'思'指阅读时对每个数学概念和命题要认真思考，仔细品味，弄清其确切含义；'追'是指阅读每个定理、公式时要追问其成立的条件是什么，每步推理或计算的依据是什么，是否还有其他方法；'联'是阅读每个新获得的知识时，要联想与自己以前学习的哪些知识有联系；'理'指对每个概念、每个定理与运算法则要真正理解，不理解的要记录下来与别人讨论或请教老师；'记'指对于一些重要的概念、公式、定理与法则要记忆，但记忆要注意方法和策略，要抓住公式、定理的结构特征进行记忆，不要死记硬背。"

通过对学生阅读教学教科书进行方法的指导，学生阅读的效果就好多了。

(5)课堂学习是学生学会学习的主渠道，策略方法使用的过程主要在课堂学习过程中进行。但是，课堂教学又不能完全成为策略方法的传授课，否则会冲淡主题，而且由于策略方法与具体内容相脱离，学生也难以掌握相应策略方法，所以，在课堂教学过程中对学习策略方法的指导应结合具体内容渗透相关策略方法。

2. 对探究思路与方向的引导

在DJP教学中，教师是学生学习的引导者。教师通过有效地引导，促进学生主动、高效的学习。这里的引导主要应着力于学生学习探究的思路与方向上。在学生的学习中，如果完全让学生漫无目的地自由探究，就会花费很多时间而没有效果，若教师对学生的学习探究方向给予必要的引导，就会使学生少走弯路，提高学生学习探究的效率。另外，这种对学生探究方向和思路的引导还含有对学生学习行为的管理成分。在课堂上，当学生的探究方向远离教学时，教师要及时地引导到本节课的主要学习任务中来；当学生没有明确的探究方向时教师要通过提问的方式引导学生逐渐明确探究的方向，而对学生的引导，一般以问题的形式进行，可以在学案中，也可以在课堂上。例如，在学案中用"思路启迪""观察思考""学习反思""想一想"等探究栏目进行引导。

在DJP教学中，教师对学生的引导要注意以下几点：

第一，教师要对"引导"有正确的认识。国家《基础教育课程改革纲要》明确指出，"要注重培养学生的独立性和自主性，引导学生质疑、调查、探究，在实践中学习，促进学生在教师的指导下主动地、富有个性地学习。"各个学科的课程标准也都明确指出"教师是学生学习的引导者"。如《义务教育数学课程标准（2011年版）》指出："学生是学习的主体，教师是学习的组织者、引导者与合作者。""引导"，本质上是一种师生互动，在这种互动中教师帮助学生学习、促进学生发展。①

第二，教师要把握好引导的时机，善于引导学生。要"不愤不启，不悱不发"（《论语·述而》）。在引导时要做到"道而弗牵，强而弗抑，开而弗达"（《学记》）。在教学中对学生进行引导时，话不要说完，思路不要说透，意境不要穷尽，把机会多留一些给学生，让学生自己去思考、探索。如，有深远寓意的问题，引导学生自己去"悟"；较困难的问题，引导学生去"啃"；开放性的结局，引导学生去"品"，背后的规律引导学生自己去"揭"；解决问题的方法引导学生自己去"寻"。

第三，引导要有层次。教师在引导的过程中，可以把要解决的问题分解成多个有层次性的要素，遵循知识发生、发展的过程和学生的认知规律，由易到难、层层递进引导学生自己去探索、发现。

第四，要引导学生大胆广泛地想。不要只满足问题的解决，要在问题解决后引导学生想想与以前学习的知识有何联系、与身边的事物有何联系、与其它学科的知识有何联系、能解决哪些问题，能否解决身边的问题，等等。

长期这样引导学生，就会让学生养成善于思考、善于联想，从而使他们的学习过程变得生动、活泼，有生命力。

3. 对学生困惑与思维受阻时的疏导

这里学生的困惑有两个方面：一是在学生解决问题的过程中思维受到阻碍，经过自己的反复思考始终不得其解而感到学习无助时的困惑，这时就需要教师及时予以疏导。这就像一条公路上行驶的汽车，

---

① 孙晓天：《谈中小学数学教学中的"五导"》，载《数学教育学报》，2009(2)。

由于前面有石头堵塞道路从而使车辆受阻不能前进，这时就需要公路管理人员把阻碍通行的石头搬掉以疏通道路，才能保证车辆畅快通行。另一困惑就是心理困惑。例如，很多学生怕数学。数学在他们的心目中是枯燥的，逻辑是冷酷的，这就需要教师对其进行疏导。为了减少学生对数学的恐惧感，不能仅靠思想上说教，还应引导学生欣赏数学的美，疏导学生学习数学时产生的焦虑情绪，减轻或消除惧怕数学的心理压力。

4. 对各类学生的辅导

DJP 教学虽然强调所有学生都充分参与到学习探究的过程，在自主学习探究的基础上进行广泛的对话交流，但一个班的学生不是都能到达同样的水平。这是由于学生受到遗传、家庭的影响和个人生活经验不同而产生的差异，在学习中也就自然会出现不同学习水平的学生。辅导就是针对教学结果的反馈，在了解了学生所需和所缺的情况下针对这些不同类型学生的情况进行补救、提升的教学活动。DJP 教学中的辅导主要针对两类学生，一是学习困难的学生，他们在课堂上若没有完全理解和掌握，教师要组织对他们进行补救和帮助性辅导，使他们能够跟上全班的学习进程；二是对于基础好、能力强的学生，在 DJP 教学中他们可能感到"吃不饱"，这时教师要针对他们的情况进行提升式的辅导，要对他们提出更高的要求：对一些有多种解法的问题要求他们给出多种解法；对能够推广的问题要求他们推广到一般结论；对同一类型的问题要求他们进行归纳总结得出其中的规律。由此可知，DJP 教学中的辅导不是对所有的学生都用统一方法、同一标准，要针对不同的学生采用不同的方法，区别对待。

（三）导学的内容

在明确了导学的方式方法和类型之后，下面我们来讨论"导"的内容。在 DJP 教学中，导的内容主要有"导趣""导做""导思""导结"。

1. 导趣

这是指在学生学习一节新的内容前对学生学习兴趣的激发和唤起。

兴趣是学习的动力系统，如果学生对学习的内容没有兴趣，再好的教学对学生来说都没有意义和价值。因此，兴趣历来是心理学也是教育学研究的一个重要问题，甚至一度是心理学尤其是教育学研究最重要的课题之一。德国的奥斯特曼说过："无论在心理学还是在教育学中，几乎没有比'兴趣'更重要的问题了。"苏联的鲍若维奇也说："兴趣问题具有重大的意义，很久以来它又是许多心理学家特别是教育学家所留意的问题。"对于兴趣的价值和作用，德国教育家赫尔巴特在《普通教育学》中指出："在兴趣中，一个人可以容易地去完成他的各种决定，而且使他觉得到处都很容易，并不会因为有其他要求而取消他的计划。"[①]我国古代教育家孔子也指出："知之者不如好之者，好之者不如乐之者。"(《论语·雍也》)意思是说，懂得学习的人不如喜爱学习的人，喜爱学习的人不如以此为乐的人。这充分说明了兴趣对于学习的重要性。对教师的教学而言，学习知识重要的是培养学习兴趣，俗话说"兴趣是最好的老师"。对知识的学习有兴趣，就会变被动为主动，以学习为乐事，在快乐中学习。因此，兴趣既提高学习的效率，还能够加深对知识的理解，这样学到的知识才能够灵活地运用。

DJP 教学中"导趣"的设计从哪里入手好呢？德国教育家赫尔巴特指出："兴趣来源于对外界实在的注意，这种实在是由一种新的观念与它相联系着的。""当实在延缓显示于人的感觉之前时，兴趣便在期望中出现了。"[②]因此，"导趣"的设计应该在如何引起学生"对外界实在的注意"入手。俗话说："良好的开头是成功的一半。"所以，导趣的设计一般在新知识学习的引入之处，也可以在学习的过程之中。在新知识学习前，教师如能根据学习的内容和学生的心理需要恰当地设计，可有效地激发起学生学习兴趣。引入时的"导趣"设计可以在学案的"学习准备"中进行，也可以在上课时教师的引入。下面两个案例分别是在学案的"学习准备"中的导趣和上课前教师引入的导趣。

---

① ［德］赫尔巴特：《普通教育学》，49 页，北京，人民教育出版社，2015。
② 同上书，48 页。

案例 2-6 "免疫调节"学案中的"导趣"设计 ①

[学习准备]

柏林病人，病人 Timothy Ray Brown1995 年检测出 HIV 阳性，随后 2006 年患急性髓细胞性白血病(致死性的癌症)，因为同时兼有艾滋病和白血病，这名被冠以"柏林病人"的人，在医学界看来已经是即将踏入坟墓的人，然而在接受骨髓移植后，Timothy 竟然奇迹般地得以重生。这一事件震惊了整个医学界，医生们从他的身上看到了医学界的奇迹——终结艾滋病。

◇思考：1. Timothy 在没有感染艾滋病毒之前，他体内的免疫系统是什么样的呢？

2. 在接受骨髓移植后，Timothy 奇迹般地得以重生是体内什么系统发挥了作用？

这是教师在学生学习"人体免疫调节"一节时"学习准备"中情感准备的导趣设计。由于目前世界医学还没有攻克癌症，人们的共识是：人一旦患了癌症，存活的可能性几乎没有。本学案设计时，在"学习准备"中通过讲述"病人 Timothy Ray Brown1995 年检测出 HIV 阳性，随后 2006 年患急性髓细胞性白血病(致死性的癌症)，因为同时兼有艾滋病和白血病，然而在接受骨髓移植后，Timothy 竟然奇迹般得以重生"的故事，激发了学生的好奇心。紧接着，学案又提出思考问题：

"在接受骨髓移植后，Timothy 奇迹般地得以重生是体内什么系统发挥了了作用？"

正好符合学生想知道为什么的心理需要，既激发了学生进一步思考探索的兴趣，又及时引入了新课。这里结合学习内容的"导趣"设计就十分恰当和巧妙。

———————————

① 本案例来自成都市太平中学欧小琴老师所设计的生物课《动物和人体生命活动的调节》一章第四节《免疫调节》的学案。

案例 2-7 《人民解放军百万大军横渡长江》导读引入设计

2016 年 9 月 27 日，我到成都市天府新区太平中学参加学校语文组进行的导学讲评式教学教研活动，听语文教师何蓉琼上的"人民解放军百万大军横渡长江"一文的教学研究课。上课开始，教师用激情洋溢的语言进行了以下的引入："'大江东去，浪淘尽，千古风流人物。'滚滚长江不仅是激发历代文人灵感的源泉，更是千古豪杰建功立业的战场。想当年诸葛亮羽扇纶巾，周瑜火烧赤壁，谈笑间樯橹灰飞烟灭。1949 年的渡江战役，一场比赤壁之战更加激烈而伟大的战役在这千里长江上拉开了大幕。你想知道这战役的规模和具体情况吗？请阅读毛泽东主席撰写的新闻——《人民解放军百万大军横渡长江》一文。"

在此案例中，教师在回顾了学生都熟悉的历史上发生在长江的著名战役——赤壁之战后话锋一转，提问："1949 年的渡江战役，一场比赤壁之战更加激烈而伟大的战役在这千里长江上拉开了大幕。你想知道这战役的规模和具体情况吗？"从而引入课题，激发了学生急于想知道这场战役情况的阅读兴趣，再加之教师激情洋溢的语言更是激发了学生极大的学习兴趣与热情。

2. 导做

"做"作为动词，表示从事某种工作或活动。在完成某种工作或某项活动过程中的一切操作都是"做"，即"做"是指完成某项活动的各项具体操作活动。例如，要种植新引进的一种小麦品种，技术人员要进行新品种生长特性知识的讲解。这不是为了讲解而讲解，而是为了种小麦而讲解，需要看说明书如何操作；这不是为了看书而看书，而是为了种小麦而看书，看完后才要下田翻地播种。这时我们不能说，看说明书是学，技术员的讲解是教，下地播种才是做。为种小麦的讲解，讲解是做，为种小麦而看书，看书是做，下地播种也是做，即为完成种小麦这一活动的三项具体操作活动都是做，这实际上就是陶行知的"教学做合一"。陶行知说："教学做是一件事，不是三件事。我们要在做上教，在做上学。在做上教的是先生；在做上学的是学生。从先生到对学生的关系说：做便是教；从学生对先生的关系说：做便是学。先生拿做来教乃是真教；学生拿做来学方是真学。不在做上用工夫，教固不成教，学也不成为学。"①美国近代实用主义哲学家、教育家杜威也强调学生要在"做中学"。杜威教育哲学的一条基本原理是："一切学习来自经验"②。而经验只有经历过"做"的实践活动过程才能获得。人们只有通过不断的"做"的活动，才可以不断地获得经验，不断地进行经验改组，因而才可以不断地获得发展。故学校教育要重视"做中学"。由此可见，支撑杜威"做中学"思想的是杜威的"经验论""活动论"和"儿童发展论"③。陶行知是杜威的学生。实际上，陶行知的"教学做合一"是把教师的"教"融入到杜威"做中学"中而提出的，是杜威"做中学"的进一步发展。

由上面的讨论可知，真正知识的学习是在"做"的过程中完成的。能力的提高也是在"做"的过程中才能形成。这就好比学习游泳，教师讲了一大套如何游泳的知识，如果学生不下水自己去实践是永远也学不会游泳的。所以，在DJP教学中，我们要求学生必须自己动手去亲历知识的探究过程，也就是要求学生"在做中学"。

根据陶行知"教学做合一"的观点，教师要在引导学生如何有效地"做"上教，这样的教才是真教。这种在学生"做"上的教，就是"导做"。DJP教学中学生学习活动中的"做"是指学生为完成某项学习任务的全部操作活动。它包括：阅读、思考、观察、归纳、概括、探究、交流、争辩、作业等。但我们这里"导做"中的"做"主要是指在具体知识与技能的探究和形成的情境之中的动手操作等身体参与的行为活动。"导做"就是把对学习对象的知识与技能镶嵌到实际运用活动的情境之中时引导学生如何去具体实践、操作、探究、归纳。因此，DJP教学中的"导做"主要是在活动中进行的，"在做中学"，"在学中做"，这就像学徒在师傅指导下学习时的情境。学徒先在师傅的指导下自己动手做，在做的过程中遇

---

① 陶行知：《陶行知名篇精选》，65页，沈阳，辽宁人民出版社，2015。
② ［美］杜威：《芝加哥实验的理论》，转引自赵祥麟、王承绪：《杜威教育名篇》，233～234页，北京，教育科学出版社，2006。
③ 田慧生、李臣之、潘洪建：《活动教育论》，23～24页，北京，教育科学出版社，2000。

到困难时再请教师傅，师傅根据徒弟遇到的困难进行指导如何做。指导的方法可以是纠正徒弟不正确的做法或进行示范操作让徒弟进行观察、思考，再让徒弟自己进行操作，如果徒弟还没有掌握，师傅再进行示范作业让徒弟观察、反思自己(新手)与师傅(专家)之间的做法，从而发现其中的道理和自己存在的问题。我们把这种"导做"的方法叫作"轮流作业式导做"。"轮流作业式导做"是在一个共享的问题解决的情境中，由新手(学生)与专家(教师)轮流作业，从而帮助新手(学生)增强对专家(教师)作业细节的敏感度，并以此为基础强化对自己作业的调节，从而达到掌握知识、形成技能的目的。在学生学习的过程中，对于复杂的认知任务，这种教师与学生"轮流作业式导做"的认知学徒制活动方式往往是很有成效的。

3. 导思

这里的"思"指思维。思维(thinking)是心理学研究的重要内容。心理学对思维界定为："思维是人对客观事物本质特征和规律性联系的间接的、概括性的反映。它是人类认识的理性阶段，能更深刻、更正确、更完全地反映客观事物。"[①]我们知道，知觉是对客观事物的直接反映，反映的是客观事物的外部特征和外部联系。而作为认识过程的高级阶段——思维，则是对客观事物的间接、概括的反映。思维反映的是客观事物的本质特征和规律性联系。这里，间接性和概括性是思维两个最基本的特征。思维的两个基本特征决定了思维具有以下价值[②]：第一，它能不断扩大人的认识范围，不仅能认识现在，还可以回顾过去和预见将来；第二，它能不断提高人的认识深度，不仅能认识人所能一般接触到的事物及其规律，还可以把握远离人们所能直接感知的事物及其规律，使人对现实事物的认识得以无止境地深化；第三，它能使人由认识世界向改造世界发展，不仅能使人掌握知识、认识规律，还可以使人运用知识和规律解决问题，进行创造性活动。当今时代向我们展示的是人类的

---

① 卢家楣，魏庆安，李其维：《心理学——基础理论及其教育应用》，88 页，上海，上海人民出版社，2004。

② 同上书，89 页。

高科技化、高信息化、高智能化的社会，正是凭借人类高度发达的思维创造的。这就给我们提出了一个重要任务，人要在这样的一个高度发达的社会立足就必须要有较高的思维能力。虽然人具备有别于动物发达思维的潜能，但并不是一出生就具有高度发达的思维能力，它是在后天的实践过程中经受教育而获得的。正如杜威指出的："思维需要细心而周到的教育的指导，才能充分地实现其机能。"①在谈到学校工作时，杜威进一步指出："学校为学生所能做或需要做的一切，就是培养他们的思维能力。"②所以，学校教学的核心任务是要训练学生的思维，提高学生分析、推理、判断的思维能力。

DJP 教学中如何激发和引导学生积极思维呢？主要应从以下几个方面着手。

第一，从创设真实的问题情境入手进行引导。杜威在《民主主义与教育》中指出："思维产生于许多情境，在这些情境中，思维的进程乃是许多事件的进程的一个实际部分，是用来影响结果的。③"

何为情境？根据韦伯斯特词典所下的定义：情境，是指与某一事件相关的整个情景、背景或环境。情境的这一个定义表明，情境是复杂因素的集合体，它是在一定时间内各种情况的相对的或结合的境况。在学生的学习中，情境是渗透在任何学习过程和迁移中潜在的影响因素。先于学习的情境可影响学习者学习的动机、需要、认知准备和情感等因素。学习中的情境则直接影响学生的学习兴趣、动机、理解、态度、方法等种种因素，帮助学生认识如何从愿意学习转变为善于学习，即学会学习的重要性。

情境认知认为：只有当学习发生在有意义的问题情境中时，学习才是有效的④。

---

① [美]约翰·杜威：《我们怎样思维·经验与教育》，姜闵生译，27 页，北京，人民教育出版社，2005。
② [美]约翰·杜威：《民主主义与教育》，王承绪译，167 页，北京，人民教育出版社，2001。
③ 同上书，162 页。
④ 高文：《教学模式论》，299 页，上海，上海教育出版社，2002。

何为问题情境？问题情境(context of problems)是指个体面临的问题和它所具有的相关经验所构成的系统。真实的问题情境是指现实生活中面临的问题和学生相关经验所构成的系统。

学校的学习，又叫作"正式学习"，重视的是知识，这些由教材表述的知识是脱离于现实情境并用符号表达的。教材中提出的问题大多是结构良好的问题，解决这些问题时只需利用学习的知识按照问题的类型去解答即可。但在生活中遇到真实的问题情境时，问题就不是正式学习中结构良好的问题了，这时学生往往会感到不知如何下手。但真实的问题又能激发学生的兴趣和积极性，促使学生去认真分析思考，寻找到解决问题所用的知识和方法。这是因为，在一般情况下，大多数人会感受到来自生活实际需要的压力。他们的主要事务就是要适当处理日常工作。如果我们仅仅是为了训练学生思维而编制一些脱离生活实际的问题让学生去解决，则不会使学生产生兴趣，甚至使学生厌倦。正如杜威所说："凡是仅在思维方面表现出重要性的事物，都是令人生厌的和遥远的——大半具有人为的、矫揉造作的性质。"[1]

因此，在 DJP 教学中，教师要根据学习内容结合现实生活中的实际问题创设真实的问题情境，引导学生的思维去解决问题，从而培养学生分析问题和解决问题的能力。如数学教学中的"数学建模"，就是在真实的问题情境中运用学习的数学知识和方法解决问题。学生面临真实问题情境分析解决问题，也是培养学生数学核心素养——"数学建模"的重要任务。

第二，从学生产生疑难或疑惑入手进行引导。俗话说"思起于疑"。人没有遇到疑难或者疑惑往往就不会认真地思考。因为，当外部的问题和内部知识经验条件的恰当程度发生冲突而引起疑惑时，就会使之引起最强烈的思考动机和最佳的思维定向。例如，在学生刚学习负数第一节课时，教师提出："如何计算 $2-5=$ ？"，这时外部提出的问题："被减数小于减数"和学生具有的内部知识经验条件："减法运算都是被减数要

---

① ［美］约翰·杜威：《我们怎样思维·经验与教育》，姜文闵译，183～184 页，北京，人民教育出版社，2005。

大于减数"发生冲突从而引起疑惑:"这怎么减哦?!"这时教师提出:
"要使以上的算式能够进行,或者一般的,对于任意两个整数都能进行减法运算,看来原来学习的数不够用了,必须引入新的数?"从而使学生引起最强烈的思考动机和最佳的思维定向,进入积极的思维状态。在 DJP 教学中,教师要认真分析教材和学生的学情,从学生容易产生疑惑与疑难的问题入手引导学生思考。例如,在新课学习的引入中,可从知识的生长点入手引发学生认知冲突而使学生生疑,以引发学生积极思考。

第三,从学生讲解中的薄弱环节入手进行引导。杜威指出:"思维是在事物还不确定或者可疑有问题时发生的。"[1]在学生讲解内容中的一些薄弱环节,如不能讲述清楚而一带而过的地方往往就是学生自己还不确定或者可疑、抑或有问题的地方,在这些地方教师进行质疑提问,可引发讲解者和听讲者(学生)进一步思考,从而达到引导学生进一步思维的目的。

4. 导结

这里的"导结"就是引导学生在问题解决后的反思总结,以积累丰富的问题解决的活动经验。在现实的学校教学中,教师和学生都忽略反思总结这一环节。教学中普遍存在以下情况:教师教学中讲完一道例题后,就急急忙忙接着讲另一道题,而没有引导学生对该题的解题过程和隐藏其中的思想方法进行总结提炼。学生在解完一道题后也就认为万事大吉,完成任务了,也没有进行反思总结的习惯。教师由于没有引导学生反思总结,没有揭示所解题的背后规律以及知识内在的联系,而且各个题的讲解也是孤立地进行,从而造成课堂上教师讲题型,学生背题型,致使今后遇到同类型的问题还是不能识别而不能解答。我到学校调研访谈学生时,经常听到学生说:"课堂上老师给我们讲了很多题型,我们也做了大量各种类型的习题,但考试时遇到了同类的题时仍感到见

---

① [美]约翰·杜威:《民主主义与教育》,王承绪译,162 页,北京,人民教育出版社,2001。

过，却记不住具体解法。"我说："你们平时做题后进行过反思总结没有？"他们说："没有！"我对他们说："没有进行反思总结是你们记不住题的主要原因。但为什么非要记住讲过的那些题呢？数学题是老师讲不完，你们也做不完的呀！不进行反思总结，你们就不能掌握其中的规律和方法，自己的解题能力也就提不高，遇到相同的问题也就自然解答不了了。因此，一定要养成做完题后进行反思总结的习惯，特别是一些典型的习题，它们大多隐藏有很多规律和数学思想方法哦！长期下去，你们的解题能力也就自然而然提高了，也就不需要花很多时间和精力去机械记忆许多事实结论并会解答不同的问题甚至陌生的问题了！"

所以，这种一味地讲解题而不引导学生反思总结，致使学生分析解决问题的能力得不到提高，既浪费了时间和精力，增加了学生的记忆负担，也导致课堂教学效率不高，严重影响了教学质量。

我们知道，学习是学习者个人经验的不断丰富与积累，而经验是过程与结果的联结。在经历了解决问题的过程之后对解决问题过程中的得与失及时进行反思、总结，有意识地努力去探究发现我们做的事和所产生的结果之间的特定联结，就可以形成解决问题的经验与策略。所以，只有在解决问题后及时进行反思总结，方能积累丰富的解决问题的经验和方法，才能提高解决问题的能力。问题解决后若不及时反思总结问题解决过程，则会丢掉积累经验的大好时机，这也是不能提高学生学习能力的重要原因。反思总结问题解决过程，将总结提炼出来的经验进行编码，也利于学生储存、提取与应用。只有在解决学习中遇到的困难后及时反思总结，方能积累学习经验，才会真正学会学习。

DJP教学中的"导结"主要在两个方面：第一是问题解决（或者解题）后的反思总结。这时的主要任务是为了总结解决问题的方法和规律以及问题是否可推广到一般情况。这时可以用以下提问进行引导：本题还有其他解决的方法吗？问题解决中用到了什么思想方法？解决本问题的方法能否用于其他问题的解决？本问题的一般形式是什么？他的逆命题是否成立？否命题呢？第二是课堂学习任务完成时的反思总结。这里的主要任务是将本次学习的内容与其他问题建立联系，构建新的认知结构和反思自己学习中的体验与感受，以便及时调整自己的学习方法与策略。这时可以用以下提问方式进行引导：今天学习的内容与以前那些知识有联系？在本次问题解决的过程中自己有哪些成功与失败？今后学习中哪些问题值得注意和改进？

二、讲解

讲解，是 DJP 教学中师生学习交流的重要行为方式和中心教学环节。DJP 教学中的讲解是指学生在独白学习或小组交流讨论形成共识后以话语的方式对他人表达自己获得的经验和对所学知识意义的理解和见解，教师再根据学生讲解的情况和不足，针对教学重点和难点进行精要的补充性讲解和拓展性讲解以加强学生理解的深度。所以，DJP 教学中的讲解是由师生共同完成的。

传授式教学中都是教师独霸课堂话语权独自一人讲解，学生只是作为听众被要求认真听老师的讲解。这样，一些学生会认为课堂上讲解是教师的事，与己无关，从而造成学生听课的主动性不够。DJP 教学则把话语权还给学生，强调学生由被动的听讲变为主讲。学生在自学后或在小组交流讨论后，会产生一些自己的见解和想法，于是便会产生想与他人交流的愿望以求得到他人的确认，正如苏格拉底所说的："如果谁自己弄明白了一个道理，他就会到处寻找可以与之交流的人以共同确认。"①同时，在自学中也会产生许多的疑惑需要向他人表达以寻求帮助。DJP 教学在这时就给学生提供交流表达的机会与平台，让其在全班讲述自己对所学内容的理解，并提出还未能解决的疑难问题，以求他人的帮助和解答。

DJP 教学中的讲解是"基于承认我们自己的可错性，承认我们是有限的和历史的生物，因为我们绝没有黑格尔意义上的绝对知识。我们具有的知识类似于苏格拉底的知识：一种我们认为自身无知并因而对他人

---

① ［古希腊］柏拉图：《申辩篇》，第348节，转引自［英］罗伯特·R.拉克斯，詹姆斯·斯科特兰：《伟大教育家的学说》，朱镜人，单中惠译，12页，济南，山东教育出版社，2013。

观点中可能有的真理进行开放的知识。"①所以，在 DJP 教学中，每一个讲解参与者都必须有发现每一位其他参与者立场的实际力量。参与者不能只是想胜过或者赢得其他参与者；他们也不能试图把他人的观点还原为他们产生的条件。关键不是某个人说他说的东西时后面的意图，而是它的可能的真理。所以，每一位参与者必须被认为是同等的对话伙伴，不管他的出身、奇特的表达，等等，他们都同样能阐明主题。正如伽达默尔所说："在每一场真正的谈话中，我们都要考虑到对方，让他的观点真正发挥作用，并把自己置身于他的观点中，因为我们虽然不愿把对方理解成这样的个性，但却要把他所说的东西理解为这样的个性，在谈话中，需要把握的是对方意见的实际根据，这样我们就能对事情达到相互一致看法。"②

在 DJP 教学中，讲解者不是"把他或她的观点强加于另一个讲解者，或者一个讲解伙伴只是默认另一个讲解伙伴的观点的结果。正好相反，如果个人或群体真正地对主题达到了一种可分享的理解，那么他们所分享的理解并不是原来这一个参与者或另一个参与者原来的观点，而是表现对所说主题的新的理解。"③因此，DJP 教学中的讲解实质上是苏格拉底的交互方式，"其中苏格拉底与他的对话者最终来到的立场表现了对他们双方一开始所持立场的重要进展。每一个人都以某一观点和假定开始，但在面对对立观点和假定时必须重新考虑和发展他或她自己的观点。所有过程是整合和占有的过程。这既不意味着参与者抛弃他们的立场，也不意味着他们只是利用他人的立场去支持他们自己的立场。它其实意味着每一个参与者都考虑他人的意见，都试图指明他人或自己观点的正确与错误的东西，并以与他人相一致的方式表述一种他们每一个人都承认比他们各人原先立场更接近于真理的观点。"④正如伽达默尔在

---

① ［美］乔治亚·沃思克：《伽达默尔——诠释学、传统和理性》，洪汉鼎译，122 页，北京，商务印书馆，2009。

② 同上。

③ 同上书，123 页。

④ 同上。

《真理与方法》中所说的："谈话中的相互理解，即包含使谈话伙伴对自己的观点有所准备，同时又要试图让陌生的、相反的观点对自己产生作用。如果在谈话中这种情况对谈话双方都发生，而且参加谈话的每一方都能在坚持自己的理由的同时也考虑对方的依据，这样我们就能在一种引人注意的、但非任意的观点交换中(我们称之为意见交换)达到一种共同语言和共同意见。"①这样，在 DJP 教学中，讲解的成功结果反映了一种共享的理解，而且反映了所有讨论伙伴原来立场的转变，即在 DJP 教学中，知识的意义是在参与讲解者的互动对话中生成的。

由此可知，在 DJP 教学的课堂中，师生讲解是课堂教学的中心环节和主要活动形式。由于把课堂的话语权真正交给了学生，使学生真正成为学习的主人，从而使学生由被动的听讲变为主讲，由教师的"一言堂"变为师生"群言堂"，课堂文化由"静默文化"变为了充满生命活力的"交流文化"。在整个课堂教学过程中，学生是学习的主人、是课堂的主人，教师只是一个参与者、合作者、组织者、咨询者和引导者。

三、 评价

在 DJP 教学中，学生在自主学习、讲解后，需要对自己学习理解的情况进行判断和评估，这就是 DJP 教学中的学习性评价。它是指评价者对学习活动满足社会与学习者需要程度做出的判断活动。这里的评价者可以是自己也可以是他人。

根据评价与学习活动的相互作用方式，我们把学习性评价分为"学习外评价"和"学习内评价"。

"学习外评价"是脱离于学习者的学习活动而进行的评价，是对学习的成效做出价值判断的活动。评价的主要目的是为了甄别与选拔，因此，它所关注的是学生在学习活动中所获得的学习结果与行为表现。在学习外评价中，评价过程与学习过程不是同步的，而是相互独立的，即

---

① ［美］乔治亚·沃思克：《伽达默尔——诠释学、传统和理性》，洪汉鼎译，123 页，北京，商务印书馆，2009。

评价是外在于学生的学习行为。评价只关注学习结果，而不关注学习的过程；只关注学生学习的水平，而不关注学生学习活动中所表现出来的情感态度的变化，尤其忽视了对学生内部变化的评价。

相对于学习外评价的是"学习内评价"，这种评价不但让学生看到自己成长的历程，而且把评价作为了学生学习活动的有机组成部分和重要学习内容。所谓"学习内评价"，是指学习本身所固有的内在于学习活动之中的能够满足学习者自身需要的认识性实践活动①。它不是镶嵌学习之中的，而是在学习过程中产生的，是学习的一项基本性质；评价标准不是外摄的，而是由学习自身提供和生成的；评价是学习活动的有机组成部分。

第一，学习内评价是学习活动本身所固有的基本性质。学习本身就具有评价的性质与要求。所谓"学习即鉴别"②，这里的"鉴别"指的就是学习内评价。DJP 教学中，学习本身具有的评价性质和要求体现在以下两个方面：一是学习者自主学习后与他人交流(讲解)时都期望获得他人的评判和认可；二是倾听者在倾听他人的讲解时也在不断地进行自我比较鉴别，即在 DJP 教学中，随着讲解活动的进行，学生在倾听他人讲解时，就在自发地、不断地将他人的理解与自己的理解进行比较与鉴别，并不断对照反思自己的理解哪些正确，哪些不正确，哪些理解得不够深入。自己的理解通过对话讲解后若得到他人的认同便被得到确认而固定下来，若自己的理解出现错误，通过与他人的对话后便得到及时矫正从而获得正确的意义。由此可知，DJP 教学中学生获得的知识是通过比较鉴别获得的，即"知识是通过比较而获得的"。并且，通过这些内在的自我比较、对话而不断改进自己的理解和学习的行为、方法，从而逐渐提高自己的理解水平与元认知能力。从这个意义上说，DJP 教学的学习活动就是评价活动。

第二，学习内评价的标准不是外摄的，而是由学习活动自身提供和生成的。DJP 教学中，学习者的理解是否正确，是在与他人对话中是否

---

① 王新民，王富英：《学习内评价的含义及其基本特征》，载《教育科学论坛》，2011(5)。
② 郑毓信：《变式理论的必要发展》，载《中学数学月刊》，2006(1)。

得到他人(教师和同伴)的承认以及知识本身的性质和意义所决定的。它不是事先制定一个具体的评价标准，学习中再用这个标准来判断，而是由知识的性质、学生认知发展的特点以及学习本身的特点来决定的，并且是在学习过程中由于学习活动自身的需要而产生的。

第三，学习内评价是学习活动的有机组成部分。由于学习内评价是学习活动本身固有的评价，伴随学习活动过程而产生和进行的，因此它是学习活动中的评价。

DJP 教学中的学习有四个环节：第一个环节是学习者在教师引导下的自主学习；第二个环节是在对话交流过程中的相互学习；第三个环节是师生评析的共同学习；第四个环节是课后的反思学习。在每个环节中，学习者面对学习对象都在利用已有的前知识(新知识学习前学习者已有的相关知识、经验)和前理解(理解者已有的社会背景、传统观念、风俗习惯、知识水平、物质条件和精神风貌等影响理解的前提条件)不断地进行比较和鉴别。因此，这时的学习内评价不是完成某种任务，而是一种持续的过程；它是学习活动主要的、本质的、综合的一个组成部分，贯穿于学习活动的每一个环节之中。

第四，学习内评价本质上是一种认识性的学习实践活动。学习内评价的目的是认识学习及其学习对象的价值，不是拿价值去判断，而是通过判断去认识、发现、生成、感悟价值。就如美国《国家科学教育标准》所指出的那样，"评价和学习是一枚硬币的正反两面……当学生参与评价时，他们应能从这些评价中学到新东西。"[①]学习内评价不是为了"证明"与"改进"，而是为了明了和认识，它具有很强的认知功能和生成功能。

在 DJP 教学中，学习内评价的方式有学生的自评、互评和教师的点评。在学生倾听他人讲解时，头脑中在不断地比较自己的理解与他人理解的差异，不断地纠正自己的错误认识，建构知识意义的正确认识。这是学生在学习过程中自觉进行的内在的自我评价，它是随着学习活动

---

① 美国国家研究理事会：《课堂评价与国家科学教育标准》，转引自丁邦平：《从"形成性评价"到"学习性评价"：课堂评价理论与实践的新发展》，载《课程·教材·教法》，2008(9)。

的开展而自发生成的，既是学习对象又是学习内容，是 DJP 教学中学生学习的组成部分。在师生相互评价的过程中，通过教师的点评、分析，自己的正确见解或学习成果受到肯定，学生会感受到成功的喜悦，从而完善和固化已形成知识的个人意义，消除错误认识与疑难，最终从促进知识的内化。而且，相互评价还可以激活思维，将学生的思维引向深入，诱发创新意识。通过评价促进交流、比较、讨论和欣赏等活动，可使学生较充分地感受到所学知识的美妙，认识到知识的价值和重要性，从而促进他们的学科鉴赏力和欣赏力的发展。同时，学生在亲身经历自主学习、探究后，会自觉地进行自我反思、评价，从而丰富和积累学科活动的经验，改进调节自己的学习行为。

所以，DJP 教学中的评价具有以下四个方面的作用：一是评价使得学生所建立的关于知识的个人意义经受了某种检验而变得更加清晰、明确、合理；二是学生在对他人的讲解进行分析评判时，要用自己的语言说出个人的看法和观点，就需要对知识的个人意义进行加工、改组、归纳、概括，从而促进和丰富自身对知识的心理表征，提高知识内化的程度，进而促进对知识的深入理解；三是通过评价，学生可认识到所学知识的应用价值和与社会文化的联系，感受和欣赏到学科特有的内在美，提高学科文化修养；四是通过自我评价，学生能不断反思调节自己的学习策略与方法，不断丰富和积累学科活动经验。

由以上讨论可知，DJP 教学中的评价是学生学习的对象和内容，是学生认知活动的有机组成部分，是一个不可或缺的学习环节(关于 DJP 教学中评价的详细论述参见本书第七章)。

四、 理解

前面我们讨论了 DJP 教学核心要素中的导学、讲解和评价，而导学、讲解和评价的目的都是为了达成理解，因此，理解也是 DJP 教学的核心要素。

（一）理解的类型

DJP 教学中的理解按不同的分类标准可分为不同的类型。

1. 按理解的对象分类

DJP 教学中的理解按理解的对象可分为对文本的理解、对他人的理解和自我的理解。

(1)对文本的理解

对文本(教材)的理解就是对文本意义的理解和精神内容的理解。因为没有意义,文字就是僵死的和不可理解的物理符号;没有精神,意义就没有基础和目的。因此,"意义是文本的本质,理解文本的关键在于把握文本的精神内容和意义,而不在于把握教材文本的物理符号和词语本身。"[①]"所以从根本上说,唯存有达至精神层面我们才能认识每一个对象的为什么,从何而来和到何处去。"这正如语言学家阿斯特所说:"唯有对文本精神的理解才是真正的最高理解。"[②]因此,师生在对教材(文本)的理解时要根据自己的知识背景、思维习惯、情感去理解体验文本的意义,并在此基础上超越文本意义,建构属于自己的意义。在弄清教材中符号的基本意义后,根据自己已有的经验去感悟和把握文本的精神内容和人文视界,从而进入作者的精神世界。

文本的意义有两个方面的含义:一是文本作者的意图,我们理解文本的意义就是理解作者的意图与作者的思想观点。而文本作者的意图是固定不变的和唯一的,我们理解作品的意义,即解释作品的意义,就是发现作品的意义。我们不断地对作品进行解释,就是不断趋于作者的唯一意图。但对同一内容,由于作者的意图不同,其表现形式也不同。例如,教材(文本)中材料的选择、内容顺序的安排等。我们在理解文本时,就要站在作者(编者)的视角去分析教材选取这些材料以及对这些材料安排顺序到底是何目的进行分析,才能把握教材编者的意图和思想。二是文本所说事情的本身,即它的真理内容,也就是作品所表达的知识意义。而知识意义存在于文本的"视域"和读者(解释者)的"视域"相交叉的"视域融合"中。根据诠释学的观点,意义的理解、生成过程是视域融

---

① 靳玉乐:《理解教学》,95 页,成都,四川教育出版社,2006。

② 洪汉鼎:《诠释学——它的历史和当代发展》,65~66 页,北京,人民出版社,2001。

合的过程。在 DJP 教学中，知识意义是在对话性讲解中通过多种视域的融合而生成的。DJP 教学过程中存在着四种不同的视域：文本视域、教师视域、讲解者视域与同伴视域。讲解者通过板书、解释、说明、补充等形式展示自己的视域，同伴通过对讲解者的提问、质疑和争辩展示自己的视域；老师通过点拨、提炼、修正、评价以及对重难点知识的解释与强调等渗透着自己的视域，而文本视域在这几种视域的交汇中则不断地被深化与丰富。通过师生、生生之间的交流和讨论，各种视域进行大碰撞、大融合，从而构建起多维度多层次的共享的知识意义世界。

(2)对他人的理解

学校教育是关于人的教育，而人的教育是在与他人的相互理解中才能完成的。而在传统教学中，则由于教师缺乏对学生的理解，学生也缺乏对教师的理解，从而导致许多教育教学方法低效甚至完全无效。而在 DJP 教学中，不但注重对文本意义的理解，更注重对人与人之间的相互理解。

DJP 教学中人与人之间的相互理解主要是指对他人的理解，包含师生之间的理解和学生之间的理解。

第一，师生之间的理解。师生之间的理解包括教师对学生的理解和师生的相互理解。教师对学生的理解体现在以下两个方面：首先，要把学生看成一个有主体性的人。学生是有丰富情感世界、兴趣爱好和自主性与能动性的鲜活的生命体，而不是单纯只会接受知识的容器。因此，学生与教师在人格上是平等的，这就要求教师要尊重学生。我们在 DJP 教学中提出要"高度尊重学生"就充分体现了这一点。其次，要把学生看作有自己独特理解的人。尊重学生的已有理解，理解学生的特殊背景，这样才能真正保证理解学生，并最终才能在跟学生的交往对话中与学生的视域融合，实现教学由单纯的对知识的理解进入到学生的精神世界，在理解中实现教育对学生的意义生成。因此，我们提出"要充分信任学生"就是基于对学生的这种理解。

师生之间理解除了教师对学生的理解外，就是学生对教师的理解。在 DJP 教学中，师生相互理解是指师生之间通过相互对话、相互倾听、相互尊重达到彼此理解，从而实现意义创生的过程。"对话是双方相互理解的过程。"①师生理解的实质是师生对话，通过对话，师生之间精神相遇、心灵沟通，在彼此"敞开"和"接纳"的过程中，师生相互理解对方，在理解中创生出新的意义。传统的教学缺少对话，缺少师生的相互理解，致使教师的教育教学方法缺乏针对性，教育教学的效果不佳，有的甚至出现严重的师生对立。DJP 教学要求把学生真正当作"人"来看待，为此，我们提出"高度尊重学生，充分信任学生"，在理解学生的基础上进行教学，做到"以学定教"，从而使每一个学生尽可能得到发展。

第二，学生之间的理解。诠释学认为，人的理解存在是在生活世界中相互理解后到达与他者共同拥有。学生之间的理解是就某一共同话题展开讨论和交流中完成的。在功利性学习中，为了保持竞争优势而保守自己的方式方法以防别人超越自己，学生之间没有实质性的交往与对话，由此造成彼此不能相互理解的现象。在这种状态下，学生之间既不能表达自己的思想，也不能了解他人的想法；既不能展开思维的碰撞和思想的交锋，又不能取长补短、相互促进、共同提高，从而不利于自身的发展。因此，在 DJP 教学中，我们将课堂话语权还给学生，让学生在自主学习的基础上充分表达自己的思想、观点，教师和同伴在认真倾听后，针对有关问题进行提问、质疑和争辩，从而走进对方的心灵，达到相互理解。这样，一方面，理解是获取被理解的过程；另一方面，理解的过程也是自身形成的过程。

（3）自我理解

"自我理解就是主体消除误解与障碍实现自我发展。"②在 DJP 教学中，通过讲解对话暴露自己的思想观点，在经受他人的质疑、批判后，个体对自身内在经验和外在世界进行反省与感悟，这样既认识到自己的存在，又消除误解与障碍，进而改进自己的筹划，完成自我理解，实现自我发展。

---

① 金生鈜：《理解与教育——走向哲学解释学的教育哲学导论》，131 页，北京，教育科学出版社，1997。

② 熊川武：《论理解性教学》，载《课程·教材·教法》，2002(2)。

2. 按理解的程度分类

理解，按其程度可分为浅层理解和深度理解。

(1)浅层理解

浅层理解是传统认识论上的理解，追求的是"知其然"和"怎样做"，即是一种"工具性理解"。"所谓工具性理解是指一种语义性理解——符号 A 所指代的事物是什么，或者一种程序性理解——一个规则 R 所指定的每一个步骤是什么？如何操作。"[①]例如，数学学科的工具性理解是指注重记忆公式、定理、法则和运用它们进行计算、推理。又如，语文学科中的工具性理解是指注重对文本中字、词、句、段落大意、中心思想的记忆与掌握。浅层理解仅仅停留于事实层面，局限于事实和文字符号本身，缺乏对事实中隐含的丰富的情感、多元的文化与价值观的挖掘。

(2)深度理解

深度理解是相对于浅层理解而言的。深度理解的目的是"追求学生理解能力的发展，帮助学生从文本的文字表征深入到文本内部的逻辑、文化现象和思想情感，从对文本字意的理解到对文本的比较与评价、反思与应用"。[②]深度理解不是指理解的难度和复杂度，而是指理解的丰富性和完整性。

深度理解的丰富性是指理解者不仅仅是理解作品的意义，还有理解者根据自己的经历和体验超越作品的意义而建构自己的意义。深度理解是以本体论为基点，超越读者对文本的单向解读，关注读者与文本之间的双向互动，关注文本意义的探求与建构。从本质上说，深度理解包括学生对文本的建构和自我建构。学生以自己的经历和体验，感知文本所构筑的世界，探寻文本世界的意义。从理解的机制来说，深度理解是学生与文本、学生与文本作者之间对话的过程。在这种对话中，学生将自

[①] 马复：《试论数学理解的两种类型——从 R. 斯根普的工作谈起》，载《数学教育学报》，2001(3)。

[②] 武远岳，武彪支：《基于理解能力表现标准的深度理解教学》，载《教育发展研究》，2013(8)。

己的生活情感、人生体验、生命意识投入文本，丰富自己对文本的理解，在与作者灵魂的生生不息的生命律动中对话，在能动性参与的"忘我"与"同化"之情境中达到心灵的默契。

对文本的理解过程就是对文本的不断解释与说明的过程，即诠释的过程。根据探究型诠释学的观点，"文本的意义并不是作者的意图，而是文本所说的事情本身，即它的真理内容，而这种真理内容随着不同时代和不同的人的理解而不断进行改变。文本的真正意义并不在作品本身之中，而是存在于它的不断再现和解释中。我们解释作品的意义，光发现作品的意义是不够的，还需要发明。"由此可知，学生在理解文本时，并不是一种复制行为，不是仅仅复制历史与文本意义，而是作为主体性的学生在建构文本的意义，这种"理解就不是一种复制行为，而始终是一种创造性的行为"①。这种创造行为构成了深度理解的丰富性。

深度理解的完整性不仅是理解文本内容的意义，还包括文本内容的来龙去脉、价值和作用、比较与评价、人文精神等方面。这些内容可概括为关系性理解和价值性理解两个方面。关系性理解指对符号的意义和替代物本身结构上的认识，获得符号指代物意义的途径，以及规则本身有效性的逻辑依据等。② 关系性理解是"知其所以然"和明白"为什么这样做"，知道知识是什么背景下产生的，是如何推导出来的，它有何特征，它还可以向那个方向发展，等等。对知识意义的深度理解必须是在"知其然"和"知其所以然"后，还需知道知识的价值和作用，也就是说，需要进一步上升到对知识的价值性理解。这里知识的价值包含了三种意义：知识的科学价值、人文价值和社会价值。知识的科学价值指的是知识本身的科学性和真理性；人文价值指的是知识探究过程中的交互性、探究性和知识中隐含的思想文化性；社会价值是指知识能解决哪些社会

---

① 洪汉鼎：《诠释学——它的历史和但是古代发展》，20～21 页，北京，人民出版社，2001。

② 马复：《试论数学理解的两种类型——从 R. 斯根普的工作谈起》，载《数学教育学报》，2001(3)。

生活问题或其他问题，即"知识的使用价值"。价值性理解就是学习者要认识到知识的三种价值。而价值性理解又是在对知识生成过程的反思、回顾、比较、鉴别、评价和欣赏的过程逐渐完成的。[①]

在 DJP 教学中，学生在教师指导下的自主学习和对话讲解中，不但根据自己的经历和体验建构文本的意义，弄清知识的来龙去脉，而且还不断生成自己新的理解与发现，提高自己的探究发现能力，丰富自己的个人经验和知识，同时，通过与他人的对话交流和对知识生成过程的反思、回顾、比较、鉴别、评价和欣赏的过程，提高对知识价值和作用的认识和文本作品的精神理解，增进与他人的交往能力和对他人的理解，进而也丰富了自己的情感，建构了自己的生命意义。

由以上讨论可知，深度理解包括对文本精神的理解、对他人的理解和自我理解，因此，DJP 教学的理解是一种深度理解。

（二）DJP 教学中的理解循环

对文本意义的理解主要是对文本中知识意义的理解和认识。而"一切理解和认识的基本原则就是在个别中发现整体精神和通过整体精神领悟个别"[②]。例如，一个完整的句子是一个整体。作为一个整体，句子的意义依赖于单个词语的意义，但反过来整个句子的意义又确定了单个词语的确切意义。"推而广之，单一概念的意义源自它所处的语境和视域；而此视域正是由它所赋予了意义的这些因素构成。通过整体与部分之间的辩证互动，每一方都赋予了对方以意义；因此，理解是循环的。"[③]这种循环叫作理解的"诠释学循环"。因此，狄尔泰指出："理解总是在'诠释学循环'中进行的，而不是按照某种有序的进程从简单与自足的部分到整体那样进行的。"从诠释学循环来看，理解是从局部到整体，又必须从整体理解到局部，这是一个无限的、开放的循环，在循环

① 王富英，王新民：《让知识在对话交流中生成——DJP 教学中知识生成的过程与理解分析》，载《中国数学教育》，2013(11)。

② 洪汉鼎：《诠释学——它的历史和当代发展》，67 页，北京，人民出版社，2001。

③ ［美］理查德·E. 帕尔默著：《诠释学》，潘德荣译，115～116 页，北京，商务印书馆，2012。

的每一个环节上，理解都是不完全的、相对的。因此，理解不是一次到位的而是要经过一个循环过程，有的还要经过多次循环才能完成，这就澄清了"堂堂清"和"我讲了你就该懂"等错误观念。

在 DJP 教学中，学生对知识意义的理解也是经过了多次循环。学生第一次自学时个人理解（部分）影响全班（整体）的理解，反之，学生讲解后达成共识的整体理解又促进了个体的部分理解，这是理解的第一级循环。这一级循环完成了由学生原初的工具性理解到关系性理解，对知识意义的消化由一级消化上升到二级消化。当学生讲解后通过师生的相互评析和自我评价后总结形成较完整的知识结构体系时，学生获得的知识意义又进行了一次部分与整体（知识结构）之间的辩证互动，即进行了第二级理解循环。这时学生获得的知识不再是单个的知识而是网络化、结构化的知识，从而对知识的相互关系理解更加透彻，对知识的价值认识更加深刻，使学生对知识的理解由关系性理解上升到价值性理解，对知识意义的消化也上了一个台阶，达到三级消化。DJP 教学中理解循环的结构如图 2-3 所示。

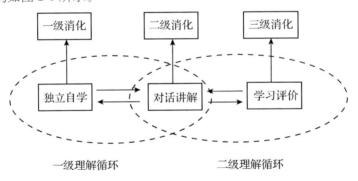

图 2-3 DJP 教学中的理解循环

综上所述，DJP 教学是师生在相互理解、理解自我和理解文本的过程中不断发展自己，以提高自身学科核心素养和生命意义的教学实践活动。DJP 教学的过程是深度理解的过程，是教师和学生运用想象力来从事知识学习、生命意义创造和意义分享的过程。DJP 教学中人与人、人与知识的关系不再是一种主客二分的对象关系，而是你中有我，我中有你，主体与客体对话、融合的意义生成的关系。DJP 教学关心的是学生核心素养的养成，关心的是学生的精神世界和精神生活，关心的是学生未来会成为一个什么样的人，他是怎样生活以及生活得怎样等人生幸福和终身发展的问题。

五、 对话

前面我们讨论了 DJP 教学的核心要素——理解，但在 DJP 教学中，学生是通过什么方式来达成理解的呢？诠释学认为，理解是以历史间多元主体的对话结构为基础，理解的过程就是理解者与理解对象之间的对话过程，对话是理解的基本方式和途径，只有在对话基础上的理解才是真正的理解。[①] 在现实生活中，人们只有在对话、交流中达成理解，在理解的基础上建立起相互认同的人类共同体及其共同目标，而且理解现象本身就包含有对话结构。

DJP 教学中的理解也是通过对话的形式达成的。因此，对话是 DJP 教学的又一个核心要素。

DJP 教学中的对话包括与文本的对话、与他人的对话和自我的对话。

1. 与文本的对话

DJP 教学的第一个环节就是在教师的引导下的自主学习。自主学习的过程就是与文本对话的过程。传统教学中，作为文本的阅读者，学生更多的是在依附文本和教师解释的基础上复制文本的固有意义。这时的文本是知识的象征，文本的知识也是僵硬的、确定的、缺乏生气的死知识，文本提供的只是一些信息。而在 DJP 教学中，学生根据自己的知识背景、思维习惯、情感态度去理解体验文本的意义，并在此基础上超越文本，建构属于自己的意义，这时文本已经不是一些信息材料，而是一个有思想的生命，一个活生生的"你"。也就是说，它像一个"你"一样自身说话，它不是一个客观对象，而更像对话中的另一个人。这时文本与学生之间不再是教训与被教训、灌输与被灌输的关系，而是一种对

---

① 靳玉乐：《理解教学》，16 页，成都，四川教育出版社，2006。

话，一种感受、理解、欣赏与体验，学生与文本相互走进，是心灵的碰撞活动和灵魂的回答。

2. 与他人对话

DJP教学的第二个环节是学生在与文本对话的基础上开展与他人对话交流。在学生独立的自主学习之后就会产生许多自己的思想、观点，还有一些不确定的东西，这时就急于想与他人进行交流。一则是要想使自己新获得的思想、观点得到他人的承认与确定，二则是自己还没有理解的问题也想得到他人的帮助和解答。这时就必须要给学生提供交流对话的机会和平台。DJP教学中的"学生讲解"就是给予学生这样的与他人对话的机会与平台。

DJP教学中学生与他人的对话包括师生对话和生生对话。

(1)师生对话

师生对话是教学中常见的对话形式。在平常的教学中，"问答式"是最常见的对话形式，但大多数时候都是教师设计好一个个很细的问题，再要求学生根据教师设计的问题进行回答，并且给予学生思考的时间很少。若学生的回答超出教师的预设则被教师终止，再经过教师的启发必须回答得到教师需要的答案上来，学生的整个思维是被教师牵着走的。这种停留在表面的、缺乏心灵沟通的"一问一答"的"问答式"对话，是徒有对话之名，没有对话之实的对话，因而不是真正的对话。奥地利哲学家马丁·布伯指出：真正的对话是"从一个开放的心灵者看到另一个开放心灵者之话语"[①]。因此，师生对话"不仅仅是指二者之间的狭隘的语言的谈话，而且是指双方向对方的'敞开'和'接纳'，是对'双方'的倾听，是指双方共同在场、相互吸引、互相包容、共同参与的关系，这种对话更多地是指相互接纳和共同分享，指双方的交互行为和精神的互相承领"。[②] 在DJP教学中，师生的对话是在民主、平等的基础上，双方

---

① ［奥地利］马丁·布伯：《人与人》，转引自金元浦：《文学解释学》，50页，长春，东北师范大学出版社，1997。

② 金生鈜：《理解与教育——走向哲学解释学的教育哲学导论》，131页，北京，教育科学出版社，1997。

敞开心扉进行面对面的交流，没有任何强加于对方的意图，即使有不同的观点也是心平气和地提出来进行讨论，最后求得共识。下面的案例2-8就充分说明了这一点。

案例2-8 关键是字母 a、b 不等于零

2008年3月7日，我到成都市双槐中学7年级1班上"平方差公式"的研究课时，关于公式中字母 a、b 的含义及运用公式的关键是什么有如下的对话：

生15：我们组从（教材）例1、例2中发现公式中的 a、b 可以表示常数、单项式和多项式。我们还举了三个例子，第一个例子（2009＋1）（2009－1）中的2009和1是常数；第二个例子（$-m+n$）（$-m-n$）中的 $-m$ 和 n 是单项式；第三个例子 $[(x-m)-(n+c)][(x-m)+(n+c)]$ 中的 $x-m$ 和 $n+c$ 是二项式即多项式，而这三个题都满足平方差公式，因此，a、b 可以表示常数、单项式和多项式。要注意的事项是，在做题时要观察题中是否含有两数差、两数和，也就是相同项、相反项，就是看它是否满足平方差公式。而运算的结果要把相同项写在前面，相反项写在后面。其依据是平方差公式 $(a+b)(a-b)=a^2-b^2$。（全班自发鼓掌！）

师：很好！对运用公式的注意事项有没有不同意见？

生16：关键是 a、b 不能等于零！它等于零，就没有意义了！

师：没有意义吗？（0＋0）（0－0）等不等于 0^2-0^2？它有没有意义？

生17：但没有实际意义。

师：哦，没有实际意义，但它是不是关键？（这时，有的还在说"是"，有的说"不是"）请说"不是"的讲出你的理由。

生18：刚才他说 a、b 不可以等于零，但是通过你（指教师）写的那个（例子）来实证，还是可以的。

师：生15同学对公式中字母 a、b 的含义讲得很好。对于运用公式的关键大家发表了不同的意见，现在谈谈我对这个问题的认识。我认为应用公式的关键就是要看符不符合公式的结构特征，是不是两个二项式

相乘或者可以转化为二项式相乘，并且两个二项式中有没有相同的两项，另两项是不是互为相反数。值得注意的是不要把 a、b 搞混了，不要把符号搞错了！

…………

这个案例中，教师和学生是作为两个独立的主体，在民主、平等，相互尊重和信任的氛围中把自己的知识、经验、思想和问题提供给对方(学生或教师)，对方把他(她)的理解、感悟和质疑又反馈给自己，自己再针对质疑和反馈进行解释、说明，在这一来一往的对话过程中相互走进对方的心灵，实现视域的融合与知识意义的生成、生命意义的建构和意义的分享。所以，DJP 教学中的师生对话消除了传统意义上的师生二元对立的关系，消除了教师独享的话语霸权，使得教师失去了以往专制地位，这需要教师以学习者与合作者的身份与学生展开对话。教师要放下"师道尊严"，走出"教师至上"的地位，以伙伴的身份，以平视的姿态，蹲下来与学生进行对话，倾听学生的声音，学生也从各种束缚、依附中解放出来，跟教师零距离接触，充分开展思想的碰撞、灵魂的接纳和情感的交融。师生双方在民主、平等、相互尊重的环境下敞开心灵，真诚交流，打破传统的"我—他(她)"型师生关系，从而确立了"我—你"型师生关系。在 DJP 教学中，"通过对话，教师的学生及学生的教师等字眼不复存在，新的术语随之出现：教师学生及学生教师 。"[①]

(2)生生对话

生生对话是指学生与学生之间就某一共同的话题展开的讨论与交流，是学生之间交流自己对文本理解的过程[②]。在传统教学中，生生之间没有真正的、实质性的交往与对话。虽然课堂上我们也经常看到学生之间在进行讨论和交流，很多情况下都是教师提出问题后不给学生

---

① ［巴西］保罗·弗莱雷：《被压迫者教育学》，顾建新等译，44 页，上海，华东师范大学出版社，2001。

② 靳玉乐：《对话教学》，19 页，成都，四川教育出版社，2006。

思考的时间马上就叫学生讨论。这种没有经过独立思考、深思熟虑的讨论，无法深入触及问题的本质，而且很多问题是教师提出的，而不是学生需要讨论的问题，学生的兴趣也不大。我们经常看到课堂讨论时许多学生在聊天，有的甚至相互打闹混时间。所以，这种生生对话是徒有虚名的合作交流，只是表面的热热闹闹，缺乏真正的、实质性的交流与对话。

DJP教学中的生生对话，则是一种真正的、实质性的对话。主要体现以下几个方面：第一，学生在自主学习和独立思考后，就会产生很多自己的思考与想法并想与同伴交流，有的问题自己不能解决就想寻求同伴的帮助。所以，这时的生生对话是在自主探究之后与同伴交流自己的想法和思考，会直接触及问题的实质和满足自己真正的需要。因此，每个学生都会积极参与、认真讨论；第二，这种生生之间的对话，由于学生在知识水平、心理发展的各个方面都比较接近，容易产生心理安全感，也更容易被同伴接受。第三，这时的生生之间的对话，学生之间更多的是一种"我—你"关系，这使得学生在他们的群体中更容易充分表达和展现自我。在同学之间没有了跟老师对话时的那种紧张与约束，学生更容易发表自己的看法、贡献自己的智慧，更能向对方敞开心怀，毫无顾忌地讲出自己观点与困惑，形成独立思考的习惯。第四，生生之间通过切磋、思维碰撞可以迸发出思想的火花，产生灵感，使思想得到升华。第五，生生通过相互交流思想，讲述思维过程，从而学会学习、学会合作。第六，在生生对话中，相互走进对方的心灵，学会理解和尊重他人，学会欣赏和分享他人成果。

（3）自我对话

自我对话是指"现在之'我'与过去之'我'，现实之'我'与理想之'我'的对话，是'此我'与'彼我'的对话"，是学生对自身已有的知识、思想、经验、行为的反思。在传统的教学中，学生由于被大量灌输知识、高强度和大运动量地练习，根本没有时间进行反思，而且传统教学也不要求学生进行自我对话；同时，由于在传统教学中，学生的任务就是接受教师教授的一切，而没有亲历知识的发生、发展和探究的过程，没有经历成功与失败的体验，所以，自身也缺乏自我反思的动力和需要。在 DJP 教学中，由于学生在经历了自主学习、对话性讲解后，特别是在受到同伴和教师的质疑和批判之后，内心会产生一些矛盾和困惑，从而促使学生对自己原有的思想、观点、经验、行为去进行思考、追问、总结，也就是去跟另一个"自我"和先前的"自我"进行对话，在与自我的对话中厘清思路、澄清认识、消除困惑、发展自我。

由以上的讨论可知，DJP 教学的整个过程是一个不断的对话交流的过程。这种对话交流，是师生、生生在民主平等、相互尊重信任的氛围中，把自己的知识、经验、思想和问题提供给对方（同伴或教师），对方把他（她）的理解、感悟和质疑又反馈给自己，自己再针对质疑和反馈进行解释、说明，在这一来一往的对话过程中相互走进对方的心灵，实现视域的融合与知识意义的生成、生命意义的建构和意义的分享。在这种对话交流的过程中，双方都不把对方看作对象，而是跟对方一起相互承认，共同参与，密切合作，享受着理解、沟通、和谐的对话人生。

综上所述，DJP 教学是在自由、民主、平等、尊重、信任的氛围中，通过教师、学生、文本之间的相互对话，在师生视域融合与经验共享中创建知识意义和教学意义，从而促进师生共同发展的教学形态。DJP 教学是一种尊重主体性、体现创造性、追求人性化的教学方式。

第三节　导学讲评式教学的结构

前面我们详细地讨论了导学讲评式教学的几个核心要素，现在我们就可以来讨论导学讲评式教学的结构了。导学讲评式教学的整体结构是由"一个基点""两个目标""三条主线""三个基本环节""五个核心要素"

和"五个学会"组成。简称"DJP 教学 123355"。其结构如图 2-4 所示。

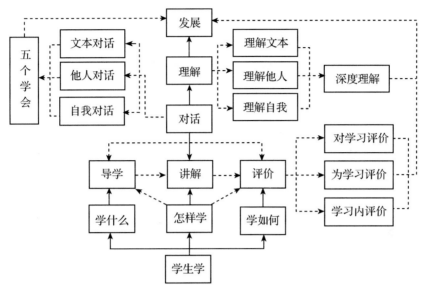

图 2-4　导学讲评式教学结构

在上面的结构中，"学生的学"是整个 DJP 教学的出发点，在此基础上，从"学什么?""怎样学?"和"学得如何?"三条主线进行教与学的活动设计。其中"学什么?"对应学习的材料，也即引导学生自主学习的学案;"怎样学?"渗透在"导学""讲解"和"评价"三个主要环节之中。"对话"是整个 DJP 教学的重要核心要素，它渗透在"导学""讲解"和"评价"之中。通过"对话"和"评价"达到深度理解，又通过对话达成五个学会。最后通过评价、深度理解和五个学会达到促进师生共同发展的目的。

1. 一个基点：整个 DJP 教学设计的出发点是基于"学生的学"

DJP 教学设计的出发点是基于"学生的学"，即"以学生的学为出发点"进行整个教与学活动的设计。DJP 教学的设计是"为学生如何好学?"而设计，而不是"为教师如何好教"而设计。我们把前者叫作"学习设计"，后者叫作"教学设计"，这两者有着巨大的差异。以"为学生好学"而进行的"学习设计"是以学生的学为出发点，根据不同类型学习的学习规律，运用系统方法分析学习内容、学习过程和学习条件，确定学习目标，制订如何更好地完成学习任务和解决问题的策略方案、运行方案和学习评估的一个系统过程。学习设计体现了"以学生为中心"的人本教育思想，着眼点是在学生身上，具体设计时要求教师要认真研究学习任务、学习目标、学习过程、各类学习的规律、学习条件、学习评价和本班学生的认知前提、学习能力与学习行为习惯；要认真思考设计的策略方案能否真正帮助学生完成学习任务。

我们知道，学生是教育过程的终端，"学习设计"是直接为学生的学习服务的，因此，学习设计就是终端设计。再者，DJP 教学中学习设计的表征形式是便于学生自主学习的学案。由于学案是给学生使用的，因此，设计时必须研究学生，这样所设计的学习路径、方法、所用的语言才能切合学生的实际，便于学生接受，否则，你设计得再好，学生也不一定理解。关于这一点，我有过切身的体会。2008 年 3 月 7 日我到双槐中学七年级 1 班去上 DJP 教学体验课。课堂上，一些学生对我设计学案中的引导语"请同学们观察思考公式的结构特征是什么"不理解。学生看到这一问题时问我："老师，什么叫结构特征？"我听到这一提问后猛然一怔："我的用语太学术化了！设计时怎么就没有认真考虑七年级的学生能否读得懂呢？"于是，我不得不先解释"结构""特征"等词语的含义，然后再让学生根据学案自学。这个例子说在做 DJP 教学设计时你必须研究学生，否则设计的学案学生就看不懂。

而在"为教师如何好教"进行的教学设计，教师的着眼点在教师而不是学生，只要教师好"教"就行，根本就不考虑是否学生好学，不是终端设计。因此，教师进行教学设计时，研究教材是主要任务，研究学生则很少，选择的资源也都是教师熟悉的而不管学生是否需要和能否接受。下面的案例 2-9 就充分说明了这一点。

案例 2-9 这个问题我真没有考虑过

这是我曾经到一所重点学校高一去听的一节数学课，内容是"一元二次不等式的解法"。上课教师是刚从上学期高三毕业班结束后到高一任教的一位骨干教师。他上课时一气呵成地把高三复习时这部分的内容全部讲完：一元二次不等式的解法、带参数的一元二次不等式的解法、可化为一元二次不等式的无理不等式、分式不等式、绝对值不等式的解法。对基本的一元二次不等式的解法（这课的重点）教师认为简单很快讲完了，而把大量的时间和精力放在带参数的不等式和可化为一元二次不等式的不等式的解法上。课堂上有几个学习成绩好的学生勉强能够跟上教师的步伐，回答教师提出的问题。下课后，我现场调查了解学生的情况，大部分学生没有完全听懂，更不用说掌握和灵活运用了。课堂上教师共讲了 6 个例题，每个例题的讲解思路清晰、分析透彻、语言流畅，真不愧是一位骨干教师。教师讲完后我与他交流时他自我感觉很好，认为这节课知识容量大、内容丰富，所选例题又有一定难度并且超越了教材与高考联系紧密，自认为很完美。我问他" 你考虑过没有学生是否都能接受？"他说"哎哟，这个问题我真没有考虑过！"

从这个案例中我们看到，教师的教学设计完全是根据自己如何"好教"进行的，而根本没有考虑学生是否"好学"。这个案例中的教师因为刚从高三教学下来，而高三复习时都是把平时分散学习的知识进行系统的归纳整理成系统化、结构化的知识进行教学，这种既系统又完整的知识体系十分便于教师的讲解。因为，讲解时教师可以一气呵成讲解完毕，会产生自然流畅、心情愉悦，酣畅淋漓之感。虽然人们经常说教学设计时一定要"手中有本，心中有准(课程标准)，目中有人"。这里的"目中有人"指的是学生，即要研究学生，但在实际的教学中往往都是"目中无人"，即使一些教师在教学设计时虽然也在考虑学生，也都是把学生作为一个抽象的群体在考虑，没有把学生看成一个个不同个性特点的、鲜活的生命体，因而进行的是虚体设计，不是以活生生的学生为对象的实体设计。

2. 两个目的："学生发展"和"教师发展"

DJP 教学中的主要目的有两个：学生的发展和教师的发展。这是 DJP 教学的两个重要目的，也是 DJP 教学的最终目的。不容置疑，促进学生的发展是教育的首要任务和目的。DJP 教学中学生的发展是在与文本对话、与他人对话和与自己对话的中不断积累经验，增长智慧而得到的。

DJP 教学中另一个重要目的就是教师发展。教师发展体现在两个方面：一是学生发展的需要，二是教师自身发展的需要。对学生而言，学生的发展是由教师的教学活动决定的，因此，只有教师发展了学生的发展才能得到保障与落实。可以说，教师发展的水平在很大程度上决定着学生发展的水平；对教师而言，在教育教学中强调最多的是教师要有"蜡烛"的奉献精神——照亮别人，毁灭自己，这对教师是很不公允的。我们认为，学生的发展固然重要，但教师的一生都在教育事业上，不能在照亮别人的同时就必须毁灭自己呀！因此，我们提倡教师是太阳，照亮别人的同时自己也要发光发热。所以，我们提倡"师生共同发展"，并把它作为两个重要的教学目的提出。这里，我们提出促进"师生共同发展"不是一个空洞的口号，而是 DJP 教学本身具有的功能。在传统讲授式教学中，确实存在教师只照亮别人而毁灭自己的现象。这是由于教学中整个教学内容全由教师讲解，对于同一个内容讲过几次后就可烂熟于心，根本不需要备课都可以十分娴熟地应对，长此下去，就会出现大学毕业教小学的就只有小学水平，教中学的就只有中学水平。在这种教学机制下，由于学生是被动接受教师讲授的内容，作业也是教师事先准备好的，学生没有经历自主探究的训练，探索创新能力一般都不高，遇到或者想到的问题都是教师多次遇到过的熟悉的问题，所以，学生基本上提不出能够难倒教师的问题，从而使教过一定年限而熟悉教材的教师就不再有进行业务进修提高的需要，进而出现职业倦怠。其实，出现这种情况并不是教师自己不要求进步和进行业务进修，而是传统教法不需要教师再去学习进修提高自己就可以应对教学的需要。但在 DJP 教学中就不会出现这种情况。因为 DJP 教学是把话语权还给了学生，学生在自主学习的基础上再在全班讲解自己的理解和见解，教师在倾听后针对学生的讲解进行评析，对于学生都不能讲解的疑难问题才进行重点的讲解。但全班几十个学生就有几十种想法，很多时候学生的见解和想法会超出教师的经验和事先准备，如果教师事先不精心准备和深入钻研，课堂上对于学生的讲解就不敢点评。这种情况在 DJP 教学的课堂上经常出现。以下的案例 2-10 就充分证明了这一点。

案例 2-10 两条长度不同的线段上的点哪个多

有一次，我陪同来调研考察 DJP 教学的北师大数学学院博士生导师曹一鸣教授到我区一所重点中学去听课高一的数学课。课堂上，一个学生讲完集合的概念后提出了一个问题。他说："同学们，我提一个问题请大家思考。我们学习了集合后知道，线段可以看成是点的集合，那么一条长一些的线段 AB 和一条短一些的线段 CB（边说边在黑板上画出两条线段），构成他们的元素（点）哪个多？"这是一个很有挑战性并很有趣的问题，它已超出初等数学的范围而涉及高等数学的知识了，但结合集合学习中"一一对应"的知识又可以给学生解答清楚进而激发学生探究的欲望和对数学的浓厚兴趣。问题提出后，很多学生不敢回答，有个别学生认为长的要多些，显然这是不对的，但最后教师也回避不敢判断。课后我问上课教师，这个问题虽然超出了教材范围，但学生能提出来很不简单了，你怎么不进行点评并对提出该问题的学生进行表扬和鼓励呀？这是一个激发学生对数学的奇妙产生兴趣多好的机会哦！他说："王老师，我也不知道！"我说："你（他是大学数学系毕业的学生）大学数学《实变函数》里学习集合的基（势）时不是学习过了吗？两个能够建立一一对应的集合的基是相等的，由此可知，这两条线段上的点是一样多的哦。"他回答说："大学里学的东西我早就忘记了！"

这个案例说明，DJP 教学中由于把自主权交给了学生，话语权还给了学生，学生的主动性和积极性会得到调动，学生的智慧也得到激发。特别是在互联网高度发达的今天，学生获取知识的渠道和方式很多，学生的知识面也很广，因此，课堂上学生会提出各种意想不到且极具挑战性的问题。同时，在教学中对于同一内容，不同的学生也会提出不同的问题，而且初等教育中的很多问题都有高等教育内容的背景，面对学生提出一些有背景的问题就需要教师站在更高的起点上才能解答清楚。这就要求教师既要课前必须进行钻研、研究，又要在平时不断地进行学习以提高自己的业务水平和探究能力，否则，课堂上便不能解答学生的问题。教师在教学中不但要经常翻阅复习大学学习的内容，还要不断学习更新自己的知识，提高自己的教育教学水平，这样才能在面对学生讲解提出问题时进行深入浅出的点评、引申。教师站在更高的角度对学生的讲解进行点评和引申既可开阔学生的眼界，又可把优秀学生带到更加广阔的天地里去进一步的探索和思考，甚至可以把一些学生引导到终身从事的学科探究的方向上去，同时也促进了自身的发展。数学家陈景润读小学时数学教师针对数学学习中的内容引申介绍哥德巴赫猜想最终促使其终身从事数学研究，并获得了世界上此项研究的最高成就，为祖国争得了荣誉，就是很好的例证。

由以上的案例可知，在 DJP 教学中，教师若不能坚持学习和提高自己，而只凭经验则是对付不了学生的提问的。即使是教过多年的老教师也不例外。我们在与教师的访谈中，很多有经验的老教师常对我说："王老师，DJP 教学使我的老经验用不上了，我必须再进行学习提高才行哦！"我说："这不正好吗？这样我们就不再是蜡烛而成为太阳，在照亮别人的同时也提高了自己哦！"所以，DJP 教学的实施可真正形成"教学相长"，在促进学生发展的同时也促进了教师的发展，从而达到了师生共同发展。

3. 三条主线："学什么""怎样学"和"学得如何"

DJP 教学致力于实现以下几个转向：在学习方式上从个体听讲、记忆、练习的单一被动的接受式学习转向为自主、合作、探究、交流、反思的多元互动的对话式学习；在教学方式上，从教师的传递、讲解、评价的灌输式教学转向为教师引导、师生互动交流、分享的对话式教学；在教学设计上，从"以教师的教为出发点"，注重教师"好教"的教学设计转向为"以学生的学为出发点"，注重学生"好学"的学习设计；在教学目的上，从以知识技能的理解与掌握为目的"学会"转向为掌握学习探究的方法的"会学"；在课堂的排坐形式上，从以黑板、讲台为中心、众多学生整齐划一地排坐的课堂转向为以探究问题为中心，以小组为单位的、便于学生合作、交流的桌椅排列方式组成的课堂。由于 DJP 教学是致力于这几种转向的教学，因此，DJP 教学的整个设计是基于"以学生如何好学"为出发点进行的。出发点的转变必然要导致教学设计观的转变，因而进行教学设计时思考的问题就不再是教师的"教什么""怎样教"和"教得如何"，而是学生的"学什么""怎样学"和"学得如何"的问题了。

"学什么"是属于学生学习的内容即学习课程问题。在以教师的教为出发点的教学设计时，学生学习的内容主要是以"教材为中心"进行选择的，学习的内容就是教材的内容，教学中教师不敢越雷池一步，只能老老实实地"教教材"。在 DJP 教学中，由于教学的目的是为了学生的发展，教学设计的基本理念是"如何使学生好学"。因此，学生的学习内容就不只是教科书的内容，除了教科书提供的素材外，还要采用和选取一些学生熟悉的和现实生活中好的题材等学习材料(我们把这些供学生学习的材料简称为"学材")。设计时，教师根据课程标准的要求，结合学生的认知前提(学生学习时已具有的知识基础)，遵循学生学习的认知规律，将这些学习材料进行有机整合编写成一个易于学生进入，便于学生自主学习、探究的学习方案。为了有别于原来便于教师教学的"教案"，我们称这样设计的便于学生学习的方案为"学案"，这时进行的学案设计叫作学习设计。"学什么"主要体现在"学案"中，对应于 DJP 教学的第一个环节——导学。

"怎么学"是 DJP 教学的核心问题，也是区别于传统教学的显著特色。传统教学中学生的学习是采用"听讲—模仿—记忆"的学习方式。在这种学习方式中，学生主要的任务就是接受并记住教师讲解的内容，再通过大量的模仿练习，熟悉和掌握一些解题的技能、技巧，并记住这些题型和解题方法。这种学习理解的成分较少，记忆的成分较多，从而增加了学生的记忆负担。DJP 教学要改变这种"储存式"学习方式为自主、合作、探究与对话讲解的学习方式。在学习过程中，自主学习是与文本对话，与他人合作是与他人对话，讲解也是为了与他人对话，由此可见，对话是其主要的成分和特征。因此，我们把 DJP 教学中的学习叫作"对话性学习"，学习的过程是一种对话性实践。所谓"对话性学习"是指通过同他人的沟通对话，开展探究对象的意义，并在讲解交流的过程中通过多种视域的融合而建构知识意义和生命意义。"视域"是指从个体已有背景出发看问题的一个区域，即视域就是看视的区域。这个区域囊括和包容了从某个立足点出发所看到的一切。"①伽达默尔认为，视域主要指人的前判断，是文本的作者和理解者对文本意义的预期表达。被融合的视域是指文本的"原初视域"和理解者的"现在视域"，二者虽然存在较大差距，但通过理解可以把这两种视域融合起来。

在 DJP 教学的学习过程中，存在四种视域：文本视域、教师视域、学习者视域和同伴视域。文本的视域有两种含义：一是文本知识本身的意义；二是作者渗透在作品(文本)中的思想与精神。当学习者根据学案自主学习时，既是在与文本知识意义的视域在碰撞、融合(对知识意义的理解)，又是在与文本作者进行对话交流，即与作者的视域交融、融合。这时作品的作者活化了，学习的过程也就是与作者进行对话的过程。当学生通过讲解阐述自己的见解时就是在展现自己的视域，同伴通过提问、补充是在展现同伴的视域；教师通过点评、提炼、修正和对重难点的讲解是在展现教师的视域，在这个多种视域的交流过程中，理解者(学习者)的视域不断与被理解者的视域交流，不断生成、扩大与丰富，以达到不同视域的融合。这时多种视域交流与融合的过程就是文本、教师、学生以及同伴形成的对话过程，文本视域、教师视域、学习者视域与同伴视域在对话中相遇相融而最后达成共同的认识，形成共同的意义世界提供给参与者共享。这样四种视域之间构建了多向度的理解关系，其结构如图 2-5 所示。

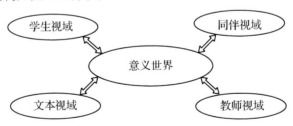

图 2-5　DJP 教学中知识学习的视域融合结构

视域融合的过程强调的是敞开各自的精神世界，通过对话走进了对

---

① [德]海德格尔：《存在与时间》，转引自陈嘉映：《存在与时间读本》，188 页，生活·读书·新知三联书店，1999。

方的心灵，体会到对方的思想、观点，从而获得了丰富的情感交流，体现了生命的价值，从而建构了新的精神世界和生命意义。

"学得如何"属于学习评价，它是对学习情况的检测与反馈。在 DJP 教学中，学得如何主要通过在以下三个方面来进行检测：一是学生在自主学习后获得的理解与见解是否正确需要得到他人的确定，这就需要寻求与他人交流以获取他人的评价与确定。教学中具体体现在讲解后通过他人(同伴和教师)的评析来确定；二是在学习者听取他人的讲解时不断将自己的理解与他人的理解进行比较来确定自己学习理解的程度；三是通过一组达标检测题进行自我评价检测来确定自己学习的程度。在学得如何的自我评价中，通过与他人理解的比较不断修正和调节自己的认识，所以，评价也是一种学习方式。

4. 三个基本环节： 导学—讲解—评价

"导学""讲解"和"评价"是 DJP 教学主要的，也是最基本的环节。DJP 教学的课堂上，最出彩、最突出，也是最中心的环节是学生的讲解。但要使学生讲得有条理、有深度、有新意，对他者有启发和帮助，就必须要在讲解前有充分的准备。这个讲前的准备就是学生的自主学习、探究。而要使学生的自主学习探究更加有效，就必须有教师的指导和帮助。这就是 DJP 教学的第一个环节——引导自学环节(简称为"导学")。学生讲解后，要对知识意义有更加深入的理解，就必须进行学习评价。通过对讲解的内容进行分析、评价，使学习者原有的认识不断得到修正、意义更加完善，内容更加丰富，从而使理解更加深刻。这是 DJP 教学的第三个环节——质疑评价。

因此，导学、讲解、评价构成了 DJP 教学的主要教学环节，只有当三者都完成后才称得上真正完成了一次 DJP 教学活动。

5. 五个核心要素： "导学""讲解""评价""对话""理解"

构成 DJP 教学的要素很多，如目标、手段、内容、环境、学案、导学、讲解、评价、对话、发展等，但从以上的讨论我们发现，在 DJP 教学中最核心的要素是"导学""讲解""评价""对话"与"理解"(关于这五个核心要素我们在前面已经进行了讨论)。在 DJP 教学中，这几个要素之间有着密切联系。其中"导学"是"讲解"的前提,"讲解"是教学的中心环节,"评价"是知识深化的关键,"对话"渗透在"导学""讲解"和"评价"之中,是理解的途径和条件,因此,它是联结各个要素的纽带,"理解"是学习的本质,因为,"导学""讲解""评价""对话"的目的都是为了达成"理解",只有理解了才能形成能力,只有理解了才能促进发展。

6. 五个核心素养(简称"五会"):会学习、会合作、会探究、会交流、会评价

何为核心素养?目前在学术界没有统一的界定,不同的学者从不同的角度给出了核心素养的概念。但被大多数学者认可的是林崇德教授给出的定义:"核心素养……即学生应具备的,能够适应终身发展和社会发展需要的必备的品格和关键能力。"①根据林崇德教授核心素养的概念,我们认为"会学习""会合作""会探究""会交流""会评价"是人必备的,能够适应终身发展和社会发展需要的几个必备品格和关键能力。因此,我们把它作为 DJP 教学培养学生的五个核心素养。

(1)会学习。让学生"会学习"是 DJP 教学的首要核心素养和目标。这是因为人类社会已进入科学技术迅猛发展的时代,也标志着以前那种在学校接受的教育用上一辈子的时代已经结束。新时代的到来给学校的教育带来了挑战。教育的目的已不能局限在使受教育者获得一定量的知识上,而应当将教育的重点放在培养和开发受教育者的智力,教会学生怎样学习。对受教育者的要求亦不仅是"学会",而更主要的是"会学",以适应知识日新月异迅速更新的趋势。正如联合国教科文组织 1972 年组织编著的《学会生存》一书中所指出的:"教育应该较少地致力于传递和储存知识(尽管我们要留心,不要过于夸大这一点),而应该更努力寻求获得知识的方法(学会如何学习)。"②联合国教科文组织 21 世纪教育委员会于 1996 年发表的另一个报告——《教育——财富蕴藏其中》中对

---

① 林崇德:《学生发展核心素养:面向未来应该培养这样的人》,载《中国教育学刊》,2016(6)。

② 联合国教科文组织国际教育发展委员会:《学会生存——教育世界的今天与明天》,华东师范大学比较教育研究所译,12 页,北京,教育科学出版社,1996。

"学会学习"的意义做了进一步阐述，指出"这种学习更多的是为了掌握认识的手段，而不是获得经过分类的系统化知识。既可将视其为一种人生的手段，也可以将其视为一种人生的目的。作为手段，它应使每个人学会了解他周围的世界，至少是使他能够有尊严地生活，能够发展自己的专业能力和进行交往。作为目的，其基础是乐于理解、认识和发现"①。由此可见，"会学习"不仅是适应继续学习的需要，更是适应人的未来生存的需要，"会学习"已成为学生将来适应社会必须具备的核心素养。

"会学习"的具体表征是要会规划自己的学习活动，会阅读学习材料，会反思自己学习行为并根据反思调节自己的学习策略与方法，会总结自己学习经验，因此，会规划、会阅读、会反思、会总结是会学习的构成要素。

（2）会合作。现代社会是一个分工精细的社会，每个人只承担社会中很小部分的工作。现代社会又是一个相互依存的社会，在现代社会中，整个社会就像一个大机器，每个社会成员的工作就是这个机器中的某一个零件（小部分），只有把各个部分相互协调、合作工作才能使这个机器有效运转。任何人在这个社会中生存就必然要与他人交往与合作，会与他人合作也就成为现代人必备的品质和关键能力。因此，"会合作"就成为学生将来适应社会必须具备的品质和关键能力的核心素养。

"会合作"首先要会做事，即要有一定的做事能力，不具有做事的能力，就不具备有与他人合作的前提条件；其次，就是要会交往和会倾听。经验存在于他人的大脑，我们要想学习他人的经验就要必须同他人交往。交往中，交往者接触的不是文字符号，不是某物，而是具体的人，是在与具体的人进行面对面的对话、交流、互动中从他人那里获得思想、观念、情感和行为方式乃至整个人格的启发、借鉴或影响。因此，会交往的前提就是要会倾听。倾听就是要敞开胸怀，真诚相待，不折不扣地接纳对方的发言。倾听的前提就是要尊重他人，倾听者不要随

① 联合国教科文组织：《教育——财富蕴藏其中》，联合国教科文组织总部中文科译，76 页，北京，教育科学出版社，1996。

意打断他人的谈话，这就涉及要"会做人"。"会做人"就必须要具有一定的人格品质和道德修养。在 DJP 教学中，学会合作的有效方式就是在小组学习中会进行合作学习。学生在小组合作学习的过程中学会交往、学会倾听、学会做人。

（3）会探究。探究是创新的行为表征。探究能力是一个人具有创新能力的核心要素，而"创新是一个民族兴旺发达的不竭动力"。人要发展也要具有创新意识和创新能力。因此，会探究就成为一个人将来在现代创新型社会中必备的品质和关键能力，因而也就成为学生需要培养的核心素养之一。在学校教学中，探究能力的形成是在探究式学习的过程中逐渐完成的。而"探究式学习是指学生围绕一定的问题、文本或材料，在教师的帮助和支持下，自主寻求或自主建构答案、意义、理解或信息的活动或过程"①。从探究的过程可知，会观察、会猜想、会概括、会推理是会探究的构成要素。

（4）会交流。交流是与人交往、对话、合作的必备能力。在现代社会中，不会交流就不能与人有效的交往与合作，从而影响到人的生存和发展。因此，会交流是学生将来适应终身发展和社会发展需要必备的品质和关键能力之一。正因为如此，我国新课程改革中把培养学生的"交流表达"能力作为一个重要的目标明确提出，从而使"会交流"成为学生的核心素养之一。会交流的构成要素是会分析、会整理、会组织、会表述。这里的分析有三层意义：一是分析交流表达的内容，交流内容的意义要分析清楚才能清楚表达；二是分析交流表达的方式方法，即采用哪种表达方式、需要哪些辅助工具等；三是分析听众，分析听众的接受能力，这样才能确定交流表达的内容和方法。在进行了以上分析后就要对交流表达的内容进行整理组织。整理就是将要交流的内容进行梳理，编排好交流表达的先后顺序；组织就是将交流表达的内容和工具有效地安排，便于交流表达有序进行。在 DJP 教学中，我们把话语权还给学生，就是要让学生在对话中学会交流。

---

① 任长松：《探究式学习——学生知识的自主建构》，29 页，北京，教育科学出版社，2005。

(5)会评价。评价的实质是比较与鉴别。在现代信息高度发达的社会，每个人面对众多纷繁复杂的信息，就需要对这些信息进行比较、分析和判断，从而做出正确的选择。可以说，在现代信息社会中，一个人没有一定评价能力就不能很好的生活甚至不能生存，现实生活中很多人上当受骗就是最好的例证。所以，会评价也是学生适应终身发展和社会发展需要必备的品质和关键能力，是学生的核心素养之一。从评价的意义中我们可知，比较、分析、判断和选择是评价的构成要素。

综合以上分析，我们得到 DJP 教学中学生核心素养的构成要素结构(表 2-1)。

表 2-1　DJP 教学中学生核心素养的构成要素表

类型	构成要素			
会学习	会规划	会阅读	会反思	会总结
会合作	会做人	会交往	会倾听	会做事
会探究	会观察	会猜想	会概括	会推理
会交流	会分析	会整理	会组织	会表述
会评价	会分析	会比较	会判断	会选择

第三章

导学讲评式教学的
基本理念

我们知道，每一个人的行动都是受一定的观念支配的，即"观念支配行动"。学校教育也不例外。学校里每个教育工作者的教育行为都是在其教育观念的支配下产生的，或者说，每一个教育者的背后都有一个教育观念的理论支撑，以及在某种教育观念指导下，经过个人的教育实践所形成的个体对教育的理解和经验的支撑。因此，任何一种教学行为背后都必然有一种教育观念作为其理论支撑。而对于一种新的教学方法也就必然要有支撑其操作行为的教育观念系统，否则，这种教学方法便成为无源之水，因缺乏根基而不能确立和持续下去。

DJP 教学作为一种新的教学法，也应有其观念系统作为支撑的思想和灵魂，而从前面的讨论中，我们已经看到了 DJP 教学有其独特的教学诉求，反映了不同于传统教学的教育思想，从而体现了独特的教育理念。本章的讨论，就在于揭示 DJP 教学所隐含的深层次的教育思想和教育理念，从而建构自己的教育观念系统。

第一节　DJP 教学的学生观

在 DJP 教学的实施中，我们提出了让学生在教师的指导下独立地自主学习后，再在小组内与同伴交流和在全班讲解自己的理解与见解，最后通过师生的合作交流与对话，建构知识意义。可这时一些教师就说："我讲学生都听不懂，还要让他自己学习并且在全班讲解，怎么可能呢？"这里实际上涉及一个基本问题：怎样看待学生？即涉及学生观的问题。在传统的教学中，教师大量采用"灌输式"教学，把学生看成一无所知的、只管接受和储存知识的容器，学生被动地接受所处社会的意识形态，适应社会的行为模式，失去了人之为人的生命特质——批判意识和创造力量；在师生关系上，教师与学生的关系是一种"我—他"关系，"他"（客体—学生）只是"我"（主体—教师）主宰和利用的对象，没有把学生看成主体意义上的人来对待。传统教育中也谈学生的发展，但也是停留在强调教育等外在的控制性影响层面，基本上忽视了学生情感、能力等内在的作为学生发展重要指标的因素。除此之外，在对学生的现实评价上不考虑各种不同智能学生的特质，习惯于采用一把尺子，用统一的标准去衡量、要求学生，并按考试成绩把学生分成好、中、差几等；不注意学生个别差异，忽视学生潜在发展可能性，如此等等，都反映出了实际上的学生观：学生是一张任由教师画画的白纸，学生是没有生命的接纳知识的容器（物），学生是可塑造的"物"，至多是一个会生长的"物"，说到底就是把学生当成需要接受教育的被动者。

在我们实施 DJP 教学之初，在实验基地学校——成都市龙泉驿区双槐中学，很多教师见到我们都是说："王老师，我们的学生太差了！例如，很多学生连小学的分数加法都不懂，认为 1/2 ＋1/3 ＝2/5 的不少。唉！这样的学生根本无法教！"实施一学期后，我们又到学校时，老师们见到我们却说："王老师，我的学生太乖了！太聪明了！课堂上他们讲的很多思路和方法，我们都没有想到！"在另一些学校，如成都市龙泉驿区第六中学，成都市天府新区太平中学等，都是在实施 DJP 教学后，改变了一直埋怨学生"基础差，不爱学习，不好教"的情况，变为高度赞赏学生"太聪明了！"。这些现象引发我们的思考：为什么同样的老师对同样的学生的态度前后发生如此大的变化？其根本原因是在实施 DJP 教学，把自主权还给学生，话语权还给学生后，激发调动了学生学习的主动性和积极性，学生的潜能得到了充分的发挥，从而改变了教师的学生观。

那么，DJP 教学有什么样的学生观呢？在 DJP 教学中，我们提出要重新认识学生，重新调整那些被传统教育所扭曲和颠倒了的师生关系，树立新的学生观。我们突出的认识是：

一、 学生是具有主动性、 差异性、 智慧潜能和整体性的人

这一学生观主要有以下几种含义。

首先，学生是具有生命活力、不断发展的人，不是接纳知识的容

器。但在日常教育活动中，经常可以看到教育者(教师或家长)将学生当作"非人"对待的现象：把学生当作"容器"，单向、强制地向其灌输知识，完全没有顾及学生的兴趣、爱好、个性特征、情感体验和是否能喜欢；把学生当成"动物"对待，采用驯兽式的简单奖励与惩罚的教育方式教育学生；把学生当成奴隶，要求学生绝对服从教育者的意志；把学生当成机器，一天十几小时不休息的大运动量训练，连课间操也要求学生带上书或者笔记本，队伍进行途中一停留就要求学生拿出书或笔记进行背诵，全然不管学生是否能够承受；等等。"使作为生命体存在的学生成长问题在教师心目中淡出，而每天要教什么、如何教、教后的考试结果如何，这些做不完、数不清的事，却几乎占据了教师的全部心灵。"[1]这种不把学生当成人，忽略学生生命成长的现象严重摧残了学生的身心健康。因此，叶澜教授指出："今天，是到了大声疾呼教育的生命价值的时代了。在教育中，还有什么东西的价值能比学生生命的成长价值更为重要呢？教师的心目中不仅要有人，而且要有整体的人，处处从发展、成长的角度去关注人，做好自己的教育教学工作。我们要看到，处于这一阶段的青少年，尽管他们拥有生命最宝贵的时期，但并不全然知晓该时期对于自身发展的价值，他们还缺乏生活经验和对生命的体验；尽管他们拥有多方面的需要和发展的可能，但并不全然清楚该如何选择，如何学习、如何努力。"[2]

　　学生虽然是教育的对象，但学生首先是作为人而存在的。因此，教育是一项面对生命和提高生命价值的事业，教师面对的学生是一个个鲜活的、正在成长的生命体。鲁洁教授指出："学生是人"，具体表现为是一种能动体，是具有思想和情感的个体，具有独特的创造价值；"学生是发展中的人"，其含义包括"具有与成人不同的身心特点""具有发展的潜在可能""具有获得成人教育关怀的需要""学生是以学

---

① 叶澜著：《"新基础教育"论——关于当代中国学校变革的探究与认识》，220 页，北京，教育科学出版社，2006。
② 同上。

习为主要任务的人"。①

其次，学生是具有主动性和差异性的人。主动性是人的生命本质构成。作为有机体的人与环境的物质交换是主动的，其体内各种器官功能的协同也是机体自主进行的，这种生物意义上的主动性，已经内化到机体的基质、组织和结构功能上。机体若无这种主动的新陈代谢，生命就一天不能存活。作为具有精神生命特质的人与周围世界的日常信息交流，也是人主动的通过感觉器官接触外界信息，并按自身的需要作出整合与反应(或积极或消极)的过程。"但是人的这种自然素质在社会实践和自身精神世界构建中的主动性诉求，已超出了生命有机体的自然需求，因而需要去激发和培养。"②若人的主动性不被激发，就会逐渐产生依赖性。例如，学校教学中，解决问题的思路和方法全由教师讲解给出，长此下去学生就会产生依赖心理。当遇到较为困难的问题时也就不去主动地探究解决，"因为，做不起的难题，反正老师要讲"，从而完全依赖于教师。所以，在 DJP 教学中，我们强调要把学习的自主权还给学生，目的就是要激发、调动学生的学习积极性，充分发挥学生的主动性，提高学习效益。同时，更主要的原因在于：学生是学习活动不可替代的主体。因为，只有学生亲身经历学习探究的过程，对学习内容产生了感受、领悟、内心反映和体验，学习内容才会真正进入学生的内心世界，在学生的思想深处扎根、繁荣并与主体融合，从而形成真正属于自己的知识经验。而且，通过学生主动地参与才能真正掌握探究的方法，学会学习和探究；才能获得丰富的情感体验，从而树立正确的情感态度和价值观。正如叶澜教授指出的：若"没有学生学习的主动性，没有学生在教学中的积极主动参与，教育就可能蜕变为'驯兽式'的活动。只靠重复强化、外在诱惑或威胁来维持学习活动和产生学习效果，其最终结果不仅是学习质量和效益的降低，更严重的是压抑了学生作为当代社会人所必须具备的主动性和能动性的发展，影响学生积极、主动人生态度

---

① 南京师范大学教育系主编：《教育学》，122～125 页，北京，人民教育出版社，2005。

② 叶澜著：《"新基础教育"论——关于当代中国学校变革的探究与认识》，221 页，北京，教育科学出版社，2006。

的形成，同时也使得他们不能真正体会到学习生活的愉悦，体会到因主动性发挥而得到的精神满足和能力增强。"①

在 DJP 教学中，学生的主动性是学生个体性中最活跃、最根本的因素。学生的主动性在教学活动中表现为学生主动积极地去思考，去钻研和探索，去归纳和总结，并充分发挥自身的潜力，利用内外两方面的积极因素，主动积极地向同伴质疑、向老师请教、相互研讨以达到自己预期的学习目标。主动性强的学生均具有强烈的求知欲和竞争意识、坚韧不拔的毅力和顽强拼搏的精神，对学习有浓厚的兴趣和较高的奋斗目标，并能在没有外界强制的条件下自动地进行学习。

差异性是由人的先天遗传和后天所处的生存环境、家庭条件和父母提供的发展空间的不同，在生活实践中逐渐形成对世界的不同认知方式、态度、兴趣、爱好(特长)、性格等个性品质。因此，差异性是从人与人之间比较意义上做出的人之特性的判断。学校教育主要是以班集体为单位开展活动，教师面对一个班级的学生群体时，往往会忽视学生的个体差异，期待的是用统一的目标，同一的内容，用同一方法在同一时间内去要求不同个性特征与差异的每一个学生。忽视学生的差异是传统教育在学生观上的具体表现。传统教育关注的是"标准产品"，而不是关注作为不同生命体学生的发展。在传统教育中，教师的教学设计不是从学生的需要出发，而是从教师的兴趣、爱好和如何"好教"的角度出发，导致部分学生不愿学习，但教师从来不会原谅学得不好的学生，也不从自身的教学找原因，而往往把学得不好的原因全部归于学生自己的不努力。

学生之间的差异性，表现为每个学生不可能都站在同一起跑线上，用同样的速度，沿着唯一的途径、达到相同的终点。在现实的教育教学中，对于学生的差异性教师不是不清楚，在教学过程中出现不尊重学生差异而采取限制学生差异的教学现象，其主要原因是教师没有真正树立正确的学生观，没有真正研究学生的差异并利用差异进行教育。其实，学生之间的差异是学生个性特征的表征，是很好的教育教学资源，利用

---

① 叶澜著：《"新基础教育"论——关于当代中国学校变革的探究与认识》，222 页，北京，教育科学出版社，2006。

和发挥好了会产生更大的教育效益。教师若认真研究学生差异，在教育教学中，根据学生的差异，发挥个体的特长，使学生群体呈现出丰富的统一，为各种人才的成长打好基础、提供条件。这样，差异就不会被当作教育中令人头痛的问题，而是一种财富和教育资源。叶澜教授指出："一个真正出色的教师，能教各种类型的学生，并能使他们每一个人都得到可能的发展。"①

再次，学生是具有巨大潜能的人。人的潜能是指人的生命发展的潜在性。人的潜在性是人在进化的过程中大自然赋予人的特殊礼物，它具有生物学基础和自激励系统。人脑结构是儿童发展潜能的生物学基础。人脑有 140 亿个神经元，形成了许许多多的突触，可以产生数量极为巨大的组合和巨大的能力，有时甚至是惊人的能力。一个人如果把他的潜能都能利用起来，就可以读完几十所大学，掌握十多门外语。很多事例可以证明人类大脑具有巨大的潜能。就在我写作本书时，在网上看到江苏卫视台《最强大脑》节目播放了一个看似"傻子"的天才周玮，其超强的心算能力当场震撼了观众和评委。周玮出生时很健康，6 个月的时候得了一种叫作"顽固性低血糖"的病导致中度脑疾。他上学时看起来与其他孩子很不一样，因此同伴都瞧不起他，从而受到别人的嘲笑，从此他少言寡语，甚至不想上学。后来家里到处借钱带他到北京儿童医院、协和医科大学治疗了很长时间。医治好后年纪大了，学校都不收他，家长找人说情最后成为一个旁听生。22 岁时只读到了五年级，并仍然显得"很傻"，上电视台录制节目时都是他姐姐扶着上来的，评委问他话也不回答，是他姐姐代他回答。他喜爱计算机，喜欢算术，有着超强的心算能力，连普通的计算器不能算的题目他也很快心算出来。节目中，电视台请了上海交通大学数学系做计算数学算法研究的徐振礼教授出题考核他。第一道题目是一个观众出的题：计算 6^{13}。周玮拿着笔稍微看了一下就直接写出结果：$6^{13} = 13060694016$，与大屏幕显示的答案完全一致，这时台下一片掌声！第二道题目是徐教授给出一个 16 位数开 14 次

①　叶澜著：《"新基础教育"论——关于当代中国学校变革的探究与认识》，224 页，北京，教育科学出版社，2006。

方的题目框架，由现场临时叫一个评委上来填写数字。填写完数字后的评委连连说："心算这样的题目，想都不敢想！"可周玮拿到笔，搬弄了一下手指就直接写出结果："12.0……"观众中很多拿计算器都没有算出来，最后大屏幕显示的结果是：12.069。几乎与周玮的计算结果完全一样，再次获得了一片热烈的掌声！这时主持人提出，第三道题目由徐教授出一道题与周玮一起算。徐教授写出计算题：$2^7 \times \sqrt[12]{321317097}$，为了防止教授作假，一个评委要求改这个题。改后的题是：计算 $2^7 \times \sqrt[13]{32134789587114}$。教授与周玮同时计算。周玮思考一会儿就写出答案：1400 左右，而这时徐教授的计算纸上还是一片空白。最后大屏幕显示的结果是：1400.26，这时台下爆发出一片欢呼声。这个中度脑疾的人表现出这样惊人的心算能力，充分说明人的大脑具有巨大的潜在能力。

人的巨大发展潜能还在于人是一个可以自激励的系统。如果你有了成功的表现，你又受到了激励，你会走向更大的成功。[1]这样一直下去，永无止境，这就是人们常说的"人心不足"，即人永远不会满足于现状。

但人的潜能是潜在于人的生命发展之中的，不是一生下来就具有的。这是由人的生理结构的"非特定化"和"未完成性"特征决定的。人类学家米切尔·兰德曼(Michal Landmann)通过对比人与动物的差别，发现人的生理结构具有与动物生理结构不同的特征。

动物的生理结构是由遗传规定好了的，在其母体中即被定型。因此，动物的生理结构自其离开母体后即"已经完成"并且是"特定化"的。例如，有些动物刚生下来几分钟就能直立行走；海龟一孵化出来就能爬行并能在水中游动。动物的不同的生理结构，确定了特定的动物只能在特定的自然环境中生存，一旦失去了生存环境，便会导致其灭亡。如，鱼只能在水中生存，一旦离开水就会死亡，猴子只能在陆地上生存，到了水中就会溺水死亡。所以，动物生理结构的特定化使其主要依靠遗传获得的本能来与特定的生存环境相协调。

---

① 郭思乐：《教育走向生本》，49 页，北京，人民教育出版社，2001。

而人则不同，人的生理器官没有被遗传程序特定化，相反，它具有"非特定化"或"未完成性"的特征。人的先天生理结构的"非特定化"和"未完成性"，构成了人在后天的创造性、自由等属于人特性的生理学前提。"人并不具有其他生物所具有的典型性的不变的本质，而是处于总要创造他本身的情形之中"。人绝不会固定地存在着，而是处于不断超越自己的过程中。所以，"人注定要自由的；他处于总要自由需要支配下。自由不是他能够接受或拒绝的赠予，而是他内心不确定性的结果"。"人必须靠自己完成自己，必须决定自己要成为某种特定的东西，他不仅可能，而且必须是创造性的。"①人的创造性弥补了由于生理结构的"非特定化"和"未完成性"特征而缺失的现成生活本领的"缺陷"；人的先天生理结构的"未完成性"特征，既给人类的生成和发展带来不利的影响，也给人的生存带来了优越性。人的生理结构没有限定人只能在特定的环境中生存，相反，人根据发达的大脑和制造工具的能力，以及在此基础上形成的文化创造、积累等后天学习获得的能力，人能创造出适宜于自己生存在的环境，人因此几乎能在任何环境中生存，包括海洋、陆地、寒带、热带，甚至太空，从而远远超越动物；人的生理结构的"非特定化"及其衍生的人性特性，形成了人类学习与发展的巨大潜能和可能性。人虽然没有从遗传学中获得现成的生存本领，但人类发达的大脑却具有一种特殊的、无限的学习能力。"刚生下来的婴儿极易受环境的影响，他具有无限的学习能力和巨大的可塑性。"②正如柏拉图指出的："学习能量和能力早已蕴藏于灵魂之中。"③夸美纽斯也指出："人心的能量是无限的，它在知觉方面像个无底的深渊。"④而且这种巨大的潜能在不同的学生身上具有不同的特征，在学习的过程中体现出不同的解答问题的智慧。在实际的教学中，我们发现，往往在很多时候学生的智慧超过老师，就充分说明了这一点。

① 陈佑清：《教学论新编》，98页，北京，人民教育出版社，2011。
② 同上书，99页。
③ [古希腊]柏拉图：《理想国》第518节，转引自[英]罗伯特·R.拉斯克，詹姆斯·斯科特兰：《伟大教育家的学说》，朱镜人，单中惠译，25页，济南，山东教育出版社，2013。
④ [捷]夸美纽斯：《大教学论》，傅任敢译，14页，北京，教育科学出版社，1999。

但人的潜能不是自然展现的，有些是随着生长的成熟而自发展现，如手拿劳动工具的能力，而大多数则需要参与社会实践和教育的训育。如，人操作机器的技能，对前人积累知识的掌握。正如叶澜所指出的："人的生命发展的潜在可能性……是一种关注人后天个人生命展开过程中因个人实践经验积淀而形成个体倾向、兴趣、爱好的可能性，以及在实践中因自觉努力而开发出的生命能量与发展的可能性。它是与人的实践和实践中的自觉状态直接相关的后天发展的潜在可能性。"①因此，"教育在学生多种潜在发展可能性向现实发展确定性转化的过程中可发挥重要的作用。"②蒙台梭利把人的生命发展中的潜在可能性称为人潜在的"内在力量"。他指出："教育的作用就在于帮助儿童内在力量的发展，而儿童的内在力量是在环境的刺激、帮助下发展起来的，是个体与环境之间相互作用的结果。"③

我们说，人的潜能是巨大的，并不是说人的潜能是无限的。因为任何事情有其自身的极限状态。正如叶澜教授指出的："人潜在可能性(潜能)是有极限的。但在现实中的开发状态却有极大的弹性。"④如果认为人的潜能是无限的，则给一些不顾学生身体健康而无限度加班加点占用学生休息时间，从而超过学生的身体极限，过度疲劳而严重伤害学生身体的行为找到借口和依据。

认识和重视学生具有巨大的潜在可能性，就会对学生可能变化和发展到更高水平持有信心，不犯把学生定型化的毛病。现实的学校教育中却普遍存在把学生看死的毛病。有些学生从小学开始就被戴上"差生"的帽子，最可怕的是一部分学生认同了这顶帽子，并把学习成绩不好的原因归结为自己笨，或别人、家庭成员对自己不好，客观条

---

① 叶澜：《"新基础教育"论——关于当代中国学校变革的探究与认识》，222 页，北京，教育科学出版社，2006。

② 同上。

③ 田景正，万鑫觖，邓艳华：《蒙台梭利教学法及其在中国的传播》，载《课程·教材·教法》，2014(6)。

④ 叶澜：《"新基础教育"论——关于当代中国学校变革的探究与认识》，222 页，北京，教育科学出版社，2006。

件差等，自我否认了发展的潜在可能，造成不思进取、破罐子破摔的消极或带有破坏性的人生态度。有人尖锐批评教育的危害是制造"差生"和"差生"犯罪。

认识和重视学生具有巨大的潜在可能性，我们就会努力创造各种条件，为学生实现发展可能提供不同舞台，例如，让学生自主学习后在班上发表自己的思想、观点，使学生能充分展示自己的智慧和才华，把讲台变成展示才华的舞台。

最后，学生是有能动生命体的整体性的人。主动性是一般生命体的本质特性，人作为生命体除了具有主动性的特征外，还有能动性和整体性特征。人的能动性是指主体在对象性活动中即与客观物质世界的关系中，自觉、积极、主动地适应客体、认识客体和改选客体，而不是被动地、消极地认识与实践。能动性是在主体对现实的主动选择、适应的基础上对现实的超越。能动性包括两方面的含义：一是主体对外部世界的适应性；二是创造性。在对象性活动中，人作为主体要具有适应外部世界的能力，即具有承受挫折、承担责任、关心他人和与他人合作等品质。只有在适应了外部世界的前提下，才能有效地认识世界和改善世界，这就要求主体具有探索创新的能力即主体的创造性。创造性是能动性的核心，其发展目标为：扎实的文化知识，坚韧顽强的意志，无私奉献的精神、探索创新的能力、科学的态度和方法。[1]

学生的能动性表现在他能够根据社会的要求，主动积极地适应学校生活；能够承担责任，关心他人，与人合作。表现在学习活动中，能以自己的知识经验和认知结构去主动同化外部教育影响，对它们进行加工、改造和吸收，从而使新旧知识建立联系，逐步实现主体认知结构的重组和建构。在教育活动中，教育者不但要使学生掌握扎实的科学文化知识，还要注意培养学生坚韧不拔、百折不挠的坚强意志，勇于承担责任的精神品质，关心他人和与人合作的协作精神。教师在教学中要改变教学观念和方法，变重结果教学为重过程教学，变重知识传授为重能力

---

[1]　王富英：《学生主体性要素结构系统及其特质》，载《教育科学论坛》，2008(12)。

培养，千方百计创设问题情境，教给学生学习和探索的科学方法，启发、引导、指导学生自己动手、动脑，独立地去尝试、探索，进行"再发现"。通过知识的学习过程，培养学生的创新意识，创新精神和创新能力。

整体性是人作为能动的生命体的又一特征。因为"任何健康、富有活力的生命，其生命结构的诸方面都必定是整体、有机与和谐的"①。例如，人是作为心理与身体，理智与情感，意识与无意识，自我意识与对象意识，责任与权利，理想与现实，普遍性与个性，需要、价值与尊严等多方面的特性的统一体。

学生作为能动的生命体具有自己整体的身心结构，这表现在学生是以一个"整体人"的身份，参与能动的学习活动并展开其学习与发展过程。学生总是以其既有的生活经验和学习经历所造就的现有发展状况进入新的学习与发展过程，这种状况包括：已经形成的身体条件，学习的倾向性(需要、兴趣和价值取向)，对自身学习过程的调控意识与能力，加工和处理学习对象的能力(认知结构、思维方式、创造性)，等等。

漠视学生生命的整体性是现行教育中的一个突出问题。现行教育的偏颇除了表现在将学生当作被动的教育对象甚至非"人"(容器、动物、奴隶)看待以外，更常见的是将学生看成"局外人""片面人"看待。例如，将学生看作生理的人看待，仅仅满足其吃、喝、穿、用等物质需要，而漠视其兴趣爱好、人格尊严、自由个性等精神性需要；或者将学生当作"认知体"对待，只关注其知识学习和认知发展，而不管其身体、情感、人际交往、动手操作、个性爱好等其他方面的发展需求，等等。

认识和重视学生生命的整体性，就是要把学生作为一个完整的人看待。学校在教育教学中要具有"全人教育"的思想，并通过开展各项活动促进学生德、智、体、美、劳全面发展，而不是只关注某一个方面。福禄培尔指出：在各种活动中，"学校和教学应把外部世界以及作为外部

① 陈佑清：《教学论新编》，104 页，北京，人民教育出版社，2011。

世界的一部分并与外部世界处于密切关系中的学生自己，作为他的对立物，作为不同于他自己的、他所不熟悉的另一种东西，呈现在学生面前。"而且"学校还要为学生指出各个事物的内部倾向、它们相互之间的关系和联系，从而使他们的认识朝着越来越高度的普遍性和思想性上升"。只有学生在活动中，"越出对事物的外部的、表面的观察而进入对事物内部的观察，因而也是达到对事物的认识、洞察和形成意识的观察，以及他脱出家庭秩序而进入更高的世界秩序，这就使他成为学生，而学校则成为真正意义上的学校。使学生获得大量或少量多样性的，因而也是表面的事物现象的机关，绝不是真正的学校，而只有使一切事物具有生气和一切事物得以在其中活动的精神和生命的气息，才是真正学校应有的本质"。①

二、 学生既是学者又是教者

"学者"指学生的工作是学习，"教者"则指学生的学习方式，即"教就是学"。夸美纽斯指出："教导别人就是在教导自己"，"'教'的本身对于所教学科可以产生更深刻的理解。"正如约阿希姆·福尔丁斯所说："假如任何事情他只听到或读到一次，它在一个月内就会逃出他的记忆；但是假如他把它教给别人，它便变成了他身上的一个部分，如同他的手指一样，除了死亡以外，他不相信有什么事情能够把它夺去，所以，他的劝告是，假如一个学生想获得进步，他就应该把他正在学习的学科天天去教别人，即使他的学生是雇得雇来，也应去教。"②因此，"教者"则是指学生不是被动的学习，而是在"教中学"，在帮助别人的同时也是在学。这里学生的"教"的含义就是夸美纽斯所说的"当所得的知识传给同学或其他伴侣的时候，那就是教"③。弗莱雷把这时的学生叫作"学生老师"。这就是DJP教学为何要把学生讲解作为一个中心环节和核心要素的根本原因。

① [德]福禄培尔：《人的教育》，孙祖福译，92～93页，北京，人民教育出版社，2001。
② [捷]夸美纽斯：《大教学论》，傅任敢译，117页，北京，教育科学出版社，1999。
③ [捷]夸美纽斯：《大教学论》，傅任敢译，117页，北京，教育科学出版社，1999。

第二节　导学讲评式教学的教育观

在 DJP 教学的内涵、核心要素和学生观中蕴含了丰富的 DJP 教学的教育观。本节中我们从 DJP 教学的教育思想和教育理念两个方面进行阐述。

一、 DJP 教学的教育思想——人的教育要回归自然

卢梭在《爱弥儿》中劝告我们"教育要遵循自然"。夸美纽斯也强调教育要遵循自然。教育要根据人的自然本性，即儿童的天性、年龄特征进行教育。也就是说，人的教育就是人性的教育。人性的教育是指教育中要尊重学生的人格尊严，回归人的自然本性(爱、对他人怜悯之心，求知欲、与他人交流、对话，获得他人的尊重等)，弘扬人的个性，促进人的发展的教育。夸美纽斯指出："要使方法能够激起求知的愿望，它的第一就必须来得自然。因为凡是自然的东西就无须强迫。"[①]"我们的格言应当是：凡事都要跟随自然的领导，要去观察能力发展的次第，要使我们的方法依据这种顺序的原则。"[②]福禄培尔指出："人的教育就是激发和教导作为一种自我觉醒中的、具有思想和理智的生物的人有意识地和自觉地、完美不缺地表现内在的法则，……并指明达到这一目的的途径和手段。"[③]

我们提出 DJP 教学的教育思想：人的教育要回归自然，充分体现了以上自然教育的思想，其核心是教育要顺应人的自然本性，反对成人不顾儿童的特点，按照传统与自身的偏见强制儿童接受违反自然的所谓

---

① ［捷］夸美纽斯：《大教学论》，傅任敢译，94 页，北京，教育科学出版社，1999。
② 王天一，夏之莲，朱美玉：《外国教育史》(上册)，127 页，北京，北京师范大学出版社，1993。
③ ［德］福禄培尔：《人的教育》，孙祖福译，6 页，北京，人民教育出版社，2001。

教育，干涉和限制儿童的自由发展。

人的教育要回归自然包括三个方面：回归人的自然本性、回归教育的自然规律、回归学生的自然生活。

（一）教育要回归人的自然本性

所谓人的自然本性是指大自然赋予人的本质特性，这种本质特性是人的生理特性、潜在力量，存在的基本条件和人的生命特质。因此，人的自然本性包括四个方面：人具有巨大的潜能、求知与学习、交往与对话、归属与尊重的需要。人具有巨大的潜能，我们在前面已经讨论了，下面我们对后几个属性进行讨论。

1. 求知与学习是人的自然本性

这里的"求知"包括两层意义："求知欲"和"求知"。人在好奇心的驱使下都有探其究竟的欲望，特别是新奇的事物。虽然好奇心一些动物也有，但动物没有深入探其究竟的欲望，因此，求知欲是人的本性。学习是在求知欲的驱动下去进行具体的探究事物的活动。而作为动词，"求知"表示探求知识的学习活动，因此，我们把"求知与学习"都叫作"学习"。人本主义心理学代表人物罗杰斯认为，人类具有天生的学习愿望和潜能，这是一种值得信赖的心理倾向，它们可以在合适的条件下释放出来。这里所说的人的"天生的学习愿望和潜能"就是我们所说的"求知与学习是人的自然本性"，它主要体现在以下几个方面。

首先，学习是大自然赋予人类的生存特质。由于人的生理结构具有"非特定化"和"未完成"的特征，"人在本能上是匮乏的：自然没有对人规定该做什么，不应做什么"。[①] 人不能像其他动物那样经过少量的学习就能很快在自然环境中生存，这种"非特定化"和"未完成性"成就了人必须要经过后天十多年时间的学习来弥补其"未完成性"的不足才能生存。因此，学习是人类自身生存的需要，也就是说，学习是人的生存属性。也正是由于人要经过这长达十多年的学习，从而使人能掌握前人发

---

① ［德］兰德曼：《哲学人类学》，阎嘉译，195 页，贵州，贵州人民出版社，1988。

明和积累的知识经验，使人不仅能够适应自然，而且还可能动的改造自然，这就是人有别于动物的主动性和能动性。其实，人类之所以能在众多生灵中脱颖而出，成为具有智慧的、不断扩展自己和在实践领域成为独特生灵，就是因为学习。在生物进化和发展的长河中，凡是不会学习、不能逃避危难的种群都被弱化，有的甚至被淘汰了，而只有善于学习的人类才越来越强大，走向了统领一切其他生物的地位。所以，学习可能就是大自然有意为人类设置的特殊安排吧！

其次，人的学习是自发的和无止境的。人在幼儿时期就表现出顽强的、坚持不懈的学习特质。例如，在学习行走时，跌倒了又爬起来继续，绝不会因为跌倒而退缩；幼儿在与成人或同伴的交往中学会了母语；当幼儿能够说话时，对世界的一切都充满好奇，总要问很多"为什么"，而儿童许许多多个"为什么"，家长回答不了就训斥儿童："烦不烦，就你话多！"其实，这实际上是儿童的学习行为；儿童带着"十万个为什么"走进学校进行正规学习。有些儿童希望学校中的学习能回答他们心中许多的"为什么"，或者由于课程的设置不能满足其需要，或者由于教师的方法不当，经常的训斥、不给予表达的机会和平台，致使其不能得到想要的答案而逐渐失去学习正规课程的兴趣，最后他们不得不自己去寻求喜欢学习的东西(如打游戏)而变为"差生"，而就是这些学校里的所谓"差生"进入社会后便去学习自己喜欢的东西，从事自己喜爱的事业而不少人都取得了成功。

人是精神动物，他不是只满足于吃饱穿暖，还要追求精神的充实和心理的满足。因此，人在获得生存的物质条件后，还要不断地学习文化以满足精神上的需求。如听音乐、读书、看戏、看电视等，即使到了退休后，很多人还要上老年大学学习新的知识以满足精神生活的需要。因此，人的学习是无止境的，是终生的，也正如马斯洛在谈到认知需要时说的："人的认知是没有止境的，人们在不断地受到激励"①。

---

① ［美］亚伯拉罕·马斯洛：《动机与人格》，许金声等译，7 页，北京，中国人民大学出版社，2007。

我们说学习是人的自然本性，并不是说别人要他学习什么他就学习什么，而是学习者根据自己的兴趣和需要有所选择。但在现实的学校教育中，我们的一些教育工作者没有充分认识到这一点。学校进行的是正规的课程学习，由于教师在教学中没有注意采用激发学生学习兴趣、发挥学生主动性与积极性的教学方法，只是采取生硬的灌输式教学，没有使学生对学习的内容产生兴趣，从而使学生放弃教师讲授的学习内容而去选取自己感兴趣的东西学习，而这些学习内容往往又不是正规学习的，所以考试时自然就成为"差生"。经常有一些老师对我说，"我们班上一些学生根本就不学习，只知道玩"。我反问："这些学生智力如何？他们不学习在干什么？"老师说："智力倒很好，干其他事聪明得很！但就是不爱学习，爱干一些与学习无关的事，如上课看小说，看小儿书、下课打游戏、踢足球等"。我说"看小说、看小儿书、打游戏、踢足球也是在学习呀！"老师说："问题是考试不考打游戏、踢足球呀！对这类学生该怎么办呢？"其实，对于这类学生，根据"学习是儿童的自然本性"，他不学习你讲的内容，是因为你没有激发起他的学习兴趣，那他就必然会学习他自己感兴趣的东西。你要希望他对于正规的学习感兴趣，你就要从他喜欢的东西开始，你就要在教学中注意引导他对学习的内容感兴趣。如爱看小说的，你就让他把小说的故事讲给大家听，并要他发表自己的见解；爱打游戏的，你就让他办一个讲座：讲述游戏的种类，打游戏的好处与不足；爱踢足球的，你就让他搞一个关于足球知识的讲座，给大家讲解足球赛事的规则、有哪些类型的足球比赛，我国的足球为何上不去？这时，他感到老师很看得起他，他对你的意见和建议也就能够听得进去了。"亲其师，信其道"，这时你再引导到对学习内容产生兴趣，自然就可以慢慢引导他到正规学习上来。这里讲一个我自己的故事。1997年下半年我在成都航天中学任教时，我所教的高一年级有一位各科老师心目中的"差生"（为了保护学生的隐私权，就不说他的真实姓名了）。他是没有考上所在城区中学的一位学生，家长找熟人介绍到我所任教班上。

他的各科成绩都很差，数学成绩也不例外，好的时候考十多分，最差时考 8 分。对于这样一个数学基础十分差的学生怎样使他对学习数学感兴趣呢？我就注意观察他喜欢什么。他的家庭很富裕，从小就找人学习过书法，因此，他对书法很感兴趣，写得一手好字。上高一后，他对各科学习都不感兴趣。上课不听课，经常是趴在课桌上睡觉或者做其他事，作业不做或者很少做，晚自习想来就来。由于他坐在最后一排，而且也不影响其他学生，很多老师也就不打扰他上课时的"自由活动"。由于他喜欢书法，经常在作业本上练习书法。有一天，平时不交作业的他，把他的数学书法作业写在新作业本上交来了。我不知道他为什么今天交作业，可能是想用的新作业本练习书法不小心被科代表收走了，或者是试试看老师是否也欣赏自己的书法吧！不管他出于什么目的，但他交作业了，这就使我很感动也感到机会来了！作业中，他把数学题抄下来，解答过程几乎全错。但我这时紧紧抓住这个机会，不对作业的正确与否进行评判，而是在他的作业本上写下评语："××同学，你的作业书写规范，字迹清秀、漂亮！你的这手字写得太好了！看到你书写的数学作业，对老师来说，简直就是一种享受哦！老师希望每天都能享受到你优美的数学书法作业！"

第二天他又交作业了，而且有些简单的题的解答还是正确的！这时我继续写评语鼓励，对的画一个大大的红勾。错的，先打一点，并把他叫来进行辅导让他改错，改了后再打正确符号，并在班上展示作业，表扬其作业的书写规范工整，号召大家向他学习。因为，班上数学成绩最好学生的作业也没有他书写得工整。这大大激发和调动了他学习数学的积极性，加上我课后对他谈话时的鼓励，使他对自己的未来充满了信心。他回家对父亲说："爸爸，王老师好喜欢我哦！"从此以后，在我每天坚持写评语和鼓励下，他每天都交了作业，上课也很专心听课了，晚自习也从不缺席，成绩一天天往上升。第一次单元考试就得了 29 分，比他以前考试的最高成绩涨了 10 多分，第二次单元考试 38 分，第三次单元考试 47 分，期末考试 58 分，接近及格分数，这对他来说是数学考试历史上最好的成绩了。第二学期开学不久我被调到区教研室，他听说我要调走，在班上第一个哭了，全班学生听说我要调走也都哭了。当时学生的真情使我很受感动，可以说是我在学校教书21年感动最深的一次，也是学生对我最高的奖赏。

事实证明，儿童有学习的天性，而学习天性的自由展现，必然带来真正学习热情和惊人的学习效率[1]。

2. 交往与对话是人的本质属性

马克思在《关于费尔巴哈的提纲》中说，"人的本质不是单个人所固有的抽象物，在其现实性上，它是一切社会关系的总和。"这就是说，人的本质不是与生俱来的，而是在后天的生活实践中形成的。人的本质不是单个人的，而是通过各种关系交织在一起的。他们的一切行为不可避免地要与周围所有的人发生各种各样的关系，如生产关系、性爱关系、亲属关系、同事关系等。生活在现实社会中的人，必然是生活在一定社会关系中的人。人的本质不是抽象的永恒不变的，而是具体的历史的、处在不断发展之中的。人是具体的、生活于现实生活中的人。这种复杂的社会关系就决定了人的本质，形成了人的社会属性。

根据马克思的观点，人要与社会发生关系，就必须要与他人交往与对话。人从幼儿起在与父母及同伴的交往中学会语言，在与他人交往与对话中学会人类积累的知识，学会交流、学会合作、学会做事、学会做人。因此，交往与对话是人的本质属性，也是人的存在方式。巴赫金说："存在就意味着进行对话的交际……单一的声音什么也解决不了。两个声音才是生命的最低条件，生存的最低条件。"[2]对话作为人的生存方式，其意义深扎于人的生存本质之中。换言之，对话是生存意义存在的基本形式，自我与他人的对话关系构成了我们真正生命存在。人就是一个言说者，即使他不愿意向人言说，他也必须对自己言说，人正是在与人的对话中成为人的。

在现实的教学课堂上，教师独霸话语权，"一讲到底"充斥着整个课堂，没有给予学生交往对话的机会和平台，教学脱离了人交往对话的

---

① 郭思乐：《教育走向生本》，41页，北京，人民教育出版社，2001。
② [俄]巴赫金：《诗学与访谈》，白春仁等译，340页，石家庄，河北教育出版社，1998。

本质属性。对于学生来说，由于在课堂上没有机会，也就没有了责任和担当，只是作为听众被动的听老师讲解，从而使学生认为教师的讲解那只是教师的工作，讲多讲少是教师的事与自己无关。而人都有听觉疲劳，40分钟一个面孔、一个声调即使再认真的学生也会产生听觉疲劳和分散精力。实际上，我们成人连续听两个小时的报告也会疲劳和分散精力，更何况学生要整天上下午八九小时听同样老师的"报告"，所以，没有交往对话的课堂教学效率自然不会高。同时，学生感觉不到自己在课堂上的存在，特别一些"学困生"感到自己在班上可有可无，于是为了彰显自己的存在，一些学生便有意搞些扰乱课堂的小动作，出出风头，目的是引起老师和同伴的关注，意思就是在说："大家要关注我，我也是班上的一员呢！"对于教师来说，除了部分优秀学生外，也没有真实感觉到学生个体的存在，特别是"学困生"的存在。经常会有这样的情况产生：除班主任外，很多教师上了一学期课了，对有些学生还不认识，见到了人还叫不出其名字。另外，由于课堂上没有学生的交往对话，教师不能真正了解学生的学习理解情况，因为即使学生眼睛看着你，心里在想其他与教学无关的事教师也不知道。教学中老师的任务就是完成事先准备好的教学内容，认为自己讲解完了教学任务也就完成了，学生也应该懂了，但在学生的作业中发现学生理解掌握得不好，考试成绩也没有达到教师的预期目标，便把责任全部推到学生头上。这种缺乏交往对话的课堂教学，使教与学完全分离，教师与学生没有交流，同伴之间缺乏沟通，人与人之间互不理解，教师教学的针对性完全缺失，从而造成了有些学生与教师对立，教育教学的效果也自然不会高。

在DJP教学中，由于让学生自学后再与同伴交流和在全班讲解，让每个学生充分地进行交往与对话，使学生真实感到自己的存在。同时，由于要在班上讲解自己的理解与见解，使学生感受到一份责任和担当，自然格外专注和认真。他讲解前会认真准备，全身心投入，从而主体性得到充分体现。在讲解的过程中，同伴就讲解的内容与讲解者进行交流，教师就讲解内容进行点评与引申，师与生、生与生展开了广泛的交往与对话，在对话中达成相互理解，互助合作，促进师生的共同发展。

3. 尊重与自我实现需要是人的生命价值属性

"人是社会关系的总和"。人的存在是归属在所属社会群体之中而体现的,而不是脱离于社会群体。在群体中和他人的交往与对话是人的存在方式,在与他人的交往对话中体现人的生命价值。人的生命价值就是一个人的生命对作为主体的自身需要和作为主体的社会需要的满足。就是说人的生命价值体现在两方面:一方面是生命的自我价值即生命活动对自身的存在和发展的满足;另一方面是生命的社会价值即生命存在对社会发展的满足。生命活动对自身存在和发展的满足就是生命活动要满足自身发展需要,生命存在对社会发展的满足则是指对社会的贡献。

人作为主体的自身需要主要是指人的基本需要。马斯洛把人的基本需要由低级到高级排列成了五个等级[①]:

(1)生理需要:满足体内平衡的需要,如吃饭、喝水、睡眠等;

(2)安全需要:生活有保障而无危险,如安全、稳定、保护、免受恐吓、焦躁和混乱的折磨等;

(3)归属和爱的需要:与他人亲近,受到接纳,有所归依;

(4)尊重的需要:胜任工作,得到赞许和认可;

(5)自我实现的需要:实现个人的潜在能力和抱负。

这五种需要可以按生物性和社会性划分为两大类:生物性需要和社会性需要。生物性需要是指维持个体生命和延续种族的那些需要,如,生理需要、安全需要。这是人和动物所共有(当然两者还是有本质区别)。社会性是指与其他成员生活相联系的那些需要。社会性又可分为基本社会性和高级社会性。需要的基本社会性是指动物性社会性,它是指人与某些动物都具有的社会属性,如"爱与归属需要"。例如,猴子除了生理需要和安全需要外,也有爱和归属的需要。马斯洛指出:"结群、加入集体、要有所归属是动物的本能。"[②]需要的高级社会性则是指与人的社会生活相联系的那些需要。如尊重和自我实现的需要,这两种需要

---

① [美]亚伯拉罕·马斯洛:《动机与人格》,许金声等译,16～30页,北京,中国人民大学出版社,2007。

② 同上书,21页。

是人所独有的。

马斯洛指出："如果生理需要和安全需要都很好地得到了满足，爱、感情和归属的需要就会产生，并且以此为中心。""爱的需要既包括对别人的爱，也包括接受别人的爱"，因此"对爱的需要包括感情的付出和接受。如果这个不能得到满足，个人会空前的缺乏朋友、心爱的人、配偶或孩子。这样一个人渴望同人们建立一种关系，渴望在他的团体和家庭中有一个位置，他将为达到这个目的而努力。他希望得到一个位置，胜过希望获得世界上任何其他东西。"如果这种需要没有得到满足，"此时，他强烈感到孤独，感到被抛弃、遭受拒绝，举目无亲。尝到浪迹人间的痛苦"，因此，"对爱的需要的阻挠是造成适应不良情况的根本性所在。"①

对于"尊重需要"，马斯洛指出："社会上所有人都有一种获得对自己稳定的、牢固不变的、通常较高评价的需要和欲望，即自尊、自重和来自他人尊重的需要与欲望。"尊重需要的满足"导致一种自信的情感，使人觉得自己在这个世界上有价值、有力量、有能力、有位置、有用处和必不可少。然而这些需要一旦受到挫折，就会产生自卑、弱小以及无能的感觉。这些感觉又会使人丧失基本的信心，使人要求补偿或产生神经症倾向"。而自我实现的需要"指的是人对于自我发挥和自我完成的欲望，也就是一种是人的潜力得以实现的倾向"。②

在五种基本需要中，体现人的生命价值存在的主要是指五种需要中的后三种需要的满足。这三种需要得到满足则体现了人生命的自我价值，即生命活动对自身的存在和发展的满足，而"自我实现需要"的满足既体现了人生命的自我价值也体现了人生命的社会价值，因为，它的实现既是生命活动对自身的存在和发展的满足又是生命活动对社会的存在发展的满足。马斯洛指出："归属与爱、尊重、自我实现等人的基本需

---

① ［美］亚伯拉罕·马斯洛：《动机与人格》，许金声等译，16～30 页，北京，中国人民大学出版社，2007。

② 同上书，22～23 页。

要，是一种'类本能'，是由人种遗传先天决定的"。① 因此，我们说"尊重和自我实现的需要"也是人的一种自然属性，而这种属性体现生命的价值更加明显，故又叫作人的生命价值属性。

马斯洛认为，高级需要的实现是依赖于低级需要的满足，但也存在特例。在低级需要缺乏或尚未满足的情况下，人们也有优先满足高级需要的可能。马斯洛认为，这些情况在东方文化中是普遍的。如，人在特殊时刻表现出的舍生取义、杀身成仁等人格气节。因此，人的需要的最高层次——自我实现的需要，也是要依赖于前面的生理、安全、爱和尊重需要的满足后才能出现。

人的存在不只是生物性存在，而是不断追求体现其生命价值的存在。在我国社会基本消除贫困和社会稳定的情况下，学校学生的生理需要和安全需要都得到了满足，因此，这时学生追求的就是要得到"爱、尊重"的需要，在这两种需要得到满足的前提下，他们会去追求最高需要——"自我实现需要"的满足。但遗憾的是，在现实的学校教育中，特别是灌输式教学中，学生的这些需要很少得到满足。因为，课堂上教师独霸话语权，把学生看成一无所知的、等待接受知识的容器，从而把学生学习的内容完全由教师讲解的方式直接告知给学生。这实际上就是不信任学生、不爱学生和不尊重学生。由于这种教学没有给学生展示的机会和平台，学生的智慧和才华也就没有机会在同伴面前展示，因而也就得不到他人(同伴和老师)的爱与尊重。又如，在教学中，当学生回答教师提出的问题出现错误时，教师不以宽容之心对待学生，而是大声训斥学生，就是对学生极大的不尊重。

在 DJP 教学中，由于让学生先自己独立进行探究后再与同伴和教师进行对话性讲解，最后通过师生的评析使不同的意见趋于统一，达成共享的知识意义。在整个过程中，学生经历了整个知识的探究过程，而师生的评析反作用于探究者，使其享受了成功的欢乐和失败的痛苦，从而形成了自己的个人经验。这时的经验由于是经过自己的切身体验获得

---

① ［美］亚伯拉罕·马斯洛：《动机与人格》，许金声等译，140～141 页，北京，中国人民大学出版社，2007。

的，不但理解深刻，而且很容易进入长时记忆之中，有的甚至终生难忘。同时，在这些经验的获得中，学生对知识形成的贡献，既满足了自我实现的需要，又获得了他人的尊重，并"感觉到自己在这个世界上有价值、有力量、有能力、有位置、有用处和必不可少"，从而增强了向更高目标奋斗的信心，实现了自我生命存在的价值。

（二）回归教育的自然

夸美纽斯说"要使方法能够激起求知的愿望，它的第一就必须来得自然。因为凡是自然的东西就无须强迫。水往低处流是无须强迫的。"[①]因此，人的教育要来得自然，即回归教育的自然。它包括两个方面：一是回归教育的本体，二是遵循教育的自然规律，包括学生的认知规律。

1. 回归教育的本体

何为"本体"？"本体"是'本'和'体'两个独立的汉字组成的汉语复合词。'本'字的基本含义是植物的根，'本'字的引申义是事物的本源或来源。'体'字的基本含义是人的身体，'体'字的引申义是事物的身体或形体。"本体"这个汉语复合词在中国文化中的基本含义是事物的主体或自身。因此，本体就是指事物的本身，引申为根本。在哲学上本体叫作事物的本质或本源。而教育的对象是学生，教育的目的是为了促进学生的发展，因此，学生的发展是教育的根本，即教育的本体是学生，学校的一切的教育活动都是为了学生的发展。

2. 要遵循教育的自然规律

所谓规律，哲学上又称为法则。在唯物主义哲学中，它是指客观事物发展过程中的本质联系，具有普遍性的形式。规律和本质是同等程度的概念，都是指事物本身所固有的、深藏于现象背后并决定或支配现象的方面。然而本质是指事物的内部联系，由事物的内部矛盾所构成，而规律则是就事物的发展过程而言，指同一类现象的本质关系或本质之间的稳定联系，它是千变万化的现象世界的相对静止的内容。规律是反复

---

① ［捷］夸美纽斯：《大教学论》，傅任敢译，94页，北京，教育科学出版社，1999。

起作用的，只要具备必要的条件，合乎规律的现象就必然重复出现。规律具有必然性、普遍性、客观性和永恒性等特征。

根据唯物主义哲学所阐述的规律的一般原理，可以使我们更加清晰地认识教育规律。根据规律是现象中固有的东西，教育规律也就是教育现象中固有的、稳定的东西。规律又是现象中同一的东西，那么教育规律也就是众多种类教育现象中同一的东西。教育现象千千万万，教育的类型和形式多种多样。但不管是小学教育、中学教育、大学教育，家庭教育、学校教育、社会教育，还是课内教育、课外教育、团队教育等等，虽其具体形态不同，但蕴含其中同一、普遍的东西只有一个，即它是促进个体身心发展的工具。这种同一的东西，就是教育中规律性的东西。

古往今来，教育一直处在不断地变化与发展之中，各个历史阶段的教育有着许多的不同，任何社会之所以需要教育，这是因为教育是各个社会进行社会物质财富再生产和人类自身再生产的重要手段，这是教育在一切历史时代都保存的有共同特征的同一的基础。

根据规律就是关系，本质的关系或本质之间的关系，教育规律就是教育现象与其他社会现象之间本质的必然的联系或关系。教育中这种关系有许多，如生产力发展与教育发展，社会发展需求与教育结构等等。当然，并不是任何关系都是规律，只有各种现象间本质的关系才是规律。一个事物有多种属性，只有本质属性间的联系才是规律。

遵循教育规律就是指教育活动应该遵循教育中巩固的、稳定的普遍法则。例如，教育的手段和方法要符合儿童不同发展阶段的认知特点，要满足儿童不同发展阶段的身心需要，要符合各科教学的特点，等等。卢梭在《爱弥儿》中指出："儿童有自己的观察、思维和感觉方式。"[1]遵循教育规律就要遵循儿童自己的观察、思维和感觉方式。但在现实的教育中我们都是在用成人的思维去要求儿童。正如卢梭指出的："总是在寻找儿童期的成人，从不考虑儿童在成人之前是什么。"卢梭进一步指

---

① ［英］罗伯特·R.拉克斯，詹姆斯·斯科特兰：《伟大教育家的学说》，朱镜人，单中惠译，138页，济南，山东教育出版社，2013。

出："不适合儿童年龄阶段的任何东西对儿童而言既无用处也无好处""要清楚的是教学的前提是心智的成熟。"①因此，教育要遵循学生不同发展阶段的认知规律。皮亚杰提出了儿童认知发展的四个阶段②：感知运用阶段(在这一阶段，儿童的智力只限于感知运动。儿童主要是通过感知运动图式与外界发生相互作用)；前运演阶段(在这一阶段，儿童的思维已表现出了符号的特点。他们通过表象、言语以及其他符号形式来表征内心世界和外在世界。但其思维仍是直觉性的，而非逻辑性的，具有明显的自我中心特征)；具体运演阶段(在这一阶段，儿童的思维已经有了明显的符号性和逻辑性)；形式运演阶段(在这一阶段，儿童能够设定和检验假设，能监控和内省自己的思维活动，思维具有抽象性)。每一个阶段儿童的思维水平是不一样的，因此，教育教学中要按照儿童各个阶段的认知能力，有针对性地进行教学，不能超越或者颠倒不同阶段的学习任务。例如，形式运演阶段的儿童的思维是一种假设性的思维，这种思维是建立在符号的基础之上的，而不是建立在实体的基础之上的。而代数思维就是假设性思维，因此，具体运演阶段的儿童还不能很好的掌握代数运算，只有当儿童发展进入到形式运演阶段后，才具有学习代数的认知能力。

教育要遵循其规律，就像学习跳远必须先学习跑步，学习骑马要先学习走路一样。因此，夸美纽斯特别指出："在儿童年龄和智力既不需要也不允许的情况下，什么也不要教授"。③ 否则，既毫无效果，还会引发学生产生厌恶而失去将来学习这部分内容的兴趣。奥苏贝尔提出教育的目的、要求，教育的内容、方法、步骤等，都应根据学生发展的不同阶段做出具体安排④。杜威提出"教育即生长"也充分体现了教育要符

---

① ［英］罗伯特·R. 拉克斯，詹姆斯·斯科特兰：《伟大教育家的学说》，朱镜人，单中惠译，138 页，济南，山东教育出版社，2013。

② ［瑞士］皮亚杰：《发生认识论原理》，王宪钿等译，22～57 页，北京，商务印书馆，1981。

③ ［英］罗伯特·R. 拉克斯，詹姆斯·斯科特兰：《伟大教育家的学说》，朱镜人，单中惠译，84 页，济南，山东教育出版社，2013。

④ 王天一，夏之莲，朱美玉：《外国教育史》(上册)，59 页，北京，北京师范大学出版社，1993。

合人的自然发展规律。杜威说："人的长成是各种能力慢慢地生长的结果。成熟要经过一定的时间，揠苗助长没有不反致伤害的。"①奥苏贝尔提出要在学生的最近发展区设计教与学活动，超越学生的最近发展区设计的学习内容学生会接受不了，教学效果自然就不会好。这都说明了教育要遵循教育本身的自然规律。卢梭的自然教育中提出的"依据自然"生活就是依据天地万物的理性原则生活："谁服从了理性，谁便遵循了自然。"②在教育方面，理性就是教育的自然规律，遵循理性就是遵循教育的自然规律。遵循教育的自然规律就是遵循了自然。

在现实的教育中，有很多违背教育自然规律的现象。例如，青少年学生在学校学习期间，正是身体发展的关键时期，为了使学生的身体得到健康的发展，就需要保证儿童必要的休息和睡眠。但根据《中国青少年体质健康行为调查》，我国学校儿童的体质普遍下降，其主要原因是学校为追求升学率，忽略学生的身体健康。新一轮课改中，虽然对于只关注书本知识、死记硬背、机械训练的教学方式进行了普遍的批判，但在急功近利，片面追求升学率为典型特征的"应试教育"下，各种摧残学生身体，违背教育规律的"反教育行为"仍大量存在。例如，一些学校在学生静坐十二三小时的听课、记忆、做练习等超长时间的书本学习并已疲惫不堪时，还要求学生在做课间操时带上书或笔记，以便在队伍行进的短暂间歇背诵、记忆。这种只关注知识学习不关注身体健康，长期下去不但会摧残学生的身体，也会摧残和破坏其智力与知觉能力。但，这却成为学校的成功经验，也被很多学校视为"圣经"而顶礼膜拜，趋之若鹜前去学习，回校后进行复制和模仿，甚至有过之而无不及。

在只追求升学率的功利主义思想指导下，很多学校不仅忽略学生的身体健康，而且也忽略学生的心理健康，伤害和摧残学生心理的事件时有发生。如，考试后将学生的成绩排名在全班张榜公布，对考试成绩差的学生在全班进行训斥、羞辱、讽刺，等等。若长此以往，使学生原本

---

① 赵祥麟，王承绪：《杜威教育名篇》，105 页，北京，教育科学出版社，2006。

② ［英］罗伯特·R. 拉克斯，詹姆斯·斯科特兰：《伟大教育家的学说》，朱镜人，单中惠译，132 页，济南，山东教育出版社，2013。

善良的心理遭受压制和扭曲，则会朝着错误的方向发展。因为，在基础教育阶段，学生的身体和心理都处于不成熟和发展时期，学校的教育就是要促进其身体和心理的健康发展，而不是阻碍、压制和扭曲。这种不遵循教育的自然规律的教育严重的摧残了学生的身心健康。福禄培尔指出："人身上的缺点的一切表现，归根结底，根据在于他的善良的品质和良好的追求遭到了压制或扭曲，被误解或往错误的方向引导，因此，克服和消除一切缺点、恶习和不良现象的唯一切实的方法在于努力寻找和发现人的本来就有的善良的根源，即人的本质方面(而缺点产生的原因，正是由于人的这个本质方面受到了压制、干扰或错误引导)，然后加以培养、保护、树立起来，加以正确引导。""人本身是倾向于抛弃缺点的，因为人是倾向于走正路而不愿意做坏事的。"[1]然而，"使人，即少年期孩子变坏的大多数是别人，是成年人，往往甚至是教育者自己，这确是一条深刻的真理"。[2] 而我们的很多教育工作者至今还没有充分认识到这一点。

在教学中，违背教学规律的事更是时常发生。例如，我经常看到教师不讲述公式、定理的发现和证明过程，而要求学生机械记住公式，并采用大量的习题进行练习。我曾经到一个学校去听一节高中数学《二项式定理》的新课教学。教师在教学中不讲定理的推导与证明过程，而是直接告知结论就讲例题和练习使学生达到对公式的熟记。教师对学生说："这个定理的推导证明比较难我就不讲了，其实大家用不着懂得它的证明，只要记住公式能用它解题就行了。"据作者经常到学校听课发现，诸如这类直接告知结论，忽略知识的发生、发展和形成过程的现象在教学中还大量存在，并且经常听到老师说："这些知识我讲过多次了，学生就是记不住。"其实学生的学习是在自己经验的基础上获得的。这就是杜威主张的"从经验中学习"。而经验是过程与结果的联结。这种直接告知结论的教学，没有使学生经历知识发生和形成的过程而只有结果，从而不能形成学生的经验。这种结果的知识只是一种信息，不是经验。

---

① [德]福禄培尔：《人的教育》，孙祖福译，87 页，北京，人民教育出版社，2001。
② 同上书，89 页。

所以，这种教学违背了经验形成的教学规律，自然也就达不到教师需要的效果了。针对这种情况，夸美纽斯在《大教学论》告诫老师们："凡是没有被悟性彻底领会的事情，都不可用熟记的方法去学习。"①

（三）回归学生的自然生活

生活是指人类生存过程中的各项活动的总和，范畴较广，一般指为幸福的意义而存在。生活实际上是对人生的一种诠释。生活包括人类在社会中与自己息息相关的日常活动和心理影射。生活也是体现人类所有的日常活动和经历的总和。广义上指人的各种活动，包括日常生活行动、学习、工作、休闲、社交、娱乐等职业生活，个人生活、家庭生活和社会生活以及玩味生活。

学生的自然生活是指学生在自然环境中的学习、休闲、社交、娱乐、成功、失败等日常活动和经历的总和。学生是生活在现实生活中的，现实生活中的一切对学生的思想、观念都会产生直接的影响。教育回归学生的自然生活，就是指教育要与学生的自然生活紧密联系起来，在学生的生活中进行教育。"教育必须从人的现实生活出发，对人的生活世界、生活问题、生活关系、生活意义进行理解，形成对现实的价值透视和意义洞察，探寻教育有效的引导方式，这样才能对学生进行意义引导。"②实际上，学生在日常生活中通过与他人的交往、交流和自身成功、失败的经历中不断丰富和积累个人的经验并利用经验增强指导自己生活的能力，从而受到了教育。正如杜威指出的："教育并不是强制儿童静坐听讲和闭门读书，教育就是生活、生长和经验的改造。"③在杜威看来，生活和经验是教育的灵魂，离开生活和经验就没有生长，也就没有教育。而传统的教育不是在儿童的生活中进行，而是脱离儿童现实生活强制性灌输给学生，强迫其接受。例如，学校里经常教育儿童"现在

---

① ［捷］夸美纽斯：《大教学论》，傅任敢译，100 页，北京，教育科学出版社，1999。

② 金生鈜：《理解与教育——走向哲学解释学的教育哲学导论》，72 页，北京，教育科学出版社，1997。

③ ［美］约翰·杜威：《民主主义与教育》，王承绪译，14 页，北京，人民教育出版社，2001。

的刻苦学习，是为了将来的幸福"，而且还要制定一些制度来强迫其执行。这些教育好像是为儿童的未来着想，而且还头头是道让你无法抗拒，但它离儿童的生活较远，脱离儿童的现实需要，因而使儿童不能真正理解、关注和接受。这种硬要天真活泼的儿童依附或屈从各种遥远而渺茫的外加目的，儿童既不理解它，也不喜欢它，就无异于把他们绑在对他们毫无实际意义的链条上去折磨他们。卢梭称这种教育是一种残忍的教育。他在其代表作《爱弥儿》中说："人们所想到的是一种残忍的教育，他以牺牲儿童的现在去追求并不确定的未来。为了准备将来能过上可能还享受不到的遥远的幸福，儿童在生活之初就身负沉重的束缚前行，可怜兮兮。那种认为现在让儿童受苦是为了他们将来的幸福观点，是一种多么浅薄可笑的想法"。[①] 其实，儿童关注的是学习的知识是否有用，是否能解释自己在生活遇到的困惑、观察到的现象，是否是自己感兴趣的东西。正如杜威指出的：真正的目的乃是儿童所能遇见的奋斗目标，它能使他们尽心竭智的观察形势，耐心细致地寻求成功，专心致志地钻研学习。这样，儿童一步一步向前迈进，便一步步获得进步，做到"教育随时都是自己的报酬"。

教育回归学生的自然生活，可以从以下三个方面进行：

第一，学校正规学习的教育活动要与学生现实生活紧密联系起来，尤其生活中牵动学生心弦的热点事件，更要抓住不放，利用这些事件来进行教育，这样的教育才能真正发挥作用。教育教学中不要脱离学生的现实进行空洞的说教，空洞的说教即使你说得天花乱坠，学生也不会感兴趣。如果在儿童现实生活中进行教育，就会叫儿童感到学习的需要和兴趣，产生学习的自觉性和积极性。由于他们自愿学习和在生活中真正理解事物的意义，这种教育乃是真实的，生动活泼的，而不是皮相的和残害心智的。

第二，让学生在日常生活中或者参与社会生活实践中进行自我教育。首先，就是在日常生活中进行自我学习和自我教育。如儿童时期的

---

① [英]罗伯特·R.拉克斯，詹姆斯·斯科特兰：《伟大教育家的学说》，朱镜人，单中惠译，139 页，济南，山东教育出版社，2013。

学生让他们自己管理自己的生活、学习，培养独立生活的能力；在与同伴发生矛盾时成人可以给出判断的标准让孩子自己分析处理，学会与人相处和与他们合作的能力。其次，引导学生主动去参与一些社会实践，让学生自己去经历一些成功与失败，从而积累和丰富社会活动经验。我们经常可以看到这样的现象，一些学生在读书时很不成熟，工作一两年后很快就成熟了，甚至一段时间不见后再看到时感到孩子成熟多了。这就充分说明社会是一个最能教育人、成就人的大课堂。但我们现在的一些教育，往往把学生与社会隔离，"两耳不闻窗外事，一心专读教科书"。有些家长为了让孩子专心读书，包揽了孩子生活的一切，使孩子独立生活能力很差，甚至离开父母自己不能生活，于是孩子上大学了母亲还要去陪伴，帮助孩子洗衣、做饭和日常生活照顾。这种家长包揽一切，不让孩子自己在生活中去磨炼，去经历失败与成功的体验，孩子永远也不会成熟。一些孩子大学毕业工作了都不能自理就是很好的例证。所以，人是自己在生活中不断地成长起来，任何人也不能包办代替。

第三，学校本身也是一种社会组织，而教育是一种社会过程。杜威指出："学校便是社会生活的一种形式。"学生在学校中要度过十几年的学习生活，而这又恰巧是人一生中最重要的时期。在这种学校社会生活里，学生通过科学文化知识的学习，与同伴和教师的交往而不断的自我更新，而"生活就是一个不断更新的过程"。而这种"努力使自己继续不断的生存，这是生活的本性，因为生活的延续只能通过经久的更新才能达到"[①]。"教育是生活的过程，而不是将来生活的预备。"因此，学校的教育教学要紧密结合学生在学校内的各项社会生活实际，使学生在各种活动中不断成长和发展。

二、 导学讲评式教学的教育理念

根据上节中 DJP 教学的学生观和人的教育要回归自然的思想，我

---

① ［美］约翰·杜威：《民主主义与教育》，王承绪译，14 页，北京，人民教育出版社，2001。

们提出 DJP 教学的教育理念为："高度尊重学生，充分信任学生，一切为了学生的发展。"

1. 高度尊重学生

教育的对象是人，是对人的教育，不是对动物的训育。即使是对动物的训育，驯兽师也对他所驯育的动物十分尊重和热爱，何况我们的教育对象是学生这样一个具有丰富情感的人呢？因此，我们提出"高度尊重学生"，其内涵主要体现以下几个方面：

(1)学生在人格上与教师是平等的

学生是有丰富情感和人格特征的生命体。什么是人格呢？要回答这个问题，可以从辞源的含义和人格理论家对人格的定义两个方面来考察。

从词源上看，我国古代汉语中没有"人格"这个词，但有"人性""人品""品格"等词。例如，最早讲到"人性"的是孔子曾说过"性相近，习相远"(《论语·阳货》)，他认为素质是基础，个体差异来自环境和教育。人性、人品、品格等词虽然在内容上有联系，但它们毕竟是不同的术语。我们现在说的"人格"这个术语是现代从日文中引入的，而日文中"人格"一词则来自对英文"personality"一词的意译。

英语中的"personality"一词源于拉丁文对"persona"，本意是指面具。所谓面具，就是演戏时应剧情的需要所画的脸谱，它表现剧中人物的角色和身份。例如，我国京剧中大花脸、小花脸等各种脸谱。把面具指意为人格，实际上包含两层意思：一是指个人在生活舞台上表演出的各种行为，表现于外给人印象的特点和公开的自我；二是指个人蕴藏于内、外部未露的特点，即被遮蔽起来的真实的自我。因此，从字源上看，人格就是我国古代学者所说的"蕴藏于中，行之于外"。[①]

人格的定义是一个颇多歧义、颇多界说的概念。不同研究者对人格理解不同，对人格所下的定义也很不相同。奥尔波特最早对人格的定义做过综述，他考察了 50 个定义。自奥尔波特之后还有不少心理学家综述过人格的定义。例如，有人把人格看成习惯化的行为模式；有人则把

---

① 黄希庭：《人格心理学》，5 页，杭州，浙江教育出版社，2002。

人格看成一种控制行为的内部机制(如自我、特质等);还有人把人格看成个人在社会中所扮演的角色等。在不同的学科领域对人的定义也不同,如灵魂心理学(属于灵魂医学范畴)中对人格的定义是:人格是人类独有的、由先天获得的遗传素质与后天环境相互作用而形成的、能代表人类灵魂本质及个性特点的性格、气质、品德、品质、信仰、良心以及由此形成的尊严、魅力等。社会心理学中,把人格定义为:人格是指人的个性,它是个体在先天生理素质的基础上,在一定的社会历史条件下,通过社会交往而逐渐形成和发展起来的个人稳定的心理特征的总和。西南大学的黄希庭教授综合各家的定义后给出人格以下定义:人格是个体在行为上的内部倾向,他表现为个体适应环境时在能力、情绪、需要、动机、兴趣、态度、价值观、气质、性格和体质等方面的整合,是具有动力一致性和连续性的自我,是个体在社会化过程中形成的给人以特色的心身组织。[1]

黄希庭教授指出:"人格具有独特性、稳定性、统合性、社会性四个特征"[2]。一个人的人格是在遗传、环境、教育等因素的交互作用下形成的。不同的遗传、生存及教育环境,形成了各自独特的心理特点。因此,人与人没有完全一样的人格特点。所谓"人心不同,各有其面",这就是人格的独特性;人格的统合性是指人格是由多种成分构成的一个有机整体,具有内在统一的一致性,受自我意识的调控。人格统合性是心理健康的重要指标。当一个人的人格结构在各方面彼此和谐统一时,他的人格就是健康的,否则,可能会出现适应困难,甚至出现人格分裂;人格的稳定性表现在两个方面:一是人格的跨时间的持续性;二是人格的跨情景的一致性。个体在行为中偶然表现出来的心理倾向和心理特征并不能表征他的人格。俗话说,"江山易改,本性难移",这里的"秉性"就是指人格。当然,强调人格的稳定性并不意味着它在人的一生中是一成不变的,随着生理的成熟和环境的变化,人格也有可能产生或多或少的变化,这是人格可塑性的一面,正因为人格具有可塑

---

① 黄希庭:《人格心理学》,8页,杭州,浙江教育出版社,2002。
② 同上书,8~11页。

性，才能培养和发展人格。人格是稳定性与可塑性的统一；人格的社会性是指社会化把人这样的动物变成社会的成员。人格除了以上四个特征之外，还具有功能性。人格的功能性是指人格决定一个人的生活方式，甚至决定一个人的命运，因而是人生成败的根源之一。当面对挫折与失败时，坚强者能发愤拼搏，懦弱者会一蹶不振，这就是人格功能的表现。

由于人的先天生理素质与后天所处的社会历史条件和受到的教育不同而形成了每个人的不同人格特征，一个人的人格以其尊严为外在表征，这就是经常所说的人格尊严。它是人独立于他人而存在于社会的独特风格。因而从人格的形成和人格的特征可知，教育者和学生在人格上是平等的，他们只有先知与后知，成熟与未成熟之分，没有高低贵贱之分。在教育教学中，教育者要充分尊重每个学生的人格，不要用成人的思想、观念、兴趣、爱好等去强行要求或者训斥儿童。但在实际的教育教学中，却严重存在不尊重儿童人格的现象。例如，当众羞辱学生不善言表的性格就是对学生人格的不尊重。这种对学生人格的不尊重行为，会造成学生情绪低落，一蹶不振，严重伤害学生的心灵。

(2)尊重学生是教育的基础，也是教育本身

教育不是一个人控制另一个人的手段，也不能简化为一个人向另一个人"灌输"思想的行为，更不能成为把教育者自己的真理强加于人之间的一场充满敌意的论战。真正有效的教育是教育者和被教育者心与心的交流和沟通。而要进行心灵的交流和沟通，首要的就是获得受教育者对教育者的信任，而信任来自尊重。人与人之间若没有尊重，就没有彼此的信任，进而也就没有沟通和交流的愿望，教育也就不存在。因此，尊重学生是教育的基础，也是教育的本身。

(3)尊重满足了学生的需要

获得他人的尊重是人的基本需要，对于处于青少年时期的学生，更加渴望获得他人特别是教师的尊重。教师满足学生的尊重需要后会产生以下几个方面的作用：一则学生会感受到教师对自己的信任和关心，心理上会产生一种安全感和被信任感，从而心情愉悦，心理充满阳光。二

则会使学生感受到自己的存在而增加对自己学习的信心。存在，分为客观存在和意识存在。客观存在是指事物的物质存在。事物的客观存在可能成为人们认识的对象而受到关注，也可能不成为人们认识的对象不受到关注，这时虽然仍然有物质的客观存在，但没有意识的存在而被忽略，犹如没有物质的存在。只有意识的存在才能成为人们关注的对象，成为真正意义上的存在。而人是不同于动物"自在的存在"，人是"意识的存在"物。正如笛卡尔所说："我思故我在。"因此，学生更注重在别人心目中的意识存在。当学生受到教师的尊重，学生会感受到教师的关注，从而在教师的眼中不是物质的客观存在，而是被关注的意识存在，这种存在感会使学生增加信心，产生愉悦的心理感受。三则会让学生去掉心理防线而对教师敞开心怀，对教师产生信任感，从而自觉接受教师的教育。

(4)尊重学生是对学生的责任

在学校教育中，尊重学生一定是负责的教育者要担负的任务，而在控制关系中，尊重不能存在。在实际的教育活动中，一些教育者对学生表现出严厉呵斥等不尊重行为的初衷可能是出于对受教育者的爱，但这种爱不是真正的能得到受教育者理解的爱。正是如弗莱雷指出的："控制展示的是病态的爱：控制者身上体现的是虐待狂，而被控制者身上则是受虐狂。"[①]因为尊重是充满勇气的行为，不是充满恐惧的行为。因此，在教育教学中，尊重学生意味着对学生的责任。

2. 充分信任学生

"充分信任学生"，是指要对学生的潜能要深信不疑，对他们的创造和再创造的力量要深信不疑。在 DJP 教学中，我们提出要"充分信任学生"是建立在"学生是具有巨大潜能和智慧的人"这一学生观上的。DJP 教学采用的主要教学方式是交往对话。弗莱雷指出："对人的信任是对话的先决要求；'对话人'在他面对面遇见他人之前就相信他们，但他的信任不是幼稚的，'对话人'具有批判性。不过，这种可能性丝毫不会削

---

① ［巴西］保罗•弗莱雷：《被压迫者教育学》，顾建新等译，55 页，上海，华东师范大学出版社，2001。

弱他对人的信任，他会觉得这种批判的可能性是他必须面对的挑战。"
"离开了对人的信任，对话就不可避免地退化成家长式操纵的闹剧。能
够把对话建立在爱、谦逊和信任基础之上，对话就变成了一种水平关
系，对话者之间的互相信任是逻辑的必然结果。"①

在现实教学中，很多教师课堂上一讲到底，其根源就是不信任学
生，总认为自己讲了才放心。我们提出把自主权还给学生，让学生自己
去学习、探究、交流，而一些老师却说，"我讲得那么详细他都不懂，
还让他自己去学习根本不可能"。这就是教师的教育观和学生观存在问
题，没有认识到学生是一个具有巨大潜能的人，而还是把学生看成一无
所知的白纸。树立了"充分信任学生"的教育理念，在教学中教师就不会
什么都由老师包办代替，而是放手让学生自己去探究、去反思、去总
结、去感悟，教师在学生自主学习探究的过程中，成为一个引导者、组
织者、参与者与合作者。

3. 一切为了学生的发展

学校教育的对象是学生，学校的存在也是以学生的存在而存在的。
没有学生，就没有学校，也就没有学校教育，因此，学生是学校教育的
本体。而学生，特别处于青少年时期的学生又是处于身心极不成熟和不
断发展的重要时期，这个时期的发展会对学生对一生产生重大的影响。
所以，这个时期学校的一切工作就是为了促进学生的发展。

什么是发展？"发展"是指随时间的延续，有机体在结构或功能上发
生变化的过程和现象②。"结构"在生理学上是指那些构成机体的基本组
织成分。例如，内脏、肌肉、肢体、神经组织等都可以称为人体生理结
构，它们是人体产生各种活动的基础。除了生理结构外，就是心理结
构。我们说的"心理结构"，则主要是指那些在理论上假设存在的关于各
种信息和认识能力的组织，是一种关于认知能力的功能性结构，它既包
括知识结构，也包括能力结构。例如，当一个儿童能较好地记住狗、大

---

① [巴西]保罗·弗莱雷：《被压迫者教育学》，顾建新等译，57 页，上海，华东师范大
学出版社，2001。

② 陈英和：《认知发展心理学》，4 页，杭州，浙江人民出版社，1996。

象、狮子等词时，我们就可以推测在儿童的长时记忆系统中存在一个语义系统，不同的词由于具有不同的意义而被分别安置在这个系统中不同的位置上，根据需要，这些词可以随时被激活和提取，这个语义系统就可以被看成一个心理结构。

"功能"是指那些由结构派生出来的活动和表现①。例如，肢体的活动就是肌肉和骨骼结构的功能。而心理结构的功能主要是指那些具体的认知能力和表现。结构与功能之间的关系是相互作用的关系。具体表现为由结构所产生出来的某种活动与外在刺激一起促进结构本身的变化；反过来，变化了的结构又将产生出新的活动，表现出新的功能。结构表现出来的活动性(功能)不仅仅是为了维持住结构的当前状态而不使其衰退，更重要的是为了促进结构的发展②。因此，功能依赖于结构，又能促进结构的发展，两者之间呈现相互作用的关系。

学生的发展是指身体的发展、心理的发展和智能发展。

身体的健康发展带来的变化将是一个缓慢的过程，它是由其自然生长而完成的。学校教育活动在促进学生身体健康发展中有两方面的作用：一是保障身体发展需所必需的生活条件，如保障每天各种营养的摄取量和一定的休息时间，以便于保持身体的健康；二是进行必要的体能活动锻炼(功能)促进身体各部分结构的发展变化。但在现实的学校教育中，则存在着只关注知识学习而严重忽视学生身体的健康发展的现象。这种只关注知识学习不关注身体健康的做法，长期下去不但会摧残学生的身体，也会摧残和破坏其智力与知觉能力。因为，"健康之精神寓于健康之身"。

学生的心理发展是指学生的心理结构随着时间的推移发生变化的过程和现象。它包括人格品质、伦理道德、习惯修养等方面。人格品质主要是指一个人的情绪、需要、动机、兴趣、态度、价值观、气质、性格等。学生心理结构的发展变化是在学生参与社会实践活动中，通过对儿童能力的刺激而来的。正如杜威指出的："一切教育都是通过个人参

---

① ［巴西］保罗·弗莱雷：《被压迫者教育学》，顾建新等译，5 页，上海，华东师范大学出版社，2001。

② 陈英和：《认知发展心理学》，5 页，杭州，浙江人民出版社，1996。

与人类的社会意识而进行的。这个过程几乎是在出生时就在无意中开始了。它不断地发展个人的能力，熏染他的意识，形成他的习惯，锻炼他的思想，并激发他的感情和情绪。由于这种不知不觉的教育，个人便渐渐分享人类曾经积累下来的智慧和道德财富。他就成为一个固有文化资本的继承者"①。"唯一真正的教育是通过对儿童能力的刺激而来的。这种刺激是儿童自己感觉到所在的社会情境及各种要求所引起的。这些要求刺激他，使他以集体的一个成员去行动，使他从自己的行动和感情的原有狭隘范围里显现出来；而且使他从自己所属的集体利益来设想自己。通过别人对他自己的各种活动所做出的反应，他便知道这些活动用社会语言来说是什么意义。这些活动所具有的价值又反映到社会语言中去"②。因此，学生在这种社会文化活动中，一些正确的理论道德和情感态度价值观得以逐渐形成。当然，对于青少年学生来说，参加这些社会实践活动不是放任自流，而是要由教育者结合社会实践活动进行正确的引导，使其认识到哪些行为是正确的伦理道德应该继承，哪些行为是不良的倾向应该摒弃。在这种自然的社会生活中，学生经过内部世界和外部世界或者说精神和自然在社会生活中的结合而得到发展。

智能发展是指人的智慧技能的发展。它包括知识技能、认知能力、表达能力、合作能力等方面。知识技能是通过学习文化科学知识的习得而实现的。通过学校开设的各种课程，使学生能在短时间内学习人类几千年积淀下来的科学文化知识，从而使其知识结构发生变化。这种变化表现在使人的眼界更高和视野更广，能够看清现实世界中事物之间的内在联系和规律，从而加深了对世界的认识。认知能力包括学习能力、思维能力、探究能力、判断能力等。认知能力的提高又称为认知发展。"认知发展"，是指主体在获取知识和解决问题的能力随时间的推移而发生变化的过程和现象。儿童的认知发展是随着身体的不断成熟和参加学习探究活动而逐渐完成的。合作能力和交流表达能力是未来生活的关键能力。这些能力只能在学习探究的活动过程中得到提高。因此，

---

① 赵祥麟，王承绪：《杜威教育名篇》，1页，北京，教育科学出版社，2006。
② 同上书，6页。

学校教学要发展学生的智能就必须改变教与学的方式方法，把学习的自主权还给学生，变被动接受学习为主动探究学习，变学会为会学，变传授为引导。教师创建良好的学习探究的情境，激发和调动学生学习的主动性和积极性，让学生在自主、合作、探究中进行探究、学习、交流，从而学会学习、学会合作、学会探究、学会交流。学生发展的要素结构如表3-1所示。

表 3-1　学生发展的要素结构

类型	构成要素
身体发展	身体健康　充足睡眠　适当锻炼
心理发展	人格品质　伦理道德　习惯修养
智能发展	知识技能　认知能力（学习能力、判断能力、思维能力、探究能力） 交流能力　合作能力

三、 DJP 教学的教育观——分享教育观

DJP 教学实施的是师生在自主、合作、探究和对话交流中达到知识的共享、思想的共享与智慧的共享，从而使学生从只"关心自己"的"独自学习"向"关心他人"的"合作学习"转变，从个体经验的"独占"向与他人"分享"转变，从情感单一、内心的孤独向与他人和谐相处、丰富情感转变。所以，它对促进学生个体心智成熟、人格完善和核心素养的培养有重要的价值和作用。由此，我们提出了分享教育的理论和观点。①

（一）分享教学的概念与含义

分享教育是指一切有目的的以分享彼此资源的行动方式影响和促进人的身心发展的社会实践活动。这里的资源可以是交往者已有的经验、体会，获得的技能与取得的成果等。

分享教育的含义有以下几点：首先，分享教育是有目的的社会实

---

① 王富英，黄祥勇，张玉华：《分享教育的含义及其特征》，载《教育科学论坛》，2016。

践活动。没有目的的教育是不存在的。分享教育的目的就是影响和促进学生的身心发展。其次，分享教育中分享者必须有彼此分享的资源。而为了具有分享的资源，便于有效开展分享活动，就必须引导学生事先进行自主学习、探究、反思，积累丰富的经验、体会和新的思想等分享的资源。最后，就是要有恰当、有效的分享行为方式。分享教育是在分享共有资源的过程中通过分享行为方式促进参与者的身心发展的。因此，分享的行为方式就显得格外重要。这里的行为方式可以是帮助、合作、共享、谦让、宽恕等一切有助于社会和谐的行为及趋向。

由分享教育的定义可知，分享教育是以"分享"为行动载体并在分享的过程中进行的教育。根据马斯洛的需要理论，每一个个体都有得到他人尊重和认可的需求，同时，每一个个体又都有异于他人的自己独特的经验，在与他人交往、分享彼此的经验的过程中增长或改变自己的经验，从而使自己的认识和心理发生变化。因此，人的成长是在分享他人资源的过程逐渐完成的，分享教育是成就个人发展的重要途径。

（二）分享教育的特征

分享教育具有以下特征：

(1)社会性

分享教育是在人与人之间通过分享活动进行的，是一种人与人的交往活动，单独一个人不能构成分享。因此，社会性是分享教育的一个显著特质。

(2)活动性

任何教育都是在活动中进行的，教育本身就是一种社会活动和认识活动，分享教育也不例外。分享教育是人与人的社会交往活动、彼此经验的分享活动、情感的交流活动。分享教育是通过分享活动影响和促进人的身心均衡、和谐发展。分享教育的活动方式可以是展示、讲解、交谈、给予、占有等。

(3)亲和性

根据分享形成的条件，分享是在和谐的环境和氛围中进行的。在分享活动前双方都具有接纳对方的心理意愿，随着资源分享的进行，话语的增多，沟通交流的深入，逐渐走进对方的心灵，与对方的情感进一步加深，关系进一步密切、亲近与和谐。因此，分享活动既增强交流沟通能力，又培养友好情感。随着分享活动的进行，当自己的感受得到他人的认可、分享之时，心理会产生愉悦的情感体验，同时也分享了他人的快乐，彼此得到了理解，进而人与人之间会产生亲和感，各种矛盾也会随之化解，从而可增进社会的和谐。所以，分享也是一种亲社会的行为。

(4)双赢性

作为一种亲社会行为的结果，分享最终导致双方真正共有，而非把资源的所有权从一方简单地转给另一方。这就是说，"分享"活动往往不是单向的，而是在分享己有资源或分享他有资源时，双方的资源、行为、观念的双向输出，从而得到的是相互的分享。因此，分享通常都是双赢的。

(5)教育性

分享教育的教育性体现在自我教育和他我教育两个方面。分享的过程是彼此传达的过程。杜威指出"一切传达①(因而也就是一切真正的社会生活)都具有教育性"。在分享中，"当一个传达的接受者，就获得扩大的和改变的经验。一个人分享别人所想到的和所感受到的东西，他自己的态度也就或多或少有所改变"。② 从而在分享他人的经验中获得了教育，这就是分享教育中的他我教育；同时，分享中经验的提供者也不是不受影响。当"你试把某种经验，特别较为复杂的经验，完整地、准确地传达给别人，你将会发现你自己对待你的经验的态度也在变化"。③

---

① 也有把"传达"译为"沟通"的。如在《民主主义与教育》一书中，就把"传达"译为"沟通"，而在《杜威教育名篇》则译为"传达"。本书中笔者认为用"传达"更为贴切。

② [美]约翰·杜威：《民主主义与教育》，王承绪译，10页，北京，人民教育出版社，2001。

③ 赵祥麟，王承绪：《杜威教育名篇》，115页，北京，教育科学出版社，2006。

因为"要把经验传给别人，必须把它整理好。要整理好经验，就要置身于经验之外，为别人设身处地想一下，看它和别人的生活有何接触点。以便把经验整理成这样的形式，使他能领会经验到意义。"①而且为了便于他人理解经验，在整理经验的过程中，需要把自己的经验进行加工，使模糊的清晰化、杂乱的条理化，故在这个加工的过程中深化了自己的经验，改变了自己的认识，使自身获得了教育即"自我教育"。因此，可以这样说，任何分享活动对于参与者来说都是有教育意义的，都能获得自身的身心发展。

（三）分享教育形成的条件

分享是一种社会行为，这种行为的产生必须具有一定的条件。分享行为的产生具有以下条件：(1)具有分享的资源；(2)有分享的意愿和要求；(3)和谐的环境和氛围；(4)沟通、表达的方法和能力。其中"具有分享的资源"是分享的前提条件或者说是分享的物质条件，因为没有资源就没有分享的物质基础。在基础教育中，分享的资源主要指参与者的行为、观念、价值、经验等。有了资源还要有分享的愿望和要求，没有分享的愿望和要求，即使有分享的资源也只能是自己的"独享"。因此，分享的愿望和要求是分享行为产生的动力部分。

有了分享的愿望和要求是否一定就会形成分享的行为呢？还要看是否有一个利于分享的和谐环境和氛围。若前两者都具备，但缺乏分享的环境和氛围，分享者的分享愿望也会消失从而不能达成分享。要使分享能高效和顺利进行，有了前三个条件后还必须具有第四个条件——交流表达的方法和能力，特别是精神层面资源的分享。如果表达的方法不当，分享的效果也不会好；再者就是方法恰当还要有一定的表达能力。若表达的能力不高，效果也不会好。因为，如果没有一定的表达能力，就不能把自己占有的资源以便于对方理解的方式准确、完整地表达出来，对方不能完全理解，因而也就不会产生共鸣，获得与自己同样的感受。

---

① 赵祥麟，王承绪：《杜威教育名篇》，115 页，北京，教育科学出版社，2006。

第三节 导学讲评式教学的知识观

知识观是指人们对知识的基本认识和看法，即对知识的观念。"它是人们对知识的基本看法、见解与信念，是人们对知识本质、来源、范围、标准、价值等的种种假设，是人们关于知识问题的总体认识和基本观点。"①不同的知识观将导致不同的教学行为，即有什么样的知识观就有什么样的教学观。DJP 教学作为一种新的教学范式，显然有着自己新的知识论基础。为了说明 DJP 教学的知识观，则必须先弄清楚什么是知识？知识有哪些形态？教育教学中有哪些知识观？

一、 知识的概述

我们天天在教知识，学生天天在学知识，那么，什么是知识呢？这是我们教学中要回答的一个基本问题，也是哲学中知识论要回答的基本问题。知识论是哲学的重要分支之一，知识论要研究的问题是：知识的本质是什么？如何获得知识？是否有不同类型的知识？各种知识是否有高低层级之分？当我们面对这些问题的时候，自然会感到它的重要性。但是，在我们的教育教学中，是否成为我们自觉思考的问题了呢？显然，没有这样一个自觉的反思，就谈不上会有自觉的教学。

1. 知识的定义

知识历来是哲学中认识论研究的对象，因此，我们常见的有关知识的定义是从哲学角度提出的。在我国教育类辞书中流行的知识定义是："对事物属性与联系的认识。表现为对事物的知觉、表象、概念、法则

---

① 潘洪建：《知识视域中的教学革新》，转引自季苹：《教什么知识——对教学的知识论基础的认识》，14 页，北京，教育科学出版社，2009。

等心理形式。"①一种更为具体的定义为："所谓知识，就它反映的内容而言，是客观事物的属性与联系的反映，是客观世界在人头脑中的主观映象。就它反映的活动形式而言，有时表现为主体对事物的感性知觉和表象，属于感性知识；有时表现为关于事物的概念或规律，属于理性知识。"②这两个定义都是根据哲学认识论中的反映论提出来的，它强调了知识的来源和内容。

著名的认知心理学家皮亚杰认为："认识既不是起因于一个有自我意识的主体，也不是起因于业已形成的(从主体的角度来看)、会把自己烙印在主体之上的客体；认识起源于主客体之间的相互作用，这种相互作用发生在主体和客体的中途，因而同时既包含着主体又包含着客体。"③因此，他认为："知识是主体与环境或思维与客体相互交换而导致的知觉建构，知识不是客体的副本，也不是由主体决定的先验意识。"我国著名教育心理学家邵瑞珍等人编写的《教育心理学》一书，根据皮亚杰的思想和当代信息加工心理学的观点，把知识定义为：知识是"主体通过与其环境相互作用而获得的信息及其组织。贮存于个体内，即为个体知识，贮存于个体外，即为人类知识。"④

2. 知识的形态

知识作为人们对事物的认识与反映，在不同的意义指向下表现为不同的形态。如在教育教学中，就必须考虑知识如何便于教师的教学和学生的学习，从而提出了知识的有效性讨论。为了讨论知识的有效性，张奠宙先生将知识区分为三种形态：原始形态、学术形态和教育形态。⑤

(1)知识的原始形态

知识的原始形态是指科学家发现知识时所经历的繁复曲折的思考，它具有后人仿效的历史价值。原始形态的知识还处于模糊不清晰的状

---

① 顾明远：《教育大辞典》第一卷，14 页，上海，上海教育出版社，1990。
② 董纯才：《中国大白科全书·教育卷》，525 页，北京，中国大百科全书出版社，1985。
③ ［瑞士］皮亚杰：《发生认识论原理》，王宪钿等译，21 页，北京，商务印书馆，1981。
④ 邵瑞珍：《教育心理学》(修订本)，58 页，上海，上海教育出版社，1997。
⑤ 张奠宙：《教育数学是具有教育形态的数学》，载《数学教育学报》，2005(3)。

态，其意义虽已基本显现，但只限于研究者才明白，并无法清楚地表达和与他人交流，还需经过充分地探究和论证才能完全清晰和完整地表达。

（2）知识的学术形态

知识的学术形态是指科学家或者学者在发表论文或者撰写著作时采用的知识形态：形式化，严密地演绎，逻辑地推理，呈现出简洁的、冰冷的形式化表述，却把原始的、火热的思想淹没在形式化的海洋里。学术形态的知识是针对学术研究而言的，其目的是为了学术交流和文化保存，具有高度的确定性、严谨的逻辑性和完整的系统性等特点。但它割断了"与人的生活世界的丰富、复杂联系"以及"与人发现问题、解决问题、形成知识过程的丰富、复杂联系"，它所能体现出来的教育价值是极其有限的。因此，就教学和学生学习而言，学术形态的知识是"低效的"。

（3）知识的教育形态

知识的教育形态是指通过教师的努力，启发学生高效率地进行火热的思考，把人类数千年积累的知识体系，变得使学生容易接受。教育形态的知识是主要针对教学中老师的"教"而提出的。它是把学术形态的知识进行教学法的加工后便于学生接受的知识。相对于学术形态的知识，教育形态的知识是设定了某种教育价值的知识，它深深打上了老师教育观念(包括知识观、教学观、学习观、学生发展观等)的烙印，是教师教学经验的产物，具有预设性、教育性、情境性与操作性等特点。教育形态的知识的有效性主要由所设定的教育价值(或教学目的)来决定。在传统的教学中，所设定的往往是功利性的教学价值，知识常常以封闭而单调的、脱离生活实际的技术化形式呈现在学生面前，强调的是解题训练的效率，所追求的是附体于知识身上的"分数"和"名次"，而不是知识本身的意义和价值，更不是自己生命活动的意义和价值。如"奥数"，因为设定了"摘取奥数'奖牌'、高考加分、免费入一流大学"等功利性价值，使得原本是培养学生数学兴趣的"奥数"反而极大地伤害了学生的数学情感；原本是培养数学英才的"奥数"，当那些"数学骄子"们载誉之后却远离数学而去。

在 DJP 教学中，我们把学习的自主权还给了学生。在学习中，学生是学习的主体，是知识意义的建构者和知识的最终拥有者，他们自然会对知识设定一种具有个人生命意义的价值取向，在知识意义的建构过程中展示自己独特的生命状态和生命活力。同时，当前的教学更加关注学生的"学"，追求的是让学生学会学习，这就需要把知识进行学习法的加工，转化为一种更易于学生学习的知识形态，因此，我们在 DJP 教学中提出了知识具有的第四种形态——"知识的学习形态"①。

(4)知识的学习形态

知识的学习形态是指设定了学生生命活动价值，能够高效地焕发学生生命活力，易于学生学习的知识形态。由此可知，学习形态的知识是从学生的学习需要出发，将学术形态的知识进行学习法加工，是符合学生学习特点和认知规律，易于学生自主学习、合作探究、展示生命活力的知识。

学习形态的知识主要有如下四个特点②：

第一，学习形态的知识是一种经验形态的知识。它使知识恢复到原来的鲜活的经验状态，与学生已经看到的、感觉到的和爱好的东西相联系，特别地，与学生现实中的那些已经具有的、但未经训练的和不那么严格的知识相联系，将学科世界与生活世界融为一体。这样的学科知识不是那种从外界引进的一种空洞的或纯粹的符号，也不是一种僵死的和贫乏的东西，而是具有丰富现实背景和学科背景的，是学生进行学科实践和学科发现活动的对象和材料。

第二，学习形态的知识是一种具有"生命态"的知识。它更加强调与学生生命活动的联系，不再把知识看作属于"另一个世界"的不变真理，而是一种可探寻、可分析、可切磋的"对客观世界的一种解释、假设或假说"，它使学生明白所面对的知识内容对于生活和自己的发展意味着

---

① 王新民，王富英：《高效教学中的知识、方式与评价》，载《内江师范学院学报》，2011(6)。

② 《数学高效教学构成要素分析》，20～25 页。

什么。通过对这种知识的富有生命活力的学习活动，可以使他们体验和感受到知识是自己智力创造的结果、探索的结果、心灵劳动的结果，是他们生命活动经验的一部分。

第三，学习形态的知识是一种兴趣化的知识。它强调与学生的生活世界的联系，以学生最熟悉的事实现象与知识经验为出发点，具有一种让学生好奇与"惊讶"的色彩；它将知识放在了学生整个有意识的生活之中，赋予了某种生活的价值。这种知识，更容易激活、唤起学生学习的内在需要、兴趣、信心，能够提升他们的主动探求的欲望及能力。也就是苏霍姆林斯基所说的："领着孩子到思维的源地去旅行是具有重大意义的……这些地方，形象地说，就有滋养渴望知识的细根，这些地方就会使孩子萌发出一种愿望。"[1]在当前我国所开展的一些教学改革中所使用的"数学学案"，其中所展示的知识就是一种学习形态的知识。实践表明，"数学学案"深受学生的喜爱，从根本上改善了学生的数学情感，它使得学生更加关注数学知识本身的价值和自我生命活动的状态，使他们在展示生命活力的过程中享受数学学习的快乐。

第四，学习形态的知识是一种具有整体性的知识。它展示给学生的不是知识的"中段"，而是知识的"全景"，包括知识的源头、知识发展过程、知识的应用以及对于人的价值等，它是一种"活的知识"。具体来讲，这种"活的知识是由事实性知识、概念性知识、方法性知识和价值性构成"[2]，它能够使学生的学习成为一种"有意义的学习经历"，能够使所学的东西在课程结束后还将在他们的生活中具有价值，并且将提升他们的生活价值。

如果说教育形态的知识"使学生容易地接受"，那么，学习形态的知识则使学生易于介入、易于思考、易于探究、易于遐想；如果说教育形态的知识使知识具有了一种人文的"意境"，那么学习形态的知识则使知

---

[1] ［苏］B. A. 苏霍姆林斯基：《怎样培养真正的人》，转引自涂荣豹，王光明，宁连华：《新编数学教学论》，113 页，上海，华东师范大学出版社，2006。

[2] 季苹：《教什么知识——对教学的知识论基础的认识》，100 页，北京，教育科学出版社，2009。

识展现了一种生命活动的意义。知识的学习形态并不是给知识强加一种外在的什么东西，而是自然地凸显知识本身的价值及其对于学生发展成长的价值。因此，学习形态的知识对于学生的学习来说是一种更加有效的知识。

二、 导学讲评式教学的知识观

DJP 教学的知识观是相对于传统的客观主义知识观，并借鉴杜威挑战"旁观者知识观"和波兰尼个体知识观提出来的。为此，我们先看看这几种知识观。

(1)客观主义知识观

19 世纪的自然科学取得了辉煌的成就，人类进入了以牛顿经典物理学为表征的科学时代，对科学及其相关知识的探讨远远逾越了之前的任何年代。以科学知识为研究对象的学问率先在实证主义学者手中诞生。在实证主义的创始人孔德那里，人类对客观世界的认识可分为三个阶段：神学阶段、形而上学阶段和实证科学阶段。神学阶段的客观事物是一种超自然的表现，以神人同形同性论来解释自然现象，人们对客观世界的认识以信仰的形式出现；形而上学阶段的客观事物具有既定的内在本性，这种内在本性是物质本身所固有并成为主体所观察到的某种现象的必然原因，人们开始以哲学思辨的方式来认识客观世界并获得相关知识；而在实证科学阶段，观察与实验取代了逻辑推理，人们不再热衷于追问事物的内在本质或本源，而是致力于解释客观世界的一般规律以及现象之间的一般关系。实证科学取代了中世纪的信仰与传统的形而上学思辨，并成为一切领域都必须遵循的方法。而基于观察和实验而获得的真实、可靠并具有确定性的实证知识，就是今天我们称之为的科学知识。

实证主义者认为，科学知识是人类最可靠的客观知识。在实证主义者那里，科学知识是一种纯粹的客观知识，对客观事实的观察与实验是获得知识的唯一来源，或者说，全部科学事实的获取均源于主体可重复性的观察与实验，而不再付诸感觉器官的直接领悟与猜测。这是一种基于经验层面的确实、可靠并具备可检验性的知识。所以，用这种方法取得的知识是一种实证的科学知识，并且能够运用到人类实践的各个领域。斯宾塞(H. Spencer)在 1959 年提出了一个著名的问题："什么知识最有价值?"在将各类知识按照价值大小排列之后，他认为："一致的答案就是科学。"此后，科学知识逐渐成为现代知识的典范。因此，科学知识是人类通过对客观世界的认识而获得的正确的概念体系，是被经验事实证明为真的命题，或者是从正确无误的大前提出发按照逻辑推理得出的正确结论。科学知识在经验上是可以检验的，在逻辑上也可以被证明。这是一种对客观世界现象、本质及规律的正确反映，也是用以解释自然界一切现象的工具。[①]

由此，实证主义者基于科学知识的认识就提出了一种客观主义的知识观。

客观主义知识观认为：知识就它所反映的内容而言，是客观事物的属性与联系的反映，是客观事物在人头脑中的主观映像。"知识本质上是对现实的注视与反映"。[②] 因此"个人感情、直觉和经验不是知识的来源。知识来自'外部'——是不动的、不变的——存在于自然法则之中。知识可以被发现。但不能被创造——这一系统是封闭的"。[③]

实证主义者坚持科学知识的客观性与实证性，却忽视了产生科学知识的相对性因素。在实证主义者看来，既然科学知识是纯粹的客观性知识，那么科学知识的产生就不受社会诸多因素的影响，也不受历史条件与主观因素的制约，也就是说排除了与科学发现有关的社会、历史与主观心理因素。这种知识观本质上是基于主客二分、人与世界相对的二元论思维方式，寻求的是外在于人的客观知识的存在，这导致人们认为知识是客观、静止不变的，完全与人无涉。因此，人们在获得知识时，必须排除个人的经验和偏见，必须通过客观化的手段才能真正获得对客观

---

① 张晶：《科学知识观的范式演进及其对科学教育的意义》，载《科技进步与对策》，2012(8)。

② 同上。

③ [美]小威廉姆·E. 多尔：《后现代课程观》，王红宇译，44 页，北京，教育科学出版社，2000。

世界的客观知识。这种知识观反映在教学中就是把知识当作外在于主体的客观存在，是放之四海而皆准的普遍的绝对真理或规律，从而把寻找普遍的、确定的、绝对的知识作为认识的根本目的。因此，教学中要求学生对知识的确定性要坚信不疑，只需要接受并记住教师讲述的知识结果并能用其解题，在考试时获得高分就行了。在这种知识观的影响下，造成了教学中对知识认识上两个明显的局限与不足：一是"知识"就等同于公共知识，造成了个体知识的缺席；二是"知识"就等同于显性知识，造成了缄默知识的缺席。[1]

(2)杜威的"挑战旁观者知识"观

约翰·杜威是美国著名的实用主义哲学家和教育家，是现代西方教育史上最有影响的代表人物。他继皮尔斯、詹姆斯之后，把实用主义哲学继续深化，并结合自己对学校教育工作的长期实践和具体应用，形成了一个实用主义教育思想体系，在世界范围内有很大的影响和声誉。杜威对客观主义知识观中主客二分、人与世界相对立的二元论思维方式进行了批驳，提出了著名的"旁观者知识理论"。杜威认为，这种方式不可避免地将知识看作客观的、终极的、绝对的和静止的错误观点，使得人始终外在于知识、永远也不可能进入知识的世界。杜威将这种知识称为"旁观者知识"。这种知识观在两个层次上展示旁观者图像[2]：第一，传统观点在认知主体跟被认知的客体之间确立了形而上学的二元论，使之跟被认知的对象相分离，认知者就像"旁观者"和"局外人"，即"知识脱离于我们的思维并不为之触动，不受我们'旁观'的影响。"[3]；第二，认知被理解为一种知识"对象""呈现"给认知者的被动事件。认知主体"在认知中是完全被动和沉默的"，因而，"在非参与者"的意义上是一个"旁观者"。基于这种知识观，教学中，教师的任务就是用清晰而精确的术语用灌输的方式将系统的、逻辑化的、客观性的知识呈现并传递给学

---

① 李祎著：《数学教学生成论》，38页，北京，高等教育出版社，2008。
② 靳玉乐：《对话教学》，40页，成都，四川教育出版社，2006。
③ ［美］小威廉姆·E. 多尔：《后现代课程观》，王红宇译，200页，北京，教育科学出版社，2000。

生，在此学生是先验知识的旁观者，是教师和课本所传递的信息的接受者。这种教学忽略了学生的个体感受，割裂了学生的理解能力，难以满足学生对知识寻求的逻辑和心理的多种需要。

杜威坚决反对这种"旁观者知识"观，提出了挑战"旁观者知识"的新的知识观。他用经验来统整被割裂了的认知主体和被认知客体。杜威认为，当经验有价值和意义时经验就有认识的作用。即认知者获得的有价值的经验就是认知主体获得的知识。因此，他提出"从经验中学习"。而经验"就是在我们对事物所作所为和我们所享受的快乐和所受的痛苦这一结果之间，建立前前后后的联结"，即经验是过程与结果的联结，这种联结不是简单的承受活动后的结果，而是在对事物所作所为之后对承受结果的反思总结才能真正建立联结。所以，"当一个活动继续深入到承受结果，当行动所造成的变化回过来反映在我们自身所发生的变化中时，这样的变动就具有意义，我们就学到了一点东西"。[1] 在这一学习的过程中，认知者和被认知的对象构成了一个共同的世界——认知者并不是一个旁观者，并不是一个冷漠的"局外人"，也不是被动感觉接受者，而是身入其中与环境交流的生活代理人。杜威更加关注人的行动，要求必须根据生命体与动态环境之间的互动来理解认识，认识是能够产生令人满意的行为结果。所以，知识就不可能是静态的、不变的，而是不断地被改造、不断变化的，具有相对性、情境性和暂时性。知识的对象和主体不再分离，而是统一于个体的行动和经验，具有鲜明的能动性和实践性。[2]

(3)波兰尼的个体知识观

迈克尔·波兰尼，英国20世纪著名物理化学家、思想家。针对客观主义的知识观，他提出了自己新的知识理论和知识理想。波兰尼认为，正是客观主义知识观对知识客观性的盲目崇拜和无休止的追求，导致了理智与情感、科学与人性、知识分子与普通大众之间的内在分裂，

---

① [美]约翰·杜威：《民主主义与教育》，王承绪译，153页，北京，人民教育出版社，2001。

② 靳玉乐：《对话教学》，40页，成都，四川教育出版社，2006。

"伪造了我们整个的世界观"，对人类历史产生了破坏性的影响。因此，波兰尼宣称："我要确立另一种相当广泛的知识理想。"这种知识理想就是"个体知识"或者"个人知识"。所谓"个体知识"是指把个人性和客观性两者融合而成的知识。波兰尼指出："所有知识都是个体认识的结果，都包含着个人的系数，都受到个体缄默知识和缄默认识的支配"①，那么它们的真理性就是相对的，就只能在个体背景上才能得到真正地理解。由于"个体知识"的概念不易被人们理解，因为"个体知识"本身从称谓上说也极容易引起误解，产生歧义。例如，人们乍一看容易将"个体知识"误以为是"科学知识"的"对应物"。实际上，"个体知识"并不是一种相对独立的知识形式，而只是对科学知识性质的一种新表述，是波兰尼针对经验主义和理性主义纯粹客观的科学知识理念所提出的新的科学知识理念。如果用一个命题来表达的话，那就是"所有的科学知识都是个体参与的"。这个命题也可以转换成另外一个命题，"所有的科学知识都必然包含着个人系数"。②波兰尼指出："通常作为精确科学知识性质的完全客观性是一种妄想，是一种错误的知识理想。"所有的科学知识以至所有的人类知识，根本上都是个体精神活动的产物。但这种个人化的知识并不是绝对主观的产物，它需要通过说服、协商等必要的对话过程进入公共领域。③

（4）DJP教学的"参与者知识观"

经过对以上知识观的梳理，特别是由杜威的挑战旁观者知识观和波兰尼的个体知识观的启发，我们提出DJP教学的"参与者知识观"。"参与者知识观"是相对于"旁观者知识观"而言的。"参与者知识观"是指，知识是认知主体在与外部世界相互作用后的认识，是个体精神的产物。知识产生的过程是一个发明和创造的过程，在这过程中，认知主体跟认知对象紧密结合，认知者不再是一个"局外人"和"旁观者"，而是一个实

---

① 石中英：《波兰尼的知识理论及其教育意义》，载《华东师范大学学报（教育科学版）》，2001(2)。
② 同上。
③ 同上。

实在在的"参与者""发明者"和"创造者"。

参与者知识观含有以下几层意义：

第一，知识是个体性和逻辑性的统一。在对客观世界的认识过程中，认知者是根据自己的个人经验和情感去进行探究和发现，而由于不同的人基于自己的经验、情感，对事物、事情和事件总会有着不同的理解和解释，这些解释首先体现了个体性，然后才表现为寻求逻辑的推证和依据，知识的客观性在这个意义上也才具有可知的意义。

第二，知识不是固定不变的，而是不确定的、可变的，作为结果的知识是暂时的、相对的。因为，从知识总体来看，问题情境、证据范围、认识方法乃至人的认识能力都在不断地变化，人的知识就需要不断维护和变化，作为结果的知识总是在不断地发生变化；从知识个体来看，知识总要具体化为个体活动中的经验、体验，因此，即使面对同一事物或现象，人们做出的解释也不同，结果自然也不同。这些都表明知识永远是一个发现、发明的过程，是一个不确定的、可变的过程。

第三，知识是在多元对话中各种视域的融合中生成的。皮亚杰指出："认识既不是起因于一个有自我意识的主体，也不是起因于业已形成的(从主体的角度来看)、会把自己烙印在主体之上的客体；认识起因于主客体之间的相互作用。"[①]因此，知识的获得过程是一个主体与客体互动对话的过程。对于学校学习来说，知识的获得过程是多元对话的过程。这里的多元对话是指既有认知者与文本的对话(在 DJP 教学中的据案自学教材)，又有与同伴的对话(小组交流、全班对话性讲解和相互质疑评价)，还有与教师的对话(教师的追问、质疑和讲解)和自我对话(师生质疑评析后的自我反思)。在多元对话中，对话各方具有各自的不同视域(视域是指从个体已有背景出发看问题的一个区域)：文本的视域(文本固有的意义)、讲解者的视域、同伴的视域和教师的视域。在 DJP教学中，虽然这几种视域存在差距，但通过交往对话，各种视域相互碰撞、交流，从而使各种视域不断生成、扩大和丰富，最后融合在一起形

---

① ［瑞士］皮亚杰：《发生认识论原理》，王宪钿等译，21 页，北京，商务印书馆，1981。

成一个共同的意义世界，这个共同的意义世界就是认知者获得的知识。因此，在 DJP 教学中，学习者不再是知识的"旁观者"，师生均是知识创生的参与者和贡献者，知识是在多种视域的融合中生成的，是师生合作工作的产物。

第四节　导学讲评式教学的学习观

学习观是受教育观、知识观的制约与影响的。在论述了以上 DJP 教学的教育观和知识观后，我们就可以讲述 DJP 教学的学习观了。而要说明学习观，则必须先明白学习的概念，在此基础上再谈 DJP 教学的学习概念和新的学习观。

一、学习的概念

什么是学习？我国最早使用学习一词的是从孔子开始的。《论语·学而》中说："学而习时之，不亦说乎？""学"是指从书本上和教师那里获得知识和技能，"习"是指从经验中、从实践中，通过自己的练习、复习获取知识和技能。这是最早从经验的角度对学习的认识。随着心理学和教育学的发展，不同的心理学派、教育家对学习有不同的定义和解释。他们从各自的角度揭示了学习的性质，有各自的合理性和价值，为我们研究学习提供了多视角的理论参照。

学习是一个众说不一的概念，其中比较被公认的、引用最多的是加涅的学习定义："学习是可以持久保持且不能单纯归因于生长过程的人的倾向或能力的变化"。[①]由于学习本身是一个内部过程，是否发生了学习不易观察，只有通过外在的行为和能力是否发生变化来判断学习是否

---

① ［美］R. M. 加涅著：《学习的条件和教学论》，皮连生等译，2 页，上海，华东师范大学出版社，1999。

发生，因此，加涅给出的学习概念是从学习的结果来定义的。为此，加涅特别指出："这种被称为学习的变化其表现形式是行为的变化，通过比较个体置于某个学习情境之前可能出现的行为和接受这样处理后的行为，可以做出学习的推论。就某些行为表现来看，这种变化可能常常是能力的提高，也可能被称为态度或兴趣或价值的倾向变化。这种变化不是暂时的，其保持必须持续一段时期。最后，这里的变化必须不同于由生长引起的那种变化，如身高变化或练习引起的肌肉发达。"①但加涅的学习定义只注重了学习的结果，而忽略了学习的过程，因此，日本著名教育家佐藤学给学生的学习重新下了一个定义："学习是同新的世界的'相遇'与'对话'，是师生基于对话的'冲刺'和'挑战'。"②佐藤学给出的学习定义，主要是针对学校学生的学习而言的，不是对一般的学习定义。其优点是注重学习的过程，特别是抓住了学习行为的本质特征——对话。因此，佐藤学在学习定义中特别强调学习过程中学习者与外界的"对话"，他进一步指出："学习是同教科书（客观世界）的相遇与对话，同教室里的伙伴的相遇与对话，同自己的相遇与对话。学习是由这三种对话性实践——同客观世界的对话、同伙伴的对话、同自己的对话构成的。这就是所谓的'学习的三位一体论'。"③佐藤学的学习定义强调了学习是一种对话性实践，不但指出了学习的对话特征，而且指出了学习的实践性，这种实践是对话性实践，从而揭示学习的另一本质特征——对话性实践。

但佐藤学给出的学习定义虽然注重了学习过程，但忽略了学习的另一个本质特征——结果是否发生了变化。因为，即使学习者与外界发生了相遇与对话，但若学习者没有引起行为、能力和心理发生变化，我们认为这种学习仍然不能称为学习，若硬要称为学习则只能是无效的学习，而无效的学习是没有价值和意义的。

---

① ［美］R. M. 加涅著：《学习的条件和教学论》，皮连生等译，2～3页，上海，华东师范大学出版社，1999。

② ［日］佐藤学：《教师的挑战——宁静的课堂革命》，9页，上海，华东师范大学出版社，2012。

③ 同上书，4页。

为了克服以上两种学习定义的不足，我国学者施良方根据加涅的学习定义给出了以下学习定义："学习是学习者因经验而引起的行为、能力和心理倾向的比较持久的变化。这些变化不是因为成熟、疾病或药物而引起的，而且也不是一定表现出明显的行为"。[①] 这里的学习定义是在加涅的学习定义缺乏过程的基础上加上了经验成分。因为，经验是过程与结果的联结，因此，这里的定义弥补了加涅定义的不足，也弥补了佐藤学缺乏结果变化的不足，应该是目前诸多学习定义中比较好的一个定义。

但这个定义中的经验对学习过程的表述比较隐晦，不够明确，因此，我们给学习以下定义：

学习是同客观世界的相遇和对话后引起的行为、能力和心理倾向比较持久的变化。这些变化不是因为生长、疾病或药物而引起的。

这里的学习定义既注重了学习结果——行为、能力和心理倾向比较持久的变化，更注重学习的过程与方法——相遇与对话，从而充分体现了学习的两个本质特征：对话性实践和结果性变化。而且这里的行为、能力和心理倾向的变化是对话学习后学习者从事某项任务的能力增长，也包括态度、情感和价值观的变化。

二、 导学讲评式教学的学习观

DJP 教学的学习观主要体现在四个方面：多元学习、多元对话性学习、DJP 教学的多元学习结构和深度学习组成。

（一）多元学习

在我国的基础教育中，学生的学习仍然是"听讲—记忆—练习"的单一学习方式为主要形式。这种学习方式的课堂中忽略学生的个体差异和不同智能的发展需求，缺乏对话与交流、探索与创新、个性的舒展与

---

① 施良方：《学习论》，5 页，北京，人民教育出版社，1994。

弘扬，从而阻碍和扼杀了学生个性的发展和创新能力的培养。为了克服这种教学的弊端，DJP 教学注重学生个体差异与多种智能发展，提出了多元学习的概念。

1. 多元学习的概念

目前，在国内也有不少对多元学习的研究，但学术界对多元学习概念的研究不多，也没有达成共识。从查阅的资料来看有以下几种定义：朱远平、叶昭给出的多元学习定义为："多元学习是学生在教师多元化教学法的引导下，在学习过程中有机整合多种学习方式，提高学习效率的学习活动。"[1]这一定义是从提高学习效率为目的，在教师多元化教学方式下侧重整合多种学习方式。刘学兵、史亮给出的定义为："多元学习是教师根据学生的具体实际，指导学生选择适合自身发展的学习内容(课程)、学习方式和学习环境等要素组成的多元建构过程，通过学生综合素质评价进而达成优效学习目标的学习策略。"[2]这一定义强调由学生自己选择适合自身发展需要的学习方式，把多元学习定位为一种学习策略。甘喜武指出："多元学习不仅指学习内容的多元化，同时也指学习目标、学习形式、学习方式、学习方法以及评价的多元化。"[3]这是从概念的外延对多元学习进行的说明。陈月花、金美芳在加德纳多元智能的理论下从教师教学的角度提出，"多元学习不仅指教学内容的多元化，同时也指教学方式的多元化和教学途径的多元化。"[4]

以上这些研究，从不同角度对多元学习的内涵进行了一定程度的揭示，这对我们进行多元学习的研究均具有一定帮助。综合各家的研究，我们认为：多元学习是指教师指导学生根据自身发展需要制定学习目标，选择学习内容(课程)，整合各种资源与方式以促进学生多种智能全

① 朱远平，叶昭：《基于高效课堂追求的多元学习》，载《教育学科论坛》，2012(4)。

② 刘学兵，史亮：《迈向多元学习时代》，载《中小学教师培训》，2014(12)。

③ 甘喜武：《对新课程多元学习的理论探索与实践(一)　多元学习的界定和特点》，载《网络科技时代》，2008(9)。

④ 陈月花，金美芳：《多元智能下的多元学习》，载《新疆师范大学学报(自然科学版)》，2005(3)。

面发展的学习方式。①

这里多元学习的概念，是我们在实施 DJP 教学过程中，根据 DJP 教学的教育理念和加德纳的多元智能理论，以学生的学为出发点而提出的。它着眼于学生多种智能和身心的全面发展而不只是某种单一智能的发展，关注的是每一个学生而不是个别优生，实施的关键是多种学习方式的选择与整合而不是单一的"死记硬背，大运动量训练"。因此，多元学习的内涵主要体现在"一个中心，两个需要、三个发展、四个维度、五个整合"几个方面，简称为"多元学习 12345"。

(1)一个中心，就是以学生发展为中心。即在多元学习中一切教与学的活动都要"以学生的发展为中心"进行。也就是说，多元学习是围绕学生发展确定学习内容(课程)，制定学习目标，选择学习方式和组织学习活动。

(2)两个需要，是指学生自身发展的需要和社会发展的需要。学生的自身发展需要体现在两个方面：一是学生兴趣爱好发展的需要。由于学生的社会背景不同、个性特点不同、智力水平不同，所形成的兴趣爱好也就不同，由此确定的自身发展的需要也不同。因此，多元学习的课程设置既要考虑学生的共同需要而开设公共课程，又要考虑不同学生的个别需要而开设不同类型的选修课程(如采取走班制由学生进行自主选择)。二是学生的个性特点的需要。这主要体现在不同的认知风格和思维特征方面。不同认知风格和思维特征的学生，学习的速度、方式也不相同，因而在学习过程中需要得到的指导和帮助也不同。因此，在多元学习中教师要指导学生根据自己的个性特征选择学习内容与学习方法，制定适合自己的学习目标，教师再根据学生的不同需要采用不同的教学方式与评价以满足不同学生的需要。

学生是未来社会的主人，自然在学校所受的教育要适应社会发展的需要。现代社会是知识高速增长的信息化时代，社会成员必须要不断学习新知才能生存。因此，社会发展的需要为学校教育提出了新的要求：

---

① 王富英，吴立宝，朱远平等：《多元学习之内涵及特征》，载《教学与管理(理论版)》，2017(5)。

学校培养的必须是会学习而不是只会记忆和考试的人。而"学习是与客观世界的相遇与对话，是与同伴的相遇与对话，是与自己的相遇与对话"（佐藤学）。对话则是在合作交流中进行的。同时，面对众多的信息还需要选择适合自身发展需要的信息与知识。因此，会学习的人必须是会选择、会阅读、会思考、会表达和会合作的人。这正是多元学习的目标。

（3）三个发展，是指身体健康发展、心理健康发展和多种智能的全面发展。《中国青少年体质健康行为调查》显示，我国学校儿童的体质普遍下降，其主要原因是学校为追求升学率，忽略学生的身体健康，加班加点、大运动量训练，超长时间的学习大量存在。这种只关注知识学习不关注身体健康，长期下去不但会摧残学生的身体，也会摧残和破坏其智力与知觉能力。在只追求升学率的功利主义思想指导下，学校不仅忽略学生的身体健康，而且也忽略学生的心理健康，伤害和摧残学生心理的事件时常发生。例如，将学生的考试成绩排名在全班张榜公布，对考试成绩差的学生在全班进行训斥和讽刺。又如，最近在网上看到一则报道：某所中学一教师在批评教育学生时当着众多学生的面训斥、辱骂学生是衣冠禽兽，学生的人格尊严和心理受到极大的伤害，致使学生心理承受不了而跳楼自杀。这一触目惊心的事件说明教育教学中教师忽略学生心理健康的现象是多么的严重。

在基础教育阶段，学生的身体和心理都处于不成熟和发展时期，学校的教育就是要促进其身体和心理的健康发展，而不是阻碍其发展。多元学习就是要求学校课程的设置，目标的确定和教与学方式的选择都要有利于学生的身心的健康发展，以改变只关注书本知识的学习而忽略甚至摧残学生身心的发展的现状。根据加德纳的多元智能理论，一个人的智能水平可分：音乐智能、身体运动智能、数学逻辑智能、语言智能、空间智能、人际关系智能、自我认识智能等几个方面。[①] 人的这些智能因素是多维度相对独立地表现出来的，而不是以整合方式表现出来的，但也不是孤立存在于个体中，它们是相互促进相互关联的，即以多元化

---

① ［美］霍华德·加德纳：《多元智能》，18～28 页，沈致隆译，北京，新华出版社，1999。

方式存在的。而且，任何一种智能的发展都会带动其他智能的发展。多元学习的目的就是要促进人的各种智能的全面发展，而不是单一的某项智能的发展，这正是素质教育的要求和归宿。

(4)四个维度，是指学习目标、学习内容(课程)、学习方式和学习评价。由于学校的教学要面对各种不同需要的学生。这里的"不同需要的学生"是指：学习成绩优秀的学生、学习基础较差的学困生；艺体生、文科生和理科生；中职学校的学生和普教类学校的学生，等等。这些学生由于遗传和各种社会因素影响使得其认知风格、个性与思维特征、智能水平与行为习惯存在不同差异，进而导致他们的学习内容、学习目标有着不同需要。面对这些不同需要的学生，就要求确定设置多元化的课程资源，制定多元化的课程目标，采用多元化的教与学方式，开展丰富多彩的教与学活动。

(5)五个整合，指学习资源的整合、学习目标的整合、学习方式的整合、多种评价的整合与学习环境的整合(具体内容在"整合性"特征中进行论述)。

2. 多元学习的特征

(1)自然性

多元学习遵循以人为本的教育理念和自然教育的思想。自然教育是18世纪法国启蒙思想家卢梭提出的。卢梭自然教育的核心是强调对儿童进行教育，必须遵循自然的要求，顺应人的自然本性，反对成人不顾儿童的特点，按照传统与偏见强制儿童接受违反自然的所谓教育，干涉和限制儿童的自由发展。卢梭认为，"这种教育，我们或是受之于自然，或受之于人，或受之于事物。我们的才能和感官的内在发展，是自然的教育；别人教我们如何利用这种发展，是人的教育；我们对影响我们的事物获得良好的经验，是事物的教育。""一个学生，如果在他身上这三种不同的教育是一致的，都趋向同样的目的，他就会自己达到他的目标，而且生活得很有意义。这样的学生，才是受到了良好的教育"。[①]

---

① ［法］卢梭：《爱弥儿》(上卷)，8 页，北京，商务印书馆，2014。

多元学习强调根据学生的个性特点和自身发展的需要确定学习目标，选择学习内容(课程)，选取学习方法，顺应了人的自然本性。教师根据学生的个性特点和自身发展的需要将三种教育方式进行整合，使之趋于一致，以发挥三种教育的最大作用，使学生的多种智能根据自然发展的规律得到良好的发展。因此，多元学习是自然教育，自然性也就成为多元学习的重要特征。

（2）主体性

在传统的教学中，学生的学习内容、时间、方式都是由教师统一规定的，学生没有自主选择和安排的权利。多元学习十分强调学生的主体地位，体现的是"以人为本"的教育理念。在多元学习中，我们要求把学习的自主权还给学生，把时间还给学生，把选择权还给学生。学生学习的内容、方式、时间都是由学生自主决定和自由安排。在教学中，教师"给予儿童充分的自由"，让学生根据自己的个性特点和自身需要选择学习内容(课程)，确定学习目标，安排学习时间，"使成人、教师在教育中的中心位置让位于儿童的自主发展，儿童不再是被动接受，教师不再是主宰一切"。① 从而使学生真正成为学习的主人，主体性得到充分体现。

（3）选择性

传统教学中，学生的学习活动，学习内容(课程)是教师统一规定好了的，学习的时间和方式也是由教师确定了的，学生没有选择的权利和自由。多元学习把选择权还给学生，把自主权还给学生，学习内容、学习方式学生有充分的选择权，因此，选择性是多元学习的一个显著特征。

多元学习的选择性体现在两个方面：一是学生根据自身的需要自主确定学习目标，选择学习内容(课程)，选取学习方法，教师在教学中要充分尊重学生的选择。需要指出的是，这里所说由学生选择学习内容并不是不要国家课程由学生自由选择，而是在完成国家基本课程内容的前提下根据自身发展需要和兴趣爱好进行学习内容的选择。二是教师引导

---

① 王天一，夏之莲，朱美玉：《外国教育史》(上册)，270 页，北京，北京师范大学出版社，1993。

学生对外界接触的事物审慎地加以选择。正如卢梭指出的："教师的职责不在于教给儿童各种知识和灌输种种观念，而在于引导儿童直接从外界事物和周围环境中进行学习，同时必须十分审慎地对儿童接触的事物加以选择，从而使他们获得有用的知识与合理的教益。"①因此，学校给学生提供学习内容(课程)时既要考虑学生的共同需要，又要考虑不同学生自身发展的需要而开设不同类型的课程，采取走班制供学生进行自主选择。

(4)整合性

多元学习的整合性体现在实施过程中将多种学习资源，多项学习目标，多种学习方式、多元评价方式与各种学习环境进行有机整合，以综合发挥各自的功能以获得最大的学习效益。

传统教学中，学生的学习活动，学习资源、目标、方式都比较单一，不利于学生的发展。多元学习的学习资源除了国家规定的课程资源外，学校还要根据学生的具体情况开发一些地方课程资源、校本课程资源和网络课程资源，并将这些资源进行整合利用。

多元学习中的学习目标不但要充分体现新课程的三维目标，还要根据不同学生的需要制定有针对性的个体目标，并有机整合到教与学设计与评价中去。多元学习中的学习方式是根据不同学科特点和不同类型知识的学习，将自主学习、合作学习、探究式学习和有意义的接受学习有机整合，形成自主下的合作学习、自主下的探究学习、自主下的接受学习、合作中的探究学习、合作中的接受学习以及探究中的接受学习等多元学习方式。我们的研究②证明，有效的学习活动是多种学习方式有机整合。

多元学习中的学习评价是根据不同学生的学习而进行的。评价中既要注意学习结果的评价也要注意学习过程的评价；既要有知识技能的评价，也有过程与方法以及情感态度价值观的评价；既要有量化评价也要

①　王天一，夏之莲，朱美玉：《外国教育史》(上册)，280页，北京，北京师范大学出版社，1993。

②　王富英，王新民，朱远平：《导学讲评式教学的研究》，载《教育科学论坛》，2014(8)。

有质性评价；既有对学习的评价、为学习的评价，还要有学习内评价，将这些评价有机整合，以发挥评价的激励与调控、认知与促进发展等评价功能。

情境认知理论认为，知识是个体与环境交互作用过程中建构的一种交互状态。有效的学习活动是在良好的学习环境中完成的。多元学习的学习环境是多元的而不是单一的。这种多元性体现在以下几个方面：浓郁的课堂学习氛围，良好的校园学习文化，和谐的家庭环境，有效的社区教育场所和健康丰富的网络世界等。有效整合和充分利用好这些环境以影响和激发学生的学习兴趣，调动学习的积极性，可有效提高其学习效率。教师要为学习者创造良好的环境，让其从自己的体验感知世界，达到自我教育的最高境界。

由以上讨论可知，多元学习遵循的是自然教育和以人本教育理念，理论根据是多元智能理论、目标多元、课程多元、方式多元、环境多元和评价多元是其构成要素，它们共同组成了多元学习的结构体系。

（二）多元对话性学习

1. 多元对话性学习的概念

我们在前面已给出了学习的概念，结合在 DJP 教学的特点，我们把学习重新界定为："学习是同客观世界的相遇和多元对话而引起的行为、能力和心理倾向比较持久的变化。这些变化不是因为生长、疾病或药物而引起的。"

这里的定义与前面我们给出的学习定义不同之处在于强调了对话的多元性。

我们知道，引起学习的条件有两类：一类是内部条件，即指学生在开始学习时已具有的知识和能力，包括对目前的学习有利和不利的因素。这对即将进行的学习需要哪些外部条件起重要作用。另一类是外部条件，这是独立于学生之外存在的，即指学习的环境和手段。它涉及怎样安排学习内容、怎样进行学习活动、怎样处理学习反馈，以使学习活动达到理想的教育目标。学习的外部条件往往是由教师安排和控制的。

学习的条件不同，学习的类型也不同，学习达到的目的也不同。

在 DJP 教学中，教师通过引导学生进行独立的自主学习后，先在小组内与同伴进行交流，再面向全班同学进行讲解，然后师生围绕讲解的内容进行倾听、质疑、评价，教师进行点评、引申，在多种视域的融合中生成知识意义。这个过程本质上是一个多元对话过程：自主学习时是与教材的对话，与同伴交流讲解时是与他人的对话，师生质疑评价后引发的自我反思时是与自我的对话。在这种多元对话中，各种视域进行大碰撞、大融合，最后生成知识意义。也就是说，这个定义指出学生学习的主要方式是对话，知识的意义是在多元对话中生成的；情感、态度价值观是在多元对话活动中逐渐形成的。由此可知，对话是这种学习的显著特征和核心要素，又由于其中的对话是多元的而不是单一的，所以，我们把这种学习叫作"多元对话性学习"。

多元学习和多元对话性学习的关系是上下位关系。多元学习是一种学习方式，是上位概念；多元对话性学习是一种具体的学习方法，是下位概念。

2. 多元对话性学习的哲学基础

我们知道，学习的关键是意义的理解。这里的意义是指理解对象的意义，它既包括文本意义(即知识意义)，也包括生命意义、人生意义和被理解事物的价值和作用等。哲学诠释学认为，"理解是以历史间多元主体的对话结构为基础，理解过程就是理解者与理解对象之间的对话过程，对话是理解的本质和特征，只有在对话基础上的理解才是真正的理解。"[①]因此可知，哲学诠释学和对话哲学是多元对话性学习的哲学基础。

3. 多元对话性学习的三种对话实践领域

在多元对话性学习中，学习的过程就是一种对话实践。这种对话性学习的实践，在客体、自身与他人的关系之中形成了三种对话实践领域。

多元对话性学习的第一种对话实践是同客体的对话。这种实践是认

---

① 靳玉乐：《理解教学》，15～16 页，成都，四川教育出版社，2006。

知客体并把它语言化地表述的文化性、认知性实践。在多元对话性学习中，学生在老师的引导下直面学习内容的概念、原理和结构，从事具体客体的观察、实验和操作，运用概括化的概念和符号，建构客体的意义世界并且构筑结构化的控制关系。

多元对话性学习的第二种对话实践是与他人的沟通、交流。正如，日本教育家佐藤学所说："一切的学习都内蕴了同他人之间关系的社会性实践。课堂里的学习是在师生关系和伙伴关系之中实现的。即便存在个人的独立学习的场合，在这种学习里也交织着同他人的看不见的关系。"①

多元对话性学习的第三种对话实践是跟自己的对话。在多元对话性学习中，学习者在与他人的对话中，通过反省性思维，改造自己所拥有的意义关系，重构自己的内部经验。

在 DJP 教学中，多元对话性学习的具体操作过程是"据案（学案）自学（'独学'）—对话性讲解（'互学'）—学习内评价（'共学'）"。

由以上讨论可知，多元对话性学习是把学习作为意义与人际关系的重建加以认识的。这样，学习的实践就可以重新界定为"学习者与客体的关系、学习者与他人的关系和学习者与自身的关系。学习活动是建构客观世界意义的活动，是探索与塑造自我的活动，是编织与他人关系的活动"。② 因此，多元对话性学习中的学习是互动对话的人际交往活动，是分享他人成果的感悟活动，是享受他人智慧的生活过程。

（三）DJP 教学的多元学习结构

DJP 教学将自主学习、合作学习、探究式学习和有意义的接受学习有机地融入"导学—讲解—评价"的过程之中。从知识形成的维度，它是从接受学习到探究式学习；从活动方式维度，它是从自主学习到合作学

---

① ［日］佐藤学：《学习的快乐——走向对话》，钟启泉译，39 页，北京，教育科学出版社，2004。

② 同上书，38 页。

习。在 DJP 教学中的学生学习中，这四种学习方式不是单独孤立进行的，它们是随着学习内容和进程有机整合在一起。学生先根据学案进行自主学习，这时的学习可以是在学案的引导下自主探究式学习，也可以是在学案引导下的自主接受学习，还可以是两者的结合，具体是哪种就要看学案设计的哪种类型的学习方式。例如，案例 2-1 中的学案就是探究式的。在 DJP 教学中，学生在自主学习遇到困难不能解决时将会寻求他人帮助，在与他人合作中解决问题，或者当个人难以完成学习任务时也需要与他人进行合作，这时的学习就是合作学习与探究式学习，称为合作探究学习；在与同伴的合作也不能解决时就需要得到教师的帮助，教师针对学生学习中的难点和困惑点进行有针对性的、重点的讲解。这时学生的学习已有内在的学习心向，其逻辑意义已经建立，因此这时听教师讲解的学习就是有意义的接受学习，而且这种接受学习是在合作中的接受学习，称为合作接受学习。"探究式学习"不是完全单独进行的，而是融入了自主学习与合作学习之中。由此可知，在整个 DJP 教学的过程中，学生的学习方式就不只是自主学习、合作学习、探究式学习和接受学习这四种学习方式的整合，而是在这四种学习方式下又生成了四种学习方式：自主接受式学习、自主探究式学习、合作接受式学习、合作探究式学习，从而构成了如图 3-1 所示的多元学习方式的系统结构图。

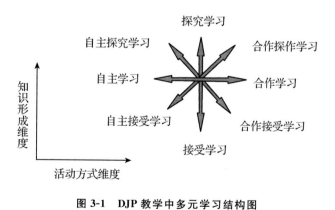

图 3-1　DJP 教学中多元学习结构图

（四）深度学习

在 DJP 教学中，我们在多元学习思想的指导下，通过多元对话性学习，最后达到深度学习。我们这里所谓的"深度学习"，是指学生在教师的引导下，围绕具有挑战性的问题主动参与和深度的多元对话，达成高阶目标、高认知水平和深度体验、获得发展意义的学习过程。

深度学习是就学习的内容和思维的深度而言的。深度学习不是表层学习、浅层学习，不是机械学习，也不是死记硬背，不是"知其然而不知其所以然"。深度学习的内涵主要是以下几个方面。

第一，深度学习是高阶目标达成的学习。"高阶目标"是相对于低阶目标而言的。低阶目标是只局限于知识技能的理解与掌握，即工具性理解也即新课程提出的"知识与技能"目标；高阶目标要求学生亲历知识发生、发展的过程，能够理解和掌握知识的价值和作用，即达到关系性理解和价值性理解，也即新课程提出的"过程与方法"和"情感态度价值观"。

第二，深度学习是师生深度的多元对话的学习。"深度的多元对话"有四层含义：一是指课堂上的交往互动是多元的，不是单一的师与生互动，还包括生与生的互动、小组内的互动、讲解者与全班学生的互动等多种形式；二是指互动对话的思维层次要深，不是表面化的一问一答，而是对知识背后隐藏的规律、思想方法的探究与揭示，它是属于探究、创新层面的思维；三是对话的对象是多元的，既有与本文的对话、也有与他人的对话，还有自我对话；四是对话不只限于知识意义的理解，还包括人与人之间精神的相遇、心灵的沟通与交流，对话双方彼此走进对方的心灵，从而达到师生、生生的相互理解。

第三，深度学习是深度理解的学习。深度学习的深度主要体现在理解的程度上，即深度理解。深度理解具有四个维度：对知识意义的深度理解、思维达到高认知水平、对他人的深入理解和自我深入理解。首先，对学习内容即知识意义要达到深度理解。它表现为学生的学习不仅仅停留在知识的现成结论上，而是深入知识形成的过程之中，不但要知其然，还要知其所以然和所以然的所以然，即不但要达到工具性理解，还要达到关系性理解和价值性理解①。其次，学生的思维要达到高认知水平。所谓"高认知水平"是相对于低认知水平而言的。高认知水平有以下特征：具有探究、创新和洞察能力；认知的内容具有非常规性、情景性、开放性，需要进行复杂的非算法思维，并随时调控自己的认知过程，需要相当大的认知努力；再次，通过深度的多元对话，各自向对方敞开胸怀，充分展示各自的思想、观点，通过多种视域的大碰撞、大融合，相互走进对方的心灵，分享他人的智慧。最后，对自我的理解。在哲学上，理解是人的存在方式。通过深度的多元对话，使参与者认识到了自己的存在价值和不足，便于及时调节自己的行为和未来的规划。

第四，深度学习是深度体验的学习。"深度体验"是指学生经过高认知水平的认知过程而获得的深刻的心理体验和情感体验。深度学习中学生能形成愉悦的心理体验和积极性的情感体验，认识到自己生命的意义和价值，可激发学生进一步探索的欲望和兴趣。我们所说的深度学习不只是关注知识目标的达成，更关注生命的意义、价值、尊严、独特性等维度，因为，教育是一种灵魂的唤醒与情感的交流，而不是简单的、静态的、冰冷的加工过程。

第五，深度学习的课堂叫作高效课堂。高效课堂是立足于"课堂"，通过整合多种学习方式和教学方式来实现三大目标：一是在效益和效率上追求课堂教与学的"高效"；二是使课堂作为"主阵地"，主动承载素质教育和新课改的诸多要义，以培养"完人"为目标，真正让学生在学习中体验到成长的幸福，变苦学为乐学、会学，达到学会学习；三是实现真正的教学相长，师生在互动中共同成长，满足教师的专业发展要求，帮助其实现职业的幸福和个人的成就，让教师真正享受"太阳下最光辉的职业"带来的尊崇。

在 DJP 教学中，教师不是"全面依靠学生"，完全放任由学生自己

---

① 王富英，王新民：《让知识在对话交流中生成——DJP教学中知识生成的过程与理解分析》，载《中国数学教育（初中版）》，2013(21)。

去学习，而是学生在教师创设的良好的学习环境中，在教师的指导下进行的多元对话性学习。在学案的设计中教师要进行铺垫引导；在课堂上当学生思维受阻时教师要启发疏导；当学生遇到难度较大的内容不能理解时，教师要进行深入地讲解传授；当新知识意义的发现时教师要指导学生共同探究；当学困生或学优生需要帮助时教师要进行个别辅导。因此，从教师教学的角度来看，DJP教学有机地融入了启发式教学、探究式教学、对话式教学、讲解接受式教学、情景教学、尝试教学等多种教学法十一体，充分发挥了各种教学法的优势并弥补了各自的不足，极大地提高了课堂教学效益，达成了高效课堂的高阶目标。

三、 DJP教学中的新学习观

由上面的分析可知，在DJP教学中，学习是与外界的相遇与对话，学习是分享他人成果的感悟活动，学习是享受他人智慧的生活过程。因此，学习即生活，学习即生长，学习即经验不断地扩充和改造。

1. 学习即生活

"学习即生活"的含义有三个方面：第一，生存性。学习是生存的需要，不学习无法生存。杜威指出："努力使自己不断地生存，这是生活的本性。"人要生存就要掌握生存需要的知识技能，这就需要不断地学习，因此，学习是生存的需要，也即生活的需要；第二，更新性。首先，生活是不断的自我更新的过程。杜威指出："生活的延续只能通过不断的经久的更新才能达到，所以生活便是一个自我更新的过程。"①这说明，自我更新的过程也就是生活的过程，即生活的过程就是学习的过程或者说"生活就是学习"。其次，生活包括习惯、制度、信仰、胜利、失败、休闲和工作。生活中有喜悦、有困惑与烦恼，学习中也有这些情感内容。学生的生命历程基本上都在学校的学习活动中度过的，学习就是其工作。在学习过程中，有习惯、制度、信仰、胜利和失败，因此，

---

① ［美］约翰·杜威：《民主主义与教育》，王承绪译，14页，北京，人民教育出版社，2001。

学习是学生生活的主要部分。第三，社会性。学生是生活在现实世界之中的，在现实生活中要不断地与其他社会成员交往与对话交流。这种交往和对话交流既是学生生活的组成部分也是其不断的社会学习活动。因此，学生的学习要与生活紧密联系起来，做到学习生活化，生活学习化。

2. 学习即生长

"学习即生长"有以下几方面的含义：第一，未成熟性。杜威指出："生长的首要条件是未成熟状态。"①由于青少年学生在生理、心理和知识、技能等方面都还处于未成熟状态，也就处于不断的生长状态。而成熟是在连续不断的学习过程中逐渐形成的，因此，学习的过程就是生长的过程。第二，生长的必需性。学习的自然性是指学生对学习的东西是在满足其自然生长的需要时最有效，即学习是自然生长的必需。杜威指出："儿童入校前的几年的学习进行得很快而且稳定，因为学习是同他们自身能力所提供的动机和他们周围环境所激起的各种需要密切联系着的。卢梭几乎是第一个认为学习是必需；它是自我保存和生长过程的一部分。"②杜威进一步指出："但是，许多学校总是朝着与这个原理相反。他们不去研究儿童在生长中所需要的究竟是什么，只是拿了许多成人所积聚的知识，也就是和生长的迫切需求毫无相关的东西，想把它强加给儿童。"③针对这种情况，卢梭指出："成年人所应当知道的一切，难道儿童都该学、都能学吗？把做儿童时用得着的东西教给儿童，你可以见到那已经是很够他忙的了。为什么要叫他去求那也许终生用不着的学问，而忽略了那些足以满足他现时需要的学问呢？"因此，"教得太早是不行的，因为我们真正的教师是经验和感情，即便是成年人，要不是适合他本身的情况，也决不会去学他那应该学的东西。"④

---

① ［美］约翰·杜威：《民主主义与教育》，王承绪译，49 页，北京，人民教育出版社，2001。

② ［美］约翰·杜威：《学校与社会·明日之学校》，赵祥麟等译，215 页，北京，人民教育出版社，2005。

③ 同上书，216 页。

④ 赵祥麟，王承绪：《杜威教育名篇》，104 页，北京，教育科学出版社，2006。

可是，在我们的教学中，这种不顾学生的生长需要把我们成年人知道的东西强行灌输给学生的情况处处可见。例如，我在前面的案例中指出的，一个刚送走高三毕业年级的数学教师到高一讲"解一元二次不等式"的新课时，完全不顾学生自身的能力和需要，就把几乎所有一元二次不等式的内容(带参数的、含绝对值符号的和可转化为一元二次不等式的)全部强行灌输给学生，结果那节课95%以上的学生没有真正理解和掌握。第三，渐进性。儿童在不同阶段的自然属性和发展要求不同，如皮亚杰的认知发展阶段，福禄培尔的教育分期发展阶段等。它是一个自然的、连续的过程，教育不能跳跃这些自然发展阶段，不能揠苗助长。正如杜威指出的："人的长成是各种能力慢慢地生长的结果。成熟要经过一定的时间，揠苗助长没有不反致伤害的。儿童时期的意义实在就是生长和发展的时期。所以，为了成人的生活的造诣而不管儿童的能力和需要，是一种自杀政策。"[1]所以，学习能力也是一个慢慢地生长过程，学习是一个渐进的过程。诠释学的理解循环理论表明，很多知识不是一次就能学会的，需要一定的循环反复过程，即知识有一个自然生长的过程。遗憾的是，我们现在的学校教学中，很多人没有认知到知识学习有一个生长的过程，而是大讲特讲并要求教师的教学要"堂堂清""天天清"，这是违背知识生长规律的，自然也不可能达到希望的效果。

3. 学习即经验的扩充和改造

学习是经验的不断积累和丰富的过程，表现在知识学习的同化和顺应两个面。当学习的知识同化到学习者已有的认知结构中去时，这时学习者的经验只是得到数量上的增加，没有打破原有的经验体系，只是得以数量和范围的扩充；当学习者的经验不能同化学习的内容时，这时学习者就要改造已有的经验结构，将新知顺应到已有的认知结构中去，这时就是对原有的经验结构进行改造。经验的扩充和改造过程充分体现了知识的建构过程。因此，学习是经验的扩充和改造反映的是知识的建构性和生成性。

---

① 赵祥麟、王承绪：《杜威教育名篇》，105 页，北京，教育科学出版社，2006。

第五节　导学讲评式教学的教学观

DJP 教学的教学观主要体现为 DJP 教学的教学概念和教学思想。

一、 DJP 教学的教学概念

为了说明 DJP 教学的教学概念，我们首先要明白什么是教学。为此，我们先看看已有教学概念的界定。

在我们的日常教学活动中，经常提到教学的概念，但人们心中的教学概念一般都把它作为教师的行为，并与学生的学习行为相对应。到底什么是教学？目前，关于教学的概念，仍众说不一。我国出版的教学论教材中的教学概念比较有代表性的是以下几种：

——所谓教学，乃是教师教，学生学的统一活动；在这个活动中，学生掌握一定的知识和技能，同时，身心获得一定发展，形成一定的思想品德。[1]

——"教学"就是指教的人指导学的人进行学习的活动。进一步说，指的是教和学相结合或相统一的活动。[2]

——教学是以课程内容为中介的师生双方教和学的共同活动。[3]

——教学乃是教师教学生学习文化知识的教育过程，是学生在教师的指导下，掌握文化知识和技能，进而发展能力。增强体质、形成思想品德的过程。[4]

---

[1]　王策三：《教学论稿》，88～89 页，北京，人民教育出版社，1985。
[2]　李秉德：《教学论》，2 页，北京，人民教育出版社，2000。
[3]　顾明远：《教育大辞典》第一卷，178 页，上海，上海教育出版社，1990。
[4]　裴娣娜：《教学论》，3～4 页，北京，教育科学出版社，2007。

由此可见，国内学者对教学的理解大同小异，共同之处是教师教学生学文化知识；教学是教师的"教"与学生的"学"两种活动的统一体；教与学是在同一时空(课堂)内双方进行的共同活动。长期以来，在我国的教学论中，从来都是把教学作为一个整体概念，没有确立与教师的教学行为和学生的学习行为对应的"学习"和"教导"的概念。事实上，教与学是两个密不可分的活动，但它们也有其相对的独立性，而且并不是一定都要同时发生。正如陈佑清教授在《教学论新编》中指出的："我们不能因为教与学之间存在密切的关系而否定了他们的相对独立性。只强调教与学的联系而否定它们的相对独立性，如同只突出它们的相对性而轻视它们的联系一样，都是片面的。不承认教与学的相对独立性，简单地将它们混在一起，或者只强调教与学之间的联系，就会导致以教代学，或者以学代教，甚至可能出现这样简单的看法：教就是学，学就是教；教了就是学了，学了就是教了。"①在我国当下最热门的生本教育中，为了突出学生的学，有学者就提出："教学就是让学生自己学"。② 这种"以学代教"的观点就是典型的只突出学的独立性而轻视教与学之间的密切联系。实际上这里定义的教学中的"学"已不是教学中的学了。正如王策三教授指出的："在教学中，没有没有学的教，也没有没有教的学。没有了学，教就不能存在；没有了教，学也就不存在，如果再有什么'学'，那已经不是教学中的学。"③

我们认为，教学过程中教师的"教"与学生的"学"两种活动之间是既有密切联系又有其相对独立性。实际上，学生的学习具有相对的独立性，有效的学习必须由学生自己独立去完成，任何人都不能代替，教只是引起、促进学生有效学习的条件，但它不能占用或代替学生经历和完成学习过程。教则不同，它是依存于学而存在的。教以学生为对象和目的，教自身没有目的，它以引起、促进学生能动、有效的学习为目的。

---

① 陈佑清：《教学论新编》，6 页，北京，人民教育出版社，2011。
② 郭思乐：《教育激扬生命——再论教学走向生本》，170 页，北京，人民教育出版社，2007。
③ 王策三：《教学论稿》，90 页，北京，人民教育出版社，1985。

因此，不能脱离学生的学来单独理解教学的本质，而应"以学论教"。①
但现实的教学中，人们将教师称为"教员"、将教师所做的事称为"教
书"、将教师所使用的方法称为"教授法"、将教师和学生用的书称为"教
科书"或"教材"、将学生学习所用的辅导材料称为"教辅材料"，可以看
出都是重教太多，把教放在了第一位，学生的学放在从属地位，实行的
是"以教论学"。

我国著名的教育家陶行知先生指出："先生的责任不在教，而在教
学，而在教学生学"，"好的先生不是教书，不是教学生，乃是教学生
学"，"教员不重在教，重在引导学生学。"②单文俊教授也认为："教的
核心工作乃是要使学生能执行学习的'工作，'""也就是要去教学生怎么
去学。"③乔伊斯等人提出："真正的教是教孩子怎样学。"④施良方、崔允
漷认为，在我国，"教、教学"经常是通用的，但是"教与学不仅是可分
的，而且必须分，""应该从促进学生的进步去分析'教'或者'教学'的本
质特征，'教学'是指'教师引起、维持或促进学生学习的所有行为'。"⑤
陈佑清教授也认为："教的本质乃是教师教学生学习的活动（不同于'教
学是教师教，学生学的活动'的说法），""教的本质即教'学'，即教学生
学习，""教师教学生学习的主要方式是'教导'。教的行为显然不同于
'给予''授予'或'传授'，尽管不排除教师有时要直接给予学生一些东
西，但是，'给予'不是教师的主要行为，更不是教师的全部行为。教师
的行为最重要的是引起和促进学生能动而有效的学习。'导学'是教的最
本质的行为。"⑥

以上学者关于教学的论述是我们 DJP 教学观的源泉。我们认为，
教学的本质是教师教会学生如何学。因此，我们把教学定义为：教学就
是教会学生学。这与传统的"教学是教师教，学生学的活动"有着本质的

① 陈佑清：《教学论新编》，7 页，北京，人民教育出版社，2011。
② 方明：《陶行知名篇精选》，1、2、11 页，北京，教育科学出版社，2006。
③ 单文经：《教学引论》，4～5 页，上海，上海科技教育出版社，2003。
④ 陈佑清：《教学论新编》，8 页，北京，人民教育出版社，2011。
⑤ 同上。
⑥ 同上。

区别。传统教学主要强调的是教师的教，教学的任务是如何把学生教懂、学会。我们提出的教学关注的是如何把学生教会如何学习，即会学。因此，DJP 教学是"变学生的学会为会学"。即"学会学习"，这是 DJP 教学的首要目标。

我们认为，教师在教学活动中的本质行为是"导学"，"导"的方法有"点拨导""示范导""活动导""提纲导"和"学案导"。"导"的类型有"引导""诱导""指导"和"辅导"等，"导"的内容有"导趣""导做""导思""导结"等（关于具体"导"的详细内容请见本书第二章）。这就是我们 DJP 教学中"D"的来源。因此，我们把教员不叫"教师"而称为"导师"，是儿童发展的"导师"。蒙台梭利认为："'导师'不是'知识的输出者'，而应引导儿童积极主动的探索环境，不是儿童活动时'急不可耐'的讲解，而是让儿童切实成为活动中的'主体'。""导师"最为重要的是尊重儿童和热爱儿童，重视观察儿童、了解儿童和准确把握儿童的内心世界，其首要任务是为儿童创设具有兴趣性和探索性可供其与之相互作用的活动环境，让学生在该环境中自主、自由地探索。"教育不是成人以教材为本向儿童传递的过程，而是成人通过给儿童提供'有准备的环境'帮助儿童内在潜力能主动发展的过程。"[1]

在 DJP 教学中，教师在教学活动中的主要任务不是如何去传授知识，而是为儿童创设具有兴趣性和探索性并可供其与之相互作用的活动环境，是如何激发调动学生学习的兴趣和积极性，引导学生主动积极参与到学习活动中去自主、合作、探究，在对知识意义探究的过程中学会学习、学会探究、学会合作。所以，教师教学的着力点不应主要放在知识的学习和记忆上，而应放在如何引导学生去探究、学习的方法上。正如杜威指出的："学校中求知识的真正目的，不在知识本身，而在学得制造知识以应需求的方法。"[2]学生是自己学习的主人，是课堂学习的主体，教师在学生学习的活动中是一个组织者、引导者、参与者与合作者。

---

[1] 田景正，万鑫觖，邓艳华：《蒙台梭利教学法及其在中国的传播》，载《课程·教材·教法》，2014。

[2] 赵祥麟，王承绪：《杜威教育名篇》，108 页，北京，教育科学出版社，2006。

二、 DJP 教学的教学思想

根据前面我们对教学的认识，在 DJP 教学中我们提出了"少教多学，以学定教"的教学思想。

"少教多学"一直是教学论专家追求的一种教学方法。夸美纽斯写《大教学论》的主要目的就是寻求这样的教学方法。他在《大教学论》的扉页中就开宗明义地提出："我们这本《大教学论》的主要目的在于：寻求一种教学的方法，使教员可以少教，但是学生可以多学；使学校因此可以少些喧嚣、厌恶和无益的劳苦，多些闲暇、快乐和坚实的进步"[①]。

DJP 教学正是体现"少教多学"思想的教学方法。在教学中，少教多学主要体现在以下几个方面：一是在学生学习动力上，多激发调动学生学习的兴趣，提高学习的内驱力；二是在时间上，教师要把学习的时间还给学生，目的就是保证学生有充分的时间独立自主地进行学习；三是在内容上，要少告知结论，多启发学生自己去独立思考得出结论，即"少告多启"。在教学中，有效实施"少教多学"要遵循以下原则：凡是学生自己能独立解决的问题，要让学生自己去解决；凡是学生不能独立解决的问题则要启发、引导、组织学生与小组的同伴进行合作、讨论解决。

"以学定教"体现了 DJP 教学中"教"的本质属性：针对性和提高性。在 DJP 教学中教学的"教"是根据学生在自主学习、探究和交流讲解的过程中存在和提出的疑难问题进行有针对性的重点讲解；对学生学习中已经懂了的重点内容和典型问题，即使学生已经"懂了"，但其中还有丰富的价值也需要教师进行挖掘性讲解，揭示其背后的、隐藏的思想方法和规律，以及引申与变式运用，从而把学生带到一个更加广阔的天地，使学生对知识的理解达到一个升华。

---

① ［捷］夸美纽斯：《大教学论》，傅任敢译，2 页，北京，教育科学出版社，2014。

第四章

导学讲评式教学的
基本模式

任何先进的教学理论，要有效发挥其价值和作用则需要将其转化为教师的教学行为，有效地运用到教师的教学实践中去。这就需要一个连接先进教学理论和教学实践的"中介"和"桥梁"。教学模式就是沟通教学理论和教学实践的"中介"和"桥梁"。前面我们介绍了 DJP 教学的内涵和基本理念，本章的目的就是根据 DJP 教学的理论建构可供教师实践操作的课堂教学模式。这样，教师就可以通过 DJP 教学的实施过程对其内涵、基本理念有更加深刻的理解，并在实践中总结和提炼出更多实施 DJP 教学的策略方法，进一步丰富 DJP 教学。

为了使读者更加有效地理解和运用 DJP 教学的基本模式，本章先介绍有关教学模式的基本概念和结构，再介绍一种具体的 DJP 教学模式。

第一节　教学模式概述

一、 教学模式的定义

1. 什么是模式

"模式"一词是人们在日常生活中经常用到的一个概念，如，经济模式、思维模式、生活模式、发展模式等。"模式"一词源于"模型"。"模型"的本意是指用实物做模的方法。中国古代的人们根据材料的不同，区分不同的"模"。"以木曰模，以金曰镕，以土曰型，以竹曰范，皆法也。"①《辞源》对"模"的解释有三种：(1)模型、规范；(2)模范、楷式；(3)模仿，效法。"模型"是"模"和"型"的组合词，《现代汉语词典》对"模

---

① 参看《说文解字段玉裁注》。

型"的定义是："依照实物的形状和结构按比例制成的物品。"①由此可见，"模型"是指用实物做模的方法，拓展后有模范、模仿的意义。但近年来，"模型"一词的意义已发生了变化。由原来实物的模型发展为非实物的模型。最先普遍拓展的是"数学模型"。把一个实际的问题抽象为一个用数学符号表示的数学问题，即称为数学模型。通过求解此数学模型，从而达到解决实际问题的目的。"数学模型"和"数学建模"现已成了一门专门的学科。

从语义上看，"模式"比"模型"更广泛一些。"模"包含了实物模型的意义；"式"包含了形式、样式的意义，即包含了形式模型的内容。"模式"一词兼容了实物和形式两大类，它既包含实物模型，又包含非实物模式的形式模型。②

什么是模式呢？目前在《大英百科全书》《中国大百科全书》等权威性工具书中都没有相应的条目，这是由于模式一词原来并不常用。在《现代汉语词典》中对模式一词的解释为："某种事物的标准形式或使人可以照着做的标准样式。"这从静态的角度描述了"模式"具有"典型性"和"可模仿性"。查有梁教授从模式论的高度对模式概念给出了一个全面的定性叙述："模式是一种重要的科学操作与科学思维的方法。它是为解决特定的问题，在一定的抽象、简化、假设的条件下，再现原型客体的某种本质特性；它是作为中介，从而更好地认识和改造原型客体、建构新型客体的一种科学方法。从实践出发，经概括、归纳、综合，可以提出各种模式，模式一经被证实，即有可能形成理论；也可以从理论出发，经类比、演绎、分析，提出各种模式，从而促进实践发展。模式是客观实物的相似模拟(实物模式)，是真实世界的抽象描写(数学模式)，是思想观念的形象显示(图像模式和语义模式)。"③

在西方，学术界通常把模式理解为经验与理论之间的一种知识系

---

① 中国社会科学院语言研究所词典编辑室：《现代汉语词典》，913页，北京，商务印书馆，2012。

② 查有梁：《教育建模》，4页，南宁，广西教育出版社，1998。

③ 同上书，4～5页。

统，它是"再现现实的一种理论性的、简化的形式"。[1] "一个模式试图表明任何结构或过程的主要组成部分以及这些部分之间相互关系。"[2]这些论述，揭示了"模式"的"简约性"和"对现实的再现性"等特征。

综上所述，"模式"是理论转化为实践的中介和桥梁，它既具有理论的背景，又有明确的实际操作程序与方法。它具有典型性、简约性、再现性和可操作性等特征。

2. 什么是教学模式

把"模式"一词运用于教学领域就是我们要研究的教学模式。实际上，任何一个具有一定教学经验的教师，特别是优秀教师，不管自觉与否，总是按照一定的"模式"组织和实施教学活动的。

教学模式(Model of Teaching)一词最初是由美国学者乔伊斯和韦尔等人提出的。1972 年他们出版了《教学模式》一书，提出了 23 种教学模式，并用较为规范的形式进行了分类研究和阐述。近年来，我国随着课堂改革试验的深入进行，出现了对教学模式研究的热潮，一线教师从教学实践中总结提炼出了很多教学模式，学术界对教学模式也进行了广泛的研究，并在二十世纪八九十年代达到高潮，但对教学模式的界定却众说纷纭，具有代表性的有以下几种类型：

从教学方法的角度来定义教学模式的，认为教学模式是"教师根据教学目的和教学任务，在不同的教学阶段协调应用各种教学方法过程中形成的教学系统"。[3]

从教学结构范畴来定义教学模式，认为教学模式是"人们在一定的教学思想指导下对教学客观结构做出的主观选择"。[4]

从教学程序的角度来定义教学模式，认为教学模式"指的是在一定

---

① 张志勇，崔振，杨岱：《教学模式实验与研究》，2 页，北京，北京师范大学出版社，1992。

② 同上。

③ 白成华：《试论教学模式》，载《教育丛刊》，1989(3)。

④ 杨小微，旷习模：《全国教学论第二届学术年会综合报道》，载《教育研究》，1987(12)。

教学思想指导下，为完成规定的教学目标和内容，对构成教学诸要素所设计的比较稳定的简化组合方式及其活动程序"。①

从教学设计的角度来定义教学模式，认为"教学模式是在教学实践中形成的一种教学设计和组织教学的理论，这种教学理论是以简化的形式表达出来的"。②

从教学风格的角度来定义教学模式，认为"教学模式是指具有独特风格的教学样式，是就教学过程的结构、阶段、程序而言的"。③

从教学范型的角度来定义教学模式，认为"教学模式就是在教学思想的指导下，围绕着教学活动设计的某一主题，形成相对稳定的、系统化和理论化的教学范型"。④

这些观点无疑从一定的角度反映了教学模式的本质特征，但又都尚欠完善。因为，从教学方法的角度看，教学模式既不属于教学方法论，也不属于一般教学方法的范畴，它是介于二者之间的一种对教学活动的组织形式。教学方法论属于教学哲学的范畴，它对教师的整个教学活动具有一般的指导意义。显然，教学模式要接受教学方法论的指导但它不属于教学方法论本身。教学方法是教师教学活动结构中的一个要素，而教学模式则是实践活动结构的外在表现。在这里，教学方法只是其中的一个构成要素。因此，教学模式高于教学方法，它既不是教学方法也不是教学方法的综合。从教学结构的角度来看，教学模式不是一般的教学理论范畴意义上的教学结构，而是教学实践活动结构。从教学设计的角度来看，从范畴上讲教学模式属于教学设计的一个方面，而非全部。教学设计包括课程设计、内容设计、目标设计、方法设计、评价设计等，教学模式只是其中的一个方面；从本质上讲，组织和设计教学活动并不是教学模式的独特本质，组织和设计教学活动仅仅依靠教学模式是远远

① 吴恒山：《教学模式的理论价值及其实践意义》，载《辽宁师范大学学报》，1989(3)。
② 张武升：《关于教学模式的探讨》，载《教育研究》，1988(7)。
③ 刁维国：《教学过程的模式》，载《教育科学》，1989(3)。
④ 李朝辉：《教学论》，256页，北京，清华大学出版社，2010。

不够的。从教学程序来看，一个完整科学的教学模式其内涵要比教学程序丰富得多，教学程序只是教学模式的一个外在表现形式。从教学范型的角度来看，没有揭示出教学模式的本质。教学模式既不是可供人们模仿的一个标准样式，也不是一般的教学计划；从教学风格的角度来看，教学模式与教学风格有本质的不同。教学风格是教师在长期的教学实践中形成的个人独特的教学个性，不可完全模仿；而教学模式具有再现性和模仿性的特点，可为广大教师所掌握。当然，教师在掌握和运用教学模式的同时，可以体现自己的教学风格，但绝不等同于教学风格本身。

综上所述，我们认为：教学模式是在一定教育理论的指导下，为特定教学目标的达成，将教与学诸要素融为一体而形成的、以稳定的教学程序为其外在表现形式的教学实践活动结构体系。

二、 教学模式的构成要素

由上面的讨论可知，教学模式是在一定教育理论指导下，综合教与学诸要素构成的具有稳定的教学实践活动结构体系。这个活动结构体系包括理论基础、教学目标、操作程序、实施条件、教学评价等。即一个科学的教学模式，一般由这五个基本要素构成。[①]

1. 理论基础

理论基础是构成教学模式诸要素的核心和灵魂。构建教学模式的理论基础决定着教学模式的方向和独特性，它渗透在教学模式中的各个要素中，并制约着它们之间的关系，是其他诸因素赖以建立的依据和基础。教学模式的理论基础一般都包括哲学理论基础、教学理论基础、学习理论基础。具有明确的、先进的哲学基础和教学理论基础与学习理论基础是一个教学模式科学化、成熟化的重要标志。

教学模式的哲学理论基础是指任何教学模式总是建立在对教学主体、教学目标以及教学活动中主客体关系等一系列哲学概念的认识和理

---

① 曹一鸣：《中国数学课堂教学模式及其发展研究》，46~49 页，北京，北京师范大学出版社，2007。

解基础上的。

教学模式的教学理论基础是指任何教学模式都是在一定教学理论指导下建立和发展起来的，是教学理论在教学实践中的运用和具体化。

教学模式的学习理论基础是指任何教学模式都是建立在一定的教育心理学的基础上的。因为任何教学都是为了使学习者更加有效的理解和掌握科学文化知识，而学习理解的过程是学习者利用自己已有的知识经验主动建构的过程，而教师在进行教学设计时则要根据学生的认知基础，遵循学生的认知规律进行。这就涉及一系列的学习理论，如布鲁姆的掌握学习理论、奥苏贝尔的先行组织者理论、建构主义学习理论等，这些理论的基础都是现代认知心理学理论。

2. 教学目标

任何教学模式总是与特定的教学目标相联系的，或者说总是为了达成特定的教学目标而设计和形成的。教学目标是教师对教学活动在学生身上所能产生效果的一种预期估计，是进行教学设计和进行教学活动的出发点和归宿。教学目标的确立在于能使活动具有明确的方向，克服教学活动中的盲目性和随意性，它制约了教学程序、实施条件等因素的作用，也是教学评价的尺度和标准。

3. 操作程序

成熟的教学模式都有一套相对稳定的教学操作程序和逻辑步骤，这是形成教学模式的本质特征之一。操作程序详细说明了教学活动的每一个步骤所要完成的任务。这些步骤指明了教师先做什么，后做什么，学生先做什么，后做什么。在教学过程中，教学内容的展开顺序，既要考虑到知识体系的完整性，又要照顾到学生的年龄特征，还有几种教学方法的交替运用顺序，因此，操作程序既是基本稳定的，又不是一成不变的。

值得指出的是，教师在学习和掌握一种教学模式过程中，往往把主要精力集中在其操作程序上。但如果要真正掌握某一种教学模式并成功地运用到自己的教学实践中去，仅仅注意操作程序是不够的，必须全面、正确地理解这种教学模式的基本思想和精神实质，根据自己的教学风格灵活地运用，否则，就会被教学模式的操作程序束缚，导致教学的模式化。

4. 实施条件

任何一种教学模式都不是万能的，都是为达成特定的教学目标服务的，即每种教学模式都有自己实施范围与条件。还有的教学模式只是适用于某个学科或者某种课型；有的则适用几种不同的课型。一般的，对于学科教学的模式适应范围较小，条件较多；大教育类的教学模式适应范围较大，限制的条件较少。

教学模式实施的条件一般包括教师、学生、教学内容、教学设备、教学时空的组合等因素，还有一系列实施策略和原则。教学活动中，教师的教学水平、教学风格、学生能力水平及师生关系，是实施某一教学模式达成最佳效果的重要因素；教学的实施策略和原则则是保障教学模式有效发挥作用的另一方面的重要因素，它们构成了教学模式的实践操作结构体系。

5. 教学评价

评价，是对活动满足社会需要程度做出的价值判断活动。每一个教学模式都有自己特定的教学目标，教学模式实施后目标的达成度如何，课堂教学中是否体现了模式建构时所提倡的教学思想和教学主张，都需要教学评价进行判断，因此，教学评价是教学模式的重要组成部分。由于各个教学模式在教学目标、教学内容、操作程序上的不同，因而教学评价的标准和方法也不同，即每一种教学模式都有适合自己特点的评价方法和标准。

第二节　导学讲评式教学的基本教学模式

每一个教学模式都是某种教学理论的体现，它发自于理论的理念、思想，又不同于理论，是观念转化为实在的中介，是一种介于教学理论和教学实践之间的中层理论，是理论和实践的桥梁。根据前面我们给出

的教学模式的定义，DJP 教学模式是在 DJP 教学理论的指导下，为达成五个学会的教学目标，将五个核心要素有机融合而形成的一种稳定的教学实践活动结构体系。本节将介绍"三环节六步骤 DJP 教学基本模式"。所谓基本教学模式，就是在具体实施中，根据不同学科、不同内容和课型还可以在此基础上进行变化和改进，以适应不同的需要。

一、 教学理念与目标

（一）教学理念

导学讲评式教学模式的基本理念是：让知识在多元对话中生成，让情感态度价值观在活动过程中形成，让学生在探究学习中成功，让学生在自主合作中成长。简称为"四成"。

1. 让知识在多元对话中生成

在 DJP 教学中，知识意义不是由教师讲解、学生接受后并在大量练习中去体会而获得的，而是学生在与文本对话、同伴对话、教师对话和自我对话中，多种视域的融合中生成的。对话是 DJP 教学的核心要素也是知识生成的主要途径和方法。

2. 让情感态度价值观在活动过程中形成

情感态度价值观不是凭空产生的，也不是经过传授就能形成的，它必须是在学生参与各种学习活动的过程中经过切身的体验才能逐渐形成的。学生在亲自参与各种活动中，经过自己的切身体验，提高学习兴趣，形成积极的学习态度，在对知识的探究和运用的过程中认识各种文化知识本身的价值和作用，从而培养学生崇尚理性的世界观。

3. 让学生在探究学习中成功

成功是指达到或实现某种价值尺度的事情或事件，从而获得预期的结果。一个人在经过艰辛的努力、克服各种困难的探究活动后取得的成功，会使人积累丰富的实践经验，并能产生很大的成就感，满足自我实现的需要。同时，也能使人看到自身的潜能和自身的价值，从而在满足自我实现需要后会产生如马斯洛所说的"更高级别的超越性动机",激励自己去向新的任务和目标提出挑战。而成功只有在经历探究的过程中才能形成,越是容易得到的东西越不能产生成功感。在 DJP 教学中,我们让学生通过自己独立思考,再与同伴和教师合作交流获得知识的意义和学习的成功,从而可使其获得成功体验,积累学科活动经验,提高探究学习的能力。

4. 让学生在自主合作中成长

成长是指长大成人,是个体自身不断变得成熟的一个变化过程。人的成长是不断走向成熟、摆脱稚嫩的过程。青少年学生正是处于身心成长的关键时期,在这个时期他们需要学习掌握先进的文化科学知识,需要不断积累与人相处、交往、交流的经验,提高自己应对各种事物的能力,这些都是在自己独立思考和与人交往合作的过程中逐渐完成的。在 DJP 教学中,我们提出要学生先自己独立思考,不能解决时再与他人合作,从而在自主合作的活动过程中使自己不断积累经验,走向成熟。

DJP 教学除了以上教学理念外,第三章所阐述的 DJP 教学观念也都渗透在各个环节中,读者在阅读后需细细体味。

(二)教学目标

DJP 教学模式的目标是:学会学习、学会合作、学会探究、学会交流、学会评价。这"五个学会"是 DJP 教学的总体目标,也是着力培养的五个核心素养,它不是通过一两节课就能完成的,而是在经历一个阶段甚至较长的时间才能完成。在具体实施中,各个学科还可以根据不同内容和课型,制定出更为具体的、更有具针对性的教学模式,还可以把总体教学目标再具体化。

二、 结构与操作程序

1. DJP 教学模式的结构

DJP 教学的课堂有"引导自学""讲解对话""评析反思"三个主要环

节，每个环节对应学生两个学习步骤。对应三个环节，教师教学过程有"示案指导""组织精讲""点评引申"三个阶段。每个环节中教师对学生学习的指导渗透到学生的每个学习步骤之中。由于该教学模式的整个教学过程有三个环节，学生活动共有六个步骤，故称其为"三环节六步骤DJP教学模式"，其结构如图4-1所示。

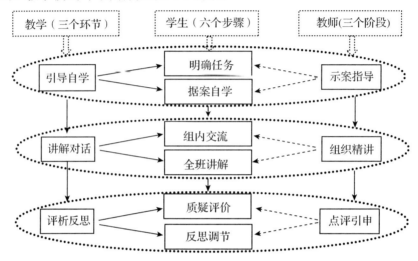

图4-1　三环节六步骤 DJP 教学模式结构图

2. 操作程序解读

(1)引导自学

这是 DJP 教学的第一个环节，也是该模式操作程序的第一步。有效的独立自学是 DJP 教学"对话讲解"的基础和前提。为了使学生的自学有效，我们这里强调是在教师引导(指导)下的自主学习。我们认为，完全让学生去自主学习是低效的，对于有些难度大的内容甚至是无效的，这就需要教师的指导。教师的指导可以渗透到学案中，也可以在课堂上学生自学时教师根据学生学习中遇到的问题进行即时指导。我们不提倡完全让学生自学，因为学生受学力限制和不同类型学生的差异情况，没有老师指导的完全自学是低效的。DJP 教学的自学也不同于一般的预习。预习是课前预先准备一下，不承担任何责任，因此，主动性和积极性不高，有的只是简单看一下，主要还是依赖课堂上教师的讲解。

自学则不同，此时自学者处于主体地位，担负着学习的责任和课堂上要讲解的任务，因此，就不是简单地预习一下，而是力求学懂弄清。自学中实在不懂的内容要查阅资料，认真思考，还不能学懂的内容则要记载下来便于寻求他人帮助；若遇到他人也感到困难的问题则进行互助合作，共同研究，还不能解决的问题则请求教师的帮助。而且，"引导自学"，既体现了学生的主体地位，也发挥了教师的主导作用，是教与学的合一。

在本环节，教师的任务则是"示案指导"。这里的"案"既可以是现场明确的学习方案。例如，向学生提出学习的内容、要求、需要查找的资料等，也可以是编写好的学案。若是编写好的学案则先将学案发给学生，并指导学生如何根据学案进行自学，并提出具体的要求。如，到时要检查学习的情况，并根据学习的情况进行考核评价等，从而提高学生自学的效果和质量。

在本环节，学生的任务就是"明确任务，据案自学"。学生在教师明确了学习要求和学习目标后，在教师的指导下或者学案的引导下进行独立思考、探索研究。只有在学生独立自学的基础上，学生才能自己明白哪些内容已经懂了，哪些内容虽然懂了但理解不够深入，哪些内容自己完全不懂需要寻求他人帮助，这样上课听他人讲解或与他人交流时，针对性更强，重点更突出，听课和讨论会更加集中与深入。

(2)讲解对话

这是 DJP 教学的第二个环节，也是 DJP 教学的中心环节。学生据案自学后，就自然进入到交流讲解的环节，这是因为"谁自己弄明白了一个道理，他就会到处找可以与之交流的人以共同确认"(苏格拉底语)。此外，自学中还有不明白的地方需要寻求他人的帮助。这个环节的讲解既包括教师的讲解又包括学生的讲解，但我们更注重学生的讲解。这时师生的讲解是对话性讲解。所谓对话性讲解是指学生个体或学习小组围绕某个学习主题，面向全班展示、表达、解释自己或小组讨论的观点、想法与发现等，教师与其他学生通过倾听、提问、质疑、评价等与之交流互动的学习活动过程。对话性讲解具有四个主要特点：第一，学生在讲解中不但提供了包含自己理解或创造的学习内容或对象，而且展示了学生特有的思维方式与理解过程；第二，课堂上并不是一个人在讲解，而是全体学生和教师人人都参与其中进行对话交流，而且讲解也不是单向度的阐述、发送信息，而是在讲解的过程中随时有信息的反馈与新信息的加入；第三，在讲解的过程中，参与者不但理解了知识，而且理解了各种不同的思维方式与表达方式；第四，讲解者在老师与同学的肯定当中感受到了自己的精神状态与生命价值，在思想沟通、感情交流当中，也多层面地理解了同伴和老师。①

在本环节，学生的任务就是"组内交流，全班讲解"。在自己独立思考自主学习后，学生先在小组内交流自己的体会和意见，不懂的内容向组内同伴请求帮助，力求在组内解决自己存在的问题，实在不能解决的问题，集体讨论后在全班提出寻求他人帮助。组内交流讨论还有一个任务就是集体讨论小组承担的讲解任务，然后小组讲解者代表全组在班上进行讲解。学生在班上讲解的内容主要是解决问题的思路与方法、新的探究与发现和自己切身的体会与感悟。

学生讲解时，教师要给予指导，要明确提出讲解的任务和要求。特别是才开始实施 DJP 教学的班级，教师不但要对学生的讲解进行指导，而且还要对这种教学法的价值和操作规则进行介绍，从而使学生更好地配合教师的教学。正如夸美纽斯指出的："无论什么事情，除非已经把它的性质向孩子们彻底讲清了，又把进行的规则交给了他们，不可叫他们去做那件事情"。"假如教师叫学生去工作，却不先向他们彻底加以解释，或指示他们怎样一个做法，当他们初次试做的时候不去帮助他们；假如他让学生去苦干，干不成功便发脾气，这从教师方面说是残酷的。"②

在本环节，教师的任务是"组织精讲"。在学生自学后教师一定要"把话语权还给学生"，给学生展示、表达的机会和平台。在学生自己独立思考、自主学习后会产生很多思考和感受，也有很多困惑和问题。这时教师组织学生先在小组进行交流，再在全班进行讲解，既可满足学生

---

① 王新民，王富英：《导学讲评式教学中的"讲解性理解"》，载《教育科学论坛》，2014(6)。
② [捷]夸美纽斯：《大教学论》，傅任敢译，100 页，北京，教育科学出版社，2014。

交流表达的欲望，也可以了解学生学习的情况，发现学生的智慧和存在的问题，教师再根据学生存在的问题进行重点地精讲，做到"以学定教"。如果教师不给学生讲解表达的机会，还是由教师独霸话语权，一人讲解到底，则会出现以下三种状况：一则不能满足学生表达的需要，使学生失去自学的动力和需要。学生会认为"反正教师要讲，学不学不重要"。二则不能发现学生学习中存在的问题，教师的教学缺乏针对性。三则学生仍然处于被动听讲的状态，主动性和积极性得不到激发和调动。

(3)评价反思

这是 DJP 教学的第三个环节，也是 DJP 教学的重要环节。这时的评价就是学生和教师对学生讲解的内容进行比较、鉴别、分析和评判。学生讲解后必须得到及时的评价，通过评价固化正确认识、纠正错误认识，从而帮助学生建构知识的正确意义，获得对知识的深化理解。因此，这时的评价是学生学习的对象和内容，是学生认知活动的有机组成部分，是一个不可或缺的学习环节。

在本环节中，学生的任务是"质疑评价，反思调节"。倾听者在仔细倾听讲解者的讲解内容后对讲解内容进行质疑、提问、评价；讲解者则在回答同伴和教师的质疑提问后思考、检查、修正自己的认识，并调节自己的学习策略和方法。

在本环节，教师的任务是"点评引申"。教师在组织学生进行质疑、评价，引导学生思考总结本节学习内容与以前学习的哪些知识有联系，从而把新学习的知识纳入原有的认知结构。对于学生评析不透彻的地方和内容，教师便及时进行总结性点评；对于一些典型的问题教师要进行进一步的拓展讲解，从而把学生的思维带到一个更高、更广的领域，使认识达到一个升华。

本环节中的评价方式有学生的自评、互评和教师的点评。在学生倾听他人的讲解时头脑中在不断地比较自己的理解与他人理解的差异，不断地纠正自己的错误认识，建构知识意义的正确认识。这是学生在学习过程中自觉地进行的内在的自我评价，我们称为"学习内评价"，它是随着学习活动的开展而自发生成的，是学习的对象又是学习的内容，是DJP教学中学生学习的组成部分。在师生相互评价的过程中，通过教师的点评、分析，学生自己的正确见解或学习成果受到肯定，会感受成功的喜悦，从而完善和固化已形成知识的个人意义，错误认识与疑难得到消除，从而促进知识的内化。而且，通过相互评价还可以激活思维，将学生的思维引向深入，诱发创新意识。

本环节的评价还可促进比较、分析和欣赏等活动，通过比较、分析使学生能充分感受到所学知识与方法的美妙，认识到所学知识的价值和重要性，从而促进了他们的学科鉴赏力和欣赏力的提高。同时，学生在亲身经历自主学习、探究后，会自觉地进行自我反思、评价，从而丰富和积累学科活动的经验，改进调节自己的学习行为。

三、 实施原则

教师要顺利地进行DJP教学，除了要理解和掌握DJP教学的内涵、特征、基本理念和操作程序外，还必须研究和掌握教学活动中应遵循的一系列教学原则。教学原则是根据一定的教学目的任务，遵循教学过程的规律而制定的对教学的基本要求，是指导教学活动的一般原理。因此，教学原则不是任何人随意提出来的，它是教学规律的反应、教学经验的概括，并受教学目的的制约。我们根据DJP教学的目的、教学的规律与教学思想，并在DJP教学实践经验的基础上提出了以下教学原则。

1. "四还给"教学原则

这一原则是指在DJP教学中教师要把学习的自主权还给学生；把学习探究的时间还给学生；把课堂话语权还给学生；把课堂还给学生。

第一，把学习的自主权还给学生。这是使学生真正成为学习的主人，回归学生学习的自然本性。因为"儿童有着学习天性，而学习天性的自由展现，必然带来真正的学习热情和惊人的学习效率"。

遵循这一原则，就是在教学中，问题让学生自己去提出，方法让学生自己去寻找，结论让学生自己去获得，问题让学生自己去解决，规律让学生自己去提炼，经验让学生自己去总结。在这个过程中遇到困难时，教师可以给予必要的引导与指导。

第二，把学习探究的时间还给学生。这是指把学生在现象与问题面前逗留的时间、思考的时间、对话的时间、反思的时间留足，以保障学生有充足的时间进行自主学习、思考、探究和交流讲解。只有具备充足的时间思考，才能提出有深度的问题。儿童具有巨大的潜能，这是人的自然本性决定的，但必须在有充足的时间思考后才能有效发挥出来。在平时的教学中，我们没有发现儿童的潜能和创新，是由于我们没有给出时间让学生自己去探索和思考。在 DJP 教学中，把时间还给学生，让学生有充足的时间进行自主探索、思考，在此基础上，学生对问题的认识才更加深入，小组的讨论才有深度，学生的讲解才有价值。在实践中，我们发现学生在认真思考后的讲解中，很多时候提出的许多创新性思想和方法超过了老师。

遵循这一原则，既要保证学生有足够的时间自主学习、探究和与同伴交流讲解，又不能放任自流，要提出具体要求予以指导，使学生的自学更加有效。

第三，把课堂话语权还给学生。这是为了给学生提供自由交流的机会与平台，让学生用自己的言语去讲解自己的理解与见解，这既可以满足学生展现自己智慧，获得他人尊重、实现自我价值和与人交流的需要，同时向他人讲解自己学习的内容也是学生学习的有效方式。正如夸美纽斯指出的："假如一个学生要想获得进步，他就应该把他正在学习的学科天天去教别人。""教导别人也是在教导自己。""'教'的本身对于所教的学科可以产生更加深刻的理解。"①

课堂话语权包括讲解权、提问权、评议权、解释权。讲解权是让学生在自主学习后在班上发表自己的理解和见解的权利；提问权就是让学生在自己独立思考和倾听别人的讲解后提出自己想问的各种性质和类型的问题，包括质疑和与教师不同的观点；评议权包括自评和他评、发表感受、提意见、表扬和建议等；解释权包括对别人提问的回答、对别人

---

① ［捷］夸美纽斯：《大教学论》，傅任敢译，117 页，北京，教育科学出版社，2014。

质疑的解释等。

遵循这一原则，就要求教师在教学中要充分保证学生的话语权，要让学生把话说完，不要随意打断和终止学生的讲解。随意打断学生的话语，既是对学生的不尊重，又打断了学生的思维使其讲解不能继续，同时，也不利于教师和其他学生了解讲解者的思维和想法。

第四，把课堂还给学生。传统教学中，教师独霸课堂话语权，学生没有话语权，整个课堂的时间由教师独自占用，学生只有静坐聆听教师的讲解，课堂成为教师展示个人才能的舞台，教室文化呈现的是静默文化。DJP教学中，我们把课堂还给学生，就是要改变传统教学中以教师为中心或由教师主导乃至主宰课堂的局面；从而让学生真正成为课堂教学的主动参与者，使学生真正成为课堂学习的主人。

遵循这一原则，首先要求教师要尊重学生、相信学生，要把学习自主权还给学生，把时间还给学生，把话语权（包括讲解权、提问权、评议权）还给学生。所以，"把课堂还给学生"是前面三个还给的集中体现和逻辑必然。

2. "三讲三不讲"原则

这一原则是"四还给原则"的逻辑必然和补充。"三讲"是指：讲学生讨论后也不懂的难点知识；讲学生忽略的重点内容；讲知识的内在联系、背后的思想方法和引申发展。即教师讲的内容是针对学生在学习交流中存在和提出的疑难问题，这就是"以学定教"和真正的"精讲"；"三不讲"是指：凡是学生自己看书就能懂的不讲；凡是学生看书看不懂但通过查阅资料，认真思考能懂的不讲；凡是学生自己努力也不懂而在小组讨论后能懂的不讲，从而实现"少教多学"。所以，"三讲三不讲"原则体现的是"少教多学，以学定教"的教学思想。

遵循这一原则，就要求教师在学生自主学习时深入学生之中进行指导，在指导中发现学生自学时存在的问题与不足；在学生讲解时认真倾听，发现学生讲解中存在的问题，准确捕捉学生讲解中生成的课程资源，才能提高教师讲解的针对性，真正做到"以学定教"。

3. "少告多启，以启促思"原则

这一原则是指少直接告知结论，多启发学生思考，以教师的启发促进学生自己去深入思考，自己去解决问题，从而培养学生分析问题和解决问题的能力。在以教师教授为主的教学中，我们经常看到对于给出的例题，教师没有启发引导学生自己去探索、思考，而是直接就分析讲解解决问题的思路和方法，然后只让学生去写出解题过程。正如卢梭所说的："你把思考的事情全都替他做完了，还要他去想什么呢？"这对学生的思维训练有何价值呢？但很多教师却认为，让学生自己思考耽搁时间，不如教师直接分析来得快，效率高。这样做的后果是失去了提高学生分析问题和解决问题能力和训练学生思维的绝好时机。这样的教学自然使学生分析问题和解决问题的能力得不到提高，也是"为什么教师讲了那么多的习题，到头来学生遇到问题自己独立解决时仍然不会"的根本原因。

运用这一原则时，教师要注意以下几点：一是教师之"启"务必立于学生主体之上，绝不能"喧宾夺主"；二是教师之"启"重在"授人以渔"，绝不能"包办代替"；三是教师之"启"要静候时机，依势而定，绝不能盲目的"乱启""强启"，要"到位"不要"越位"。如果教师过于积极主动，在学生尚未达到"心求变而未及，口欲言而不能"的"愤悱"境界时，教师便直接告知答案给他，就不能达到真正"启"之目的，这样的"启发"就是不合时宜的"乱启""强启"了。因此，教师之"启"应以学生的学为基础，在学生还没有感到困惑之时不要进行启发，即孔子指出的"不愤不启"。教师之"启"的恰当时机是在学生遇到困难，努力想弄明白而又不得其解时，这时的教师之"启"则是"自然而为""顺势而导"，从而真正发挥启发的作用和价值。如果过早进行启发，则达不到启发、促进学生思维的效果。正如蒙台梭利指出的："所有口语的指导应该出现在教学的后半段，因为孩子在内在秩序达到一定程度之前，要引导他是不可能的。"当然，运用这一原则，不是要求教师所有的结论都不要告知，在学生经过思考、探索而不能用恰当的语言明确表达结论时，教师可以明确告知结论。这时学生就会体验到结论表达的精炼和简洁美，从而提高归纳概括能力。

第三节 导学讲评式教学基本教学模式案例

——《平方差公式》的课堂实录与点评

教材：北师大版初中数学义务教育课程标准实验教材七年级上册。

背景：2008年2月28日区教育局邀请我在全区教学工作会(参加人员为全区中小学校长、中层以上干部，共计600多人)上做了"学案的设计与教学"专题报告。报告中我展示了一个平方差公式的学案范例。会后一些老师反映说："平方差公式教材内容很简单，王老师你写的学案太复杂，在实际教学中不具有操作性。"为了验证学案的可操作性，也为了课题研究的需要，了解DJP教学在一线教学中到底存在哪些问题，我于2008年3月7日到实验基地学校——成都市龙泉驿区双槐中学七年级上了一节研究课。

为了体现课堂教学的真实性、常态性，授课前没有做任何课前培训和刻意准备，而是根据平时上课的原始形态，临时选择没有进行过DJP教学的七(3)班。这堂课效果很好，课后抽10位学生进行座谈，学生反映都掌握了本节课的学习内容并都非常喜欢这种教学。下面是这堂课的教学实录与点评。

课堂实录：

第一个环节：引导自学

师：上课!

生：起立，老师好!

师：同学们好! 坐下!

同学们，今天由我与大家一起进行学习。今天我们学习的内容是"平方差公式"(教师在黑板上板书课题"平方差公式")。我们今天采用一种新的教学方式。就是先让大家根据我们刚才发给大家的学案自学，然后不懂的问题在小组内交流，最后各个小组选派一位代表面对全班讲解你们的理解，我们大家再对他讲解的内容进行评析。我们要给每个小组的讲解给予评分，结束后我们看哪个小组的得分最高哦。

[点评：夸美纽斯指出："做任何事情，事先一定要把它的性质和规则交给他们，或指示他们怎样一个做法，这样学生的工作就会来得轻松些。"这里教师讲述新的教学法的操作方法就是在告诉学生怎样做，也算是对学生的一个简短的培训。]

现在，同学们根据刚才发给大家的学案独自进行看书自学。看书的过程中，请对照学案相应部分的要求进行。要注意，读数学书不像我们平时读的故事会，也不像读其他的文学书。读数学书时同学们一定要把笔拿出来并准备一张纸，看书的时候既要动脑又要动手，有些地方需要计算你就要计算，有些重要的地方就要画线，有些关键的字下面就要圈个圆圈，哪些地方你觉得不懂的就打个问号，哪些地方你有感想就在侧面写个注解。先自己读。我们这节课的目标就是学案上的三个学习目标，自学完后自己对照检查是否达到了。读的时候，注意要先自己独立思考，不要讨论，读完了后你觉得有不懂的地方再在小组内进行交流。好，现在开始自己学习，我们看哪一个组先完成。

[点评：在传统的教学中，学生没有形成自己看书学习的习惯，没有读数学书的方法，这里教师就如何读数学书对学生进行方法指导。这个环节教师的任务"出示学案指导自学"，学生则是"明确目标，据案自学"。]

（学生根据学案的要求和引导认真地进行看书学习，教师在黑板上写下各组的打分栏目，然后到学生中去巡视指导。教师在巡视中发现有些学生不是先看书，而是马上就在做学案上的填空题，于是进行提示指导）：有些同学拿到学案就开始做学案上的填空题了，同学们一定要先根据学案的引导看书学习，再做练习题。

教师在教室巡回观察学生看书自学的情况，发现有些学生对前面的知识不熟悉，于是提醒：同学不熟悉的地方可以翻到教材前面相关内容复习一下。

第八组一男生对公式中字母 a、b 的含义不理解，向老师询问。教师予以指导提示。第八组的同一男生向老师谈自己对公式特征的理解，并提出不理解的问题。

第七组一女生向老师询问自学中不懂的问题。

自学十五分钟后一些组的学生自发开始交流讨论。

第二、第三个环节：对话性讲解，质疑评价

（注：在实际教学中，"对话性讲解"和第三个环节"质疑评价"无法严格分开，因为"质疑评价"是在每一个学生讲解完成后就紧接着进行的。因此，我们把这两环节放在一起。这个阶段教师的任务是"组织精讲""点评引申"；学生的任务是"小组交流全班讲解""质疑评价反思调节"。）

十五分钟时全班各组讨论热烈。这时教师开始分配各组讲解的任务并将各组讲解的内容写在黑板上，并要求各组围绕本组要讲解的内容进行讨论。

第一组：你是怎样发现公式的？如何推导公式？推导公式的依据是什么？

第二组：公式的特点是什么？公式中含有几个字母？它们之间有何关系？

第三组：讲变式练习 1，从例 1、例 2 得出解题的步骤是什么？

第四组：公式中的字母可以代表什么？利用公式计算时要注意什么？关键是什么？

第五组：利用公式解题的步骤是什么？

第六组：讲练习（3）

第七组：讲变式练习 3

第八组：讲变式练习 2

（任务分配结束后各个组在自己组分配的小黑板前讨论交流，并把有关要讲解的内容写在小黑板上，便于讲解用。）

师：好，大家基本上都自学完成了，现在开始进行交流讲解。第一组现在开始讲解。你们的内容是公式是怎样推导的？

生 1（男）：我们先（指着小黑板上写的内容）随便写出一个式子……

师：提示；根据你们的任务，先说公式是怎样得出来的。

生1：就是利用多项式乘多项式的法则。然后就得出来的……（看着老师不敢肯定是否正确，声音变小。）

师：他说的是多项式乘多项式的法则，是依据呀，通过前面几个计算的例子得出，是吧？

生1：随便写一个式子$(a+b)(a-b)$（指着小黑板上写的内容），它是多项式乘多项式，根据多项式乘多项式的法则就可得出。

师：你怎么一开始就想到了这个问题，$(a+b)(a-b)$？

生1：感到茫然，不知所措。

师：不知道？看了书上的结论是吧？（书上根据四个具体的计算：要求学生观察这几个特殊的例题，得出一般结论。最后以公式的形式写出结论，但没有推导过程。）你们组哪位能够讲出来？（组内学生都感到茫然，有的看着小黑板在思考，有的看着老师，有的埋着头，都不言语。）没有关系，你是怎么想到的就怎么说吧！（组内仍然没有学生能够讲解，都限于沉默之中。这时班上有些学生在窃窃私语，但全班没人能够回答，这时教师讲解。）第一组的同学刚才讲了两个问题："能否推导这个公式？"和"推导的依据是什么？"第一，他们推导出了公式；第二，指出了依据是多项式乘多项式法则。对吗？

众生：对！

师：满分是10分，他们能否得满分？

众生：能！（接着有的学生又说：不能。大概是因为他们没有把刚才的问题讲出来。但有的学生说可以。）

师：可以得10分（为了鼓励第一个讲解，教师还是同意给10分）。但"公式是怎么得出的？"这个问题他们没有讲出来。注意，我们看书上四个题的计算题，然后观察这四个计算结果发现它们的规律。它们都是两个二项式相乘，我们把它抽象出来用字母表示成$(a+b)(a-b)$（边讲边板书），等于多少？（众生回答：a^2-b^2，这时教师在黑板上写出了完整的公式。）

$$(a+b)(a-b)=a^2-b^2$$

我们归结出了这样一个公式。这是由观察几个特殊的算式，发现它们的共同特点猜想得出来，再用字母表示的。这里用了一个重要的方法——归纳法，它是由观察特殊例子，再由此归纳猜想得出一般结论。同学们要注意，这是一种重要的方法哦！你们学会了这个方法以后自己都可以发现许多定理了！

[点评：在学生实在讲解不了时，教师要适时介入进行讲解。同时，要把一些重要的数学思想方法进行总结提炼。数学思想方法是数学的精髓和灵魂，结合学习中的具体应用进行恰当渗透和提炼，可以使学生有更加深刻的理解，进而可培养学生的探究发现的能力。]

下面由第二组的同学讲解。

生 2(女)：我们第二组讲的内容是公式特点是什么？……(坐在原位讲，有的学生就说"站起来哦!"该生站起来走到小黑板前面讲。)我们认为公式的特点就是"两数和与这两数差的积等于它们的平方差"，因为两个数由相同字母的平方减去相反数的平方(边讲边在公式中 b 与 $-b$ 下划线又感觉讲得不对，吐了一下舌头。)

(生 2 好像没有理解什么是特点。)师提醒：他们的特点哦！

师：公式的特点就是公式具有的特别之处或特殊之处是什么？具体可观察左右两边各是什么样子？它们之间有什么相同和不同？

生 2：左边是两个字母相加，右边是两个字母相减？(说完不敢肯定马上转向老师期待老师的评判，这时其他学生感到有些不对，七嘴八舌地议论开来。)

师：左边是什么形式？把括号看成一个整体，它是什么形式？

生 2：多项式！

师：哦，多项式，也就是两个二项式，是吧？还有呢？

生 2：右边也是二项式。

师：它们之间是什么关系？(学生没有反应，教师进一步引导。)相加？相减？相乘？相除？

生 2：相乘！

师：对了，左边是两个二项式相什么？(众生：相乘!)右边是什么？

生 2：右边是用相同字母的平方减……（心里明白，说不清楚。）

师：还有没有补充！补充不了将会影响你们组的成绩哦！

生 3（女）：右边是利用多项式的法则，把它计算出来。（不敢肯定，回头看着老师。）

师：你们这个组讲的是公式的特点，很重要的，抓住了特点后面就很好用了。（发现该小组内不能完整回答。）其他组的同学也可以补充。（有些学生在举手）不用举手直接说，哪个想说就说。

生 4（八组）：特点就是有一组必须是互为相反数 b 与 $-b$，还有一组就是相等的数，a 和 a 就是相等的数。

师：还有一对就是……

生 4：相同的数。

师：另一对简单地说就是……

生 4（还有其他学生附和）：互为相反数。

师：而且都必须是什么？

生 4：相同的。（没有理解教师的提问。）

师：都必须是多项式乘多项式。大家看左边（指着黑板上的公式）的两个因式。

生 4：都必须是二项式。

师：二项式，对不对，右边呢？

生 4：右边还是二项式，只不过是差，右边是差，它们的平方的差。

师：哪个的差？随便写一个差行不行？

众生：不行！

生 4：必须要是相同的数的差。

师：能不能写成 $(3x+2y)(3x-3y)=(3x)^2-(2y)^2$ 或者 $(3x)^2-(3y)^2$，行不行？

众生：不行！七嘴八舌地指出错误。

生 4：数不相同，一个是 $2y$，一个是 $3y$。

师：哦，这两个数 $3x$ 和 $3x$ 相同，$2y$ 和 $3y$ 不同，$2y$ 与 $-3y$ 也不

是互为相反数[在$(3x+2y)(3x-3y)$相应部分画线]，它们不具有公式的特点。这位同学是第八组的，我们给第八组加1分，他补充了第二组同学所讲的内容。第二组未完成，我们给多少分？（有的说5分，有的说6分。）我们给8分吧。其他同学给你们帮了忙哦，是不是？好！生4坐下！公式的特点……（这时教师本来想对公式的特点做一个小结，但发现有学生还想发言，于是中断自己的讲解）还有没有补充的？好，第三组的同学请讲。

生5（女）：是两个数的和乘以这两个数的差。

师：（有意装着听错）哦，她说的是两个数的和乘以两个数的差。

生5：对，得出的结论就是两个数的平方差。

师：好，有没有问题呀！

众生：对！

师：那我们看$(x+y)(a-b)$，$x+y$是不是两个数的和，$a-b$是不是两个数的差？

众生：是！但马上就有学生在议论不对，七嘴八舌，议论纷纷。

师：你们不是说两个数的和乘以两个数的差吗？

学生纷纷举手要指出错误。

生6（女）：应该是两个数的和乘以这两个数的差，等于这两个数的平方差。

教师边重复生6的回答，边板书"两个数的和乘以这两个数的差，等于这两个数的平方差。"并在"这"字处加重读音。你们认为书上这句话中哪个字是关键字？

众生："这"！

师：哦，"这"是关键字，少了这个字行不行呀？

众生：不行！

师：我们在读书时，要在"这"这个关键字下面圈点。（在黑板上"这"字的下面画一个"○"。）刚才那位同学讲"两个数的和乘以这两个数的差，等于这两个数的平方差。"因此，我们前面举的例子$(x+y)(a-b)$是不是等于x^2-y^2或者a^2-b^2？

众生：都不是！它不具有公式的特点。

师：对！（并再次指着黑板上的公式重复。）两个数 a 和 b 的和乘以这两个数 a 和 b 的差，等于这两个数 a 和 b 的平方差。请注意，我们在读书的时候，对于一些关键字一定要注意，一个字不注意就要出错。（众生都深有感触地说"对！"）刚才这位同学是第五组的，第五组加 1 分，第三组的同学提出了这个问题，我们给第三组的加 5 分。

[点评：在关键处，教师要引导学生进行重点辨析，引起学生的注意和重视，以避免今后在运用中出错，同时，也培养了学生如何学习，如何读书。]

师：好，我们再来总结一下公式的特点。公式的特点是公式的左边是两个二项式相乘，或者是可以转化为两个二项式相乘的形式。这两个二项式的第一项必须什么？

众生：相同！

师：另一项怎么样？（众生："互为相反数"。）它就等于相同项的平方减去互为相反数的平方。对不对？

众生：对！

[点评：在上述的对话性讲解中，学生对平方差公式结构特征意义的生成经历了一个师生视域融合的过程。教师对平方差公式结构特征的视域为："公式的左边是两个二项式相乘，或者是可以转化为两个二项式相乘的形式，这两个二项式有一项相同，另一项互为相反数，公式的右边是相同项的平方与相反数项的平方差。"而学生的"原初视域"是："两数和与两数差的积等于它们的平方差。"这与教师的视域存在较大的差距。通过师生、生生不断的对话、解释，师生的视域不断交融、扩大和丰富，最后达成了共享的意义世界。在这一对话性讲解的过程中，学生对平方差公式的结构特征由开始模糊的认识逐渐到明确的、清晰的认识，明白了运用公式时"为什么这样做"的道理，从而对公式的理解由工具性理解上升到关系性理解，为正确快速运用公式打下了坚实的基础。]

师：这样一来，我们看一个式子 $(a+b-c)(a+b+c)$ 它不是两个二

项式相乘呀，能否运用公式？（教师刚写完算式，就有很多学生举手要求讲解了！）

众生：能！

师：哦，能，这么多同学要发言，我们给这位女同学一个机会。

生7：把 a、b 看成一项。

师：a、b 吗？（其他学生纷纷自发地说：不能，应该是 $a+b$。）

生7：把 $a+b$ 看成一项，它等于 $(a+b)^2-c^2$。

师：她直接就得出了结果，你是怎样看出来的？

生7：因为它们都有相同的 $a+b$ 的和。

师：哦，两个因式中的 $a+b$，就相当于公式中的"a"，$-c$ 和 c 互为相反数相等于公式中的什么？

众生：b！

师：很好，这样就可以转化为公式的形式。{边说边写：$(a+b-c)(a+b+c)=[(a+b)-c][(a+b)+c]=(a+b)^2-c^2$}你们在运用公式时刚开始要写出这一步，这就是"一看""二写""三用"。写出具有公式的形式时再用公式写出结论。

好！不错，你（指生7）是第七组的，加1分。

[点评：对于重点和关键知识，即使学生已懂了，教师也要强调学生注意，以突出重点和加深印象。讲解时教师可引导学生一起观察和总结。只要抓住了关键，学生的学习效率就可以提高了。例如，本节课只要抓住了公式的结构特点这个关键，对于较难的内容学生也很快能够解答。但在平时的公式教学中，很多教师讲完公式后就急急忙忙讲例题、做练习，而不是停留下来对公式的结构特点进行审视、辨析，这是公式教学效率不高的一个重要原因。]

生8：在 $(4+5x)(4-5x)$ 中相同的项是4，互为相反数的项是 $5x$ 和 $-5x$，利用公式就等于它们的平方差：$4^2-(5x)^2$。

（指着教室后面大黑板上的板书讲解。）

师：对不对？

众生：对！

师：很好！[生8想接着讲解(2)小题，为了更多的学生参与，教师叫另一个学生上台来讲。]请下一位同学讲(2)小题。以后第一个小题讲完后，下一位同学就马上接着上去讲解，抓紧时间，不要耽搁时间。

生9：第2个(题)我们还是要先找出它们相同项 x，相反数的项 $-3y$ 和 $3y$，根据第一个(题)的(解)题基础，我们就可以写出 $x^2-(3y)^2$。

师：直接套公式，是吧？

生9：对！

师：先看是否具有公式的特点，然后套公式写出来，然(最)后再计算，是吧？

生9：对！

师：好！请讲下一个问题！

生10：这个题也是根据平方差的公式，先找出相同的项。

师：讲的时候这样说啊，哪一个相当于公式中的 a，哪一个相当于公式中的 b。

> 黑板板书内容：三组
> **变式练习1：计算下列各式**
> （2）$(x-3y)(x+3y)$
> 解：原式=$x^2-(3y)^2$
> $\qquad$ =x^2-9y^2
> （3）$(-a-b)(-a+b)$
> 解：原式=$(-a)^2-b^2$
> $\qquad$ =a^2-b^2
> （4）$(x-2)(x+2)$
> 解：原式=$x^2-(2)^2$
> $\qquad$ =x^2-4
> （5）$(1-3a)(1-3a)$
> 解：原式=$1^2-(3a)^2$
> $\qquad$ =$1-9a^2$
> （6）$(x+5a)(x-5y)$

[点评：对学生讲解的指导、培训，可以在课前，也可以在学生讲解的过程中适时指导。]

生10：在 $(-a+b)(-a-b)$ 中 $-a$ 相当于公式中的 a，正 b 和负 b 相当于公式里的 b？

[点评：在教师的指导下，学生对公式的表征由操作表征上升到符号表征，从而提高对公式本质特征的理解和掌握，提高了理解的水平。]

师：这里的 b 就是公式里的 b。

生10(男)：然后，求它们的值，最后等于 a^2-b^2。

师：按公式写出结果，对不对？

生10：对。

师：下一个问题！

生11(男)：我们看这里[指(4)小题]，x 就是公式里面的 a，2、-2 就是公式里面的 b 和 $-b$。根据公式写出就是 x^2-2^2 的平方，得出的答案就是 x^2-4。

生 12（女）：（5）小题中 1 相当于公式中的 a，$3a$ 相当于公式里面的 b，然后套用公式等于 1 的平方减去 $3a$ 的平方，就得出答案。

生 13（女）：这里的 x 相当于公式中的 a，$5y$ 相当于公式里面的 b，利用公式得出 $x^2-(5y)^2$ 最后得到 x^2-25y^2。

师：通过这几个题的解答，大家能否得出利用公式解题的步骤是什么？（学生思考，教师再次指出是解题步骤。学生纷纷举手，教师指定一名学生讲解。）

生 14（女）：首先要找出相同的项。

师：哪个是公式中的 a。

生 14：对！哪个是公式中的 a，哪个是相反数，然后再把它写出来。

师：哪位同学能说得更准确一些。

生 8：第一步先审题，根据公式而找出其中的 a，还有，还有根据……

师：（板书）"一审"，审，是观察是不是具有公式的特点。第二步呢？

生 8：第二步就是根据公式来……来写。

师：（板书）"二写"，第一步审查是不是具有公式的特点，第二步根据公式写出两数的平方差（指着变式练习中的实例）。

生 8：三算！

师：很好！"一审，二写，三算"三个步骤（板书在黑板上）。

（教师在给第三组评完分后看着第四组的内容，示意该他们讲解了。）

生 15（女）：我是第四组的，我们小组通过讨论从（教材）例1、例2中发现字母 a、b 可以表示常数，也可以是字母，或者是多项式、单项式。我们还举了例（手指着黑板的举例进行讲解）。（第一个）字母 a、b 表示的是常数 2009 和 1，所以它们就可以利用平方差公式来计算。

> 黑板板书内容：四组
>
> 内容：（2）从例1、例2中你发现公式中的字母 a、b 可以代表什么？
>
> 答：字母可以表示常数、字母、多项式、单项式。
>
> 例如：（2009+1）（2009-1）
>
> $(-m+n)(-m-n)$
>
> $[m-(n+c)][m+(n+c)]$
>
> （3）解题中注意事项是什么？关键是什么？
>
> 答：应观察算式中是否有两数差和两人数和（相同项和相反项）；关键就是要把相同的项写在前面，相反的项写在后面。
>
> $(a+b)(a-b)=a^2-b^2$

这道算式(指第二个)就是 a、b 表示为字母，$-m$ 和 m 是相同的项，m 和负 m，(发现不对，马上纠正。)哦，正 n 和负 n 是相反的项，所以，也可以利用平方差的公式。

这道算式(指第三个例子)，负 n 和负 n 是相同的项，(本来是两个因式中的 m，口头表达成 n 了，讲解者自己没有发现错误。)$n+c$ 的相反数[指着 $-(n+c)$ 讲]和 $n+c$ 也是相同，哦，也是相反数，所以可以利用平方差的公式。这道题既可以说明……(未讲完教师插入。)

师：这个 $n+c$ 相当于公式中的什么？{在例中两个因式中的 $n+c$ 下面划线提问：$[m-\underset{\sim}{(n+c)}][m+\underset{\sim}{(n+c)}]$。}

生 15：b。

师：哦，相当于公式中的 b(在例子中 $n+c$ 下面标注 b)，它是什么？它是单项式还是多项式？

生 15：二项式。(下面其他学生有的在说单项……还未说完发现不对，马上改口说多项式、二项式。)所以 a、b 可以表示字母、常数、多项式和单项式。

师：(转向全体学生)有没有意见？(全班自发鼓掌!)注意事项呢？

生 15：注意事项就是在做题的时候，就应先观察算式中是否有两数和与两数差。就是说是否有相同的项和相反的项，可以利用平方差公式。关键就是要把相同的项写在前面，相反的项写在后面，我们的依据就是利用平方差公式来计算。(指着小黑板上的板书内容讲解)这就是我们的关键。(学生自发鼓掌!)

师：你们说她讲得好不好？

众生：好!(全班很多学生齐声叫好。)

师：这个问题较难。她们从例1、例2中发现，字母 a、b 可以表示一个数，还可以是一个字母、单项式或多项式，并且还举了例，解题的关键也讲了，还有没有补充的？(马上有一位学生站起来讲解。)

生 16：关键是 a、b 不能等于零？

师：哦，这个同学说关键是 a、b 不能等于零。

生16：对！

师：这是不是关键？

众生：是！

生16：等于零，它就没有意义了！

师：到底有没有意义？（这时有的说"有"，有的说"没有"。这时教师在黑板上写出式子，边写边问）$(0+0)(0-0)$ 等不等于 0^2-0^2？$(0+0)$ $(0-0)=0^2-0^2$ 对不对？有没有意义呀？（这时全班议论纷纷，很多学生都说"对！""等于""有意义"，生16也说"有了"，但又说"复杂了"，老师说，"它没有错呀！"这时有的说"没有实际意义"。）

师：这话说得好，没有实际意义，但它是不是关键？（这时，有的学生还在说"是"，有的学生说"不是"。）请"不是"的同学说一下。说对了我们要给组上加分啊。

生17：他说的 a、b 不可以等于零，但是通过你（指教师）写的那个（例子），证实了一下还是可以的。

师：那你认为关键是什么？

生17：就是我们写的那个。

（他是第四组的，他认为关键仍然是第四小组黑板上写的是关键："要把相同的项写在前面，相反的项写在后面"。）

师：哦，还是认为自己的好啊！（老师没有说他的不对，而是进行点评，让学生自己去感悟。）好！下面谈一下我的认识：我认为这位同学（指生15）讲得很好。在应用公式时关键就是要看符不符合公式的结构特征，是不是两个二项式相乘或者可以转化为二项式相乘，还有就是有没有一个相同的项，另两项是不是互为相反数。值得注意的是符号，不要把 a、b 搞混了，不要把符号搞错了，对不对！（这时学生由衷的赞同，不由自主地发出"对"的回答。）

［点评：在学生明确公式的结构特征后对公式的意义有了明确的认识，但对应用公式的关键和注意事项还不很明确，对公式的价值也认识不足。要完成对公式价值的认识，就需要对公式应用各种情况的分析、比较、鉴别、判断，即引导学生进行学习内评价，充分发挥学习内评价

的认知功能。在上述对话性讲解中，学生对公式关键的认识有误，教师通过质疑、追问、列举反例，引导学生进行比较和鉴别，在这种师生、生生的相互质疑评价过程中，不但使学生明确了平方差公式中字母的确切意义，而且认识到公式应用的各种不同方式(顺用、逆用、变用和连用)，从而体会到了公式的价值和作用，从而获得了对公式的价值性理解。]

这个题满分(略停顿)，他们(组)应该得多少分？

众生：10分。

师：好，四组得10分，下面请第五组讲解。

生18(男)：我们组的任务是总结利用公式解题的步骤。计算时我们要先看题，看它是否符合公式？如果是$(a+b)(a+b)$的话，它不符合公式，它就不能用平方差公式来解这道题。所以说我们要先看它符不符合公式。如$(a+b)(a-b)$它就符合公式，符合公式的话我们就可以利用公式直接把它写下来，就是a^2-b^2[边讲边板书：$(a+b)(a-b)=a^2-b^2$]。然后，第三步就是解答(看来学生没有理解解答的含义，把计算理解为解答了)。如果a、b都是常数的话，如$(2+1)(2-1)$写出来就是2^2-1^2，第三步把它解答出来就等于$4-1=3$。如果做完了的话，还可以利用多项式乘以多项式的法则进行检验，如果错了，就看它错在哪里。

师：(面向学生问)好不好？

众生：好！(伴随有掌声)

学生黑板板书内容：五组
解题步骤：①看题是否符合公式；②如果符合就利用公式写下来；③解答；④利用普通方法检验。

师：讲得不错，你将来当老师肯定是一个优秀的老师！这时教师引导总结。你看他们的解题步骤：第一步是"看"，(在学生板书步骤①的"看"字下面圈点"○")。"看"是指看题目是不是符合公式的特点，是不是两项乘两项，一项相同，另一项是否互为相反数，这是公式的特点。第二步是"写"(在学生板书步骤②的"写"字下面圈点"○")。如果符合就按公式写下来。第三步，他们说是解答，其实就是"计算"，简称为"算"(在学生板书的第三步③解答后面写"算")。好，现在我们总结一下解

题的步骤就是：一看，二写，三算。（老师边讲边写，当教师说出，"一看"时，学生跟着就说出"二写""三算""四检验"了。）哦，他们还加了一个"四检验"。考虑还是很周密的，加了一步检验。（板书：四检验）很好！如果我们（计算）细心的话，这第四步（学生补充可以省略），但（解题时）养成一个检验的好习惯是相当不错的。我们要养成检验的习惯，做完后检验一下，（特别是）考试时做完了检验一下，如果错了马上纠正，可以得满分哦，否则，一做完题就认为没事了就交（卷）了，待发现错误时后悔也来不及了。我们现在看，解题的步骤就是：一看、二写、三算、四检验。很不错！前面三步很重要的。好（准备给第五组评分，有的学生就喊出"10 分"），我们觉得他们很不错呀，可以不可以加一点分？

众生：可以！

师：好，加 1 分（在记分栏五组记 10＋1 分）。好，下面请第六组同学讲解。

生 19：我们的题是（学案）第 3 页的第 3 小题（化简求值连用公式）我们做题前改了一下题，原来 $x＝-31$，改为 $x＝-3$。

师：可以，改了一下，不影响解题。

生 19：然后根据平方差公式，一共三项（不是三项，应该三个因式），先算这两项（指前两个因式），再算第三项（指第三个因式），可以得出这两项就是 $\left(x^2-\dfrac{1}{4}\right)\left(x^2+\dfrac{1}{4}\right)$，这就符合公式的特点，就可以算出 $x^4-\dfrac{1}{16}$。然后，因为 $x＝-3$，所以 $(-3)^4-\dfrac{1}{16}$，

黑板板书内容：六组
（3）化简求值
$$\left(x-\frac{1}{2}\right)\left(x+\frac{1}{2}\right)\left(x^2+\frac{1}{4}\right)，$$
$$其中，x=-3。$$
解：原式$=\left(x^2-\frac{1}{4}\right)\left(x^2+\frac{1}{4}\right)$
$$=x^4-\frac{1}{16}$$
$$\because x=-3$$
$$\therefore 上式=(-3)^4-\frac{1}{16}$$
$$=81-\frac{1}{16}$$
$$=80\frac{15}{16}$$

最后结果就等于 80（停顿，一时读不出来，下面有学生说 $80\dfrac{15}{16}$。）

师：很不错！我们看，第六组的同学，他们这个题稍难一点了。它是用了公式还要继续用公式，它是属于公式的什么用？

众生：连用！（教师板书：连用）

师：前面都是只一次用公式，现在是连着用公式。现在我们看他们的书写格式。（指着小黑板六组的板书内容讲解）。原式就是上面原来的式子，为什么说原式呢，因为它要求的是求原来式子的值，不是变换后的式子的值，（虽然变换后的它们是相等的）。他们这个组解题的书写格式漂亮。好，应不应该得满分？

众生：应该！

师：好！下面请第七组讲解。

生20：现在已知的有 $3x$，后面有 $9x^2$，$3x$ 乘 $3x$ 才能等于 $9x^2$，因此，应填 $3x$；由 $2y$ 和 $4y^2$ 知，应该填 $2y$，$-2y$ 乘 $2y$ 才能等于 $-4y^2$。

> 小黑板板书内容：七组
> 填空：（逆用公式）
> (1) (__ − __)(3x+2y)=9x^2 − 4y^2
> (2) ($\frac{1}{2}$ + __)(__ − $\frac{1}{2}$)=0.02a^4 − $\frac{1}{4}$
> (3) (__+__)(__−__)=49s^2−46t^2

师：大家听懂了没有？

众生：听懂了！

师：好！第二个。

生21（女）：第二题，我们可以根据第四组讲的，必须要有一组相同，另一组要是相反数，这里已经有了相反数，$\frac{1}{2}$ 和 $-\frac{1}{2}$，这里还有一个 $0.02a^4$，我们知道了有相反数了，还要有相同的，所以根据 0.2 乘 0.2 就等于 0.04，所以就把它求出了。

师：她抓住了公式的特点，呵，她们是根据 $0.02a^4$ 发现了 $0.2a^2$，很好！还有一个！

生22（女）：这里我们可以根据后面的（指 $49s^2 − 64t^2$），这里有 s 和 t，前面就应该有 s 和 t，然后再看 49，我们知道七七四十九，然后利用公式，必须要有一组相等，一组互为相反数，然后相同的就等于 $7s$，然后 64，八八六十四，然后 t^2，就等于，等于……（填写正确，一时表述不清）

师：心里明白，就是说不出，"茶壶煮汤圆，有货倒不出！"（学生笑声。)第三题还有没有其他结论?(很多学生想发言,教师叫直接说)她说的是 $7s + 8t$,$7s + (-8t)$,正确,还可不可以填其他的?

生20:把 $7s$ 看成 $-7s$。

师:哦,$-7s$,其他变不变?

生20:不变!

师:她说把 $7s$ 改为 $-7s$,其他不变,可不可以?

众生:可以!

师:还可以怎么变?

生20:把 $8t$ 看成负的。

师:哦,把 $8t$ 看成负的,只是前面的符号变,是吧?那这个题答案有几个?你们统计有几个?

小黑板板书内容:八组

(● 位置变化了)

(1) $(-x-1)(-1+x)$

解:原式$=[(-1)+x][(-1)-x]$

　　　　$=(-1)^2-x^2$

(2) $(3+2y)(2y-3)$

解:原式$=(2y+3)(2y-3)$

　　　　$=4y^2-9$

(3) $(ab+c)(-ab-c)$

解:原式$=ab(-ab-c)-c(-ab-c)$

　　　　$=-a^2b^2-abc+abc+c^2$

　　　　$=c^2-a^2b^2$

(4) $(a^2-3)(a^2+3)$

解:原式$=a^2(a^2+3)-3(a^2+3)$

　　　　$=a^4+3a^2-3a^2-9$

　　　　$=a^4-9$

(顿时议论纷纷,七嘴八舌,开始有的说三个,稍迟钝又有的说"四个!")

师:这个题是开放题,很不错!第七组的同学,她们还是……(稍停顿,众生:10分)

[点评:本题是逆用公式解题,并且是开放题,有较大的难度。这里设计这道题的目的有三个:一是使学生进一步理解和掌握公式的特征,灵活运用公式解题;二是训练和提高学生的发散思维能力;三是体现公式教学的特征:逆用公式。因为,前面几个已经是直接用公式和连用公式解题,这时提出难度较大一些的逆用公式的题也就水到渠成了。虽然有一定难度,但由于前面抓住了公式的结构特征的分析,学生在讲解这个题的解答时也没有感到多大难度。这说明在公式的教学中,抓住了公式结构特征这一关键,也就能化难为易,难点也就很易突破了!]

马上下课了,第八组的同学抓紧时间。

生23:根据第四组(讲)的先"一看",看它有没有相同的,这就是

相同的 a(指着板书的 -1)-1 代表 a(边讲边把 -1 圈起来),这里是相反数(指着题中的 x 与 $-x$),根据第四组的关键,相同的项要写在前面,我们把它转化一下,把 -1 写在前面,相反的项写在后面,就得出这个(指着黑板的解答计算出的结论:$1-x^2$);第二题还是先看,它已经有了相反数(指 3 与 -3)我们还是把它转化一下,变一下写成 $(2y+3)$ $(2y-3)$,根据公式就可计算出来得 $4y^2-9$。这个(指第三题的解答)就犯了常识性的错误,这个它本来可以直接用公式,但是他没有,他仍然用以前的法则算得很复杂。

师:就是,他不用最先进的工具(指已学的公式),现在什么时代了,还用原始社会的工具呵。(笑声!)(1)(2)(5)做得很好!(3)(4)虽没有错,但解法不好。

生 23:对!不能再用多项式乘多项式法则,那样太烦琐了!

师:这个组虽然有一些解法不好,但整体不错,仍然可以得满分?

众生:能。

师:不错!同学们,今天的课就到这里。今天我们学习了平方差公式。运用平方差公式解题的关键是要抓住它的结构特征。另外,公式的应用要注意它的正用、反应、连用,我们还要能变用,这样我们就真正掌握了公式!

众生:对!

师:好!谢谢同学们,今天的课就到这里,下课!(掌声!)(超了 3 分 10 秒)

[点评:DJP 教学的整个过程是一个不断地对话交流的过程。这种对话交流,是师生、生生在民主平等、相互尊重信任的氛围中,把自己的知识、经验、思想和问题提供给对方(同伴或教师),对方把他(她)的理解、感悟和质疑又反馈给自己,自己再针对质疑和反馈进行解释、说明。在这一来一往的对话过程中相互走进对方的心灵,实现视域的融合与知识意义的生成、生命意义的建构和意义的分享。在这种对话交流的过程中,双方都不把对方看作对象,而是跟对方一起相互承认,共同参与、密切合作,享受着理解、沟通、和谐的对话人生。由此可知,在互

动对话、学习评价的过程中，学习者在获得知识科学价值的同时获得知识的社会价值和人文价值、人生价值与生命价值的理解，进而逐渐形成正确的情感、态度和价值观，这正是知识价值性理解的本质所在。]

从以上案例中，我们发现，课堂上师生、生生之间通过多元对话性讲解，从而可实现以下几个转变：由教师的"独家讲坛"变为师生的"百家讲坛"；由教师的"一言堂"变为师生的"群言堂"；学生由听讲变为主讲。课堂真正变为了学生展现智慧和才华的殿堂，变成了学生争辩与思想交锋的场所，从而把静默的课堂文化变为了交流的课堂文化。

第五章

导学讲评式教学中的
学案及其设计

导学讲评式教学第一个环节是引导自学。我们在第二章详细地讲述了各种"导学"的方法。但在 DJP 教学中利用学案进行"导学"有其独特的作用和价值。这是由于学案是把学生不易直接学习的、处于学术形态的教材知识，进行学习法的加工后变成了易于学生进入和学习的学习形态的知识。本章将较系统地简要介绍学案及其设计的理论和方法(关于学案更加系统、详细的论述请读者阅读王新民、王富英、谭竹合著的《数学学案及其设计》一书)。

第一节　学案的基本理论

学案在 DJP 教学中发挥了重要的作用。本节将讨论学案的含义、构成要素及特点。

一、学案的含义

1. 学案的定义

什么叫学案？简言之，学案就是引导和帮助学生自主学习、探究的方案。[①] 在以往的教学中，由于学生已习惯了"老师讲，学生听，老师布置，学生练习"的学习方式，使得学生自主学习、探究的意识与能力比较薄弱，即便是进行某种形式的自主学习、探究，也因为缺乏自主学习、探究的经验和方法而往往流于形式，难以使学习进入到一个较深的层次。而要使学生进行有效的自主学习、探究，并使这种学习进入到更深的层次，就需要一个引导和帮助学生自主学习、探究的具体方案，即学案。因此，我们对学案给出以下界定：

学案是以学生的学为出发点，把学习的内容、目标、方法以及教师指导等要素有机地融入学习过程之中，而编写的一种引导和帮助学生自

[①] 王富英，王新民：《数学学案及其设计》，载《数学教育学报》，2009(1)。

主学习、探究知识、主动发展的方案。①

学案的上述定义包含着以下具体含义：

第一，学案是以学生的"学"为出发点和归宿，其着眼点在于学生"学什么"和"如何学"，所追求的是让学生学会学习、主动发展，体现了"一切为了学生的发展"的教学理念。

第二，学案既是学生学业与进程的结合，是对学习内容的安排与学习过程的规划；又是学习预设与生成的结合，是各种课程资源的整合。因此，学案具有课程的属性，是一种学的课程。

第三，学案中既有学生自主学习的活动过程，也有教师对学生学习的要求和学法指导，特别是它将教师的指导以"有形的文字"渗透到了学生的学习过程之中，因此，学案是学生的学与教师的教相互融合的产物，是引导和帮助学生有效学习的工具和手段。

第四，学案将学生的学习带入一个易于进入、易于探究、易于遐想的知识意义与学习意义的建构过程之中，为学生问题意识的形成、创新能力的培养以及主动健康的发展提供了一个有效通道。

由此可知，学案不是教学内容的复制，也不是教师讲授知识点的简单罗列。它一方面要帮助学生将所学知识与已有的知识经验形成联结，为知识的学习提供适当的附着点，以帮助学生尽快进入"最近发展区"，促进和帮助学生对知识的理解；另一方面，它又提供和指导学生掌握有效的探究、学习的方式方法与学习策略，帮助学生形成良好的学习、探究的习惯，提高学习、探究的能力。因此，学案实质上是教师用以帮助学生掌握教材内容、沟通学与教的桥梁，也是培养学生自主学习、探究能力和建构知识能力的一种重要工具与媒介，是教师主导取向的接受学习和学生自主取向的探究式学习的取中和平衡，是教与学的最佳结合点。它具有"导读、导思、导做、导结"的作用。

2. 学案含义的进一步诠释

学案在引导与帮助学生进行自主学习方面具有鲜明的特点，除了以

---

① 王新民，王富英，谭竹：《数学学案及其设计》，10 页，北京，科学出版社，2011。

上含义以外，还有以下意义。

(1)学案是学生学习的"认知地图"

根据教材内容的知识结构体系与学生的认知规律，学案将相关知识的复习与组织、概念的形成与理解、结论的发现与证明、方法的探究与概括、知识的反思与评价等学习活动过程，按照学生认知学习进程的自然顺序来呈现的，并且在各个学习阶段，学案中均有较为明显的认知性标识与提示，学生可"按图索骥"。如在学案"同底数幂相乘"的"变式练习"环节中设计了这样的提示语："及时练习了！""底数变复杂了！""负号来捣乱了！""公式反着用了！"这样既可以提醒学生应该做什么，还可以使他们明确自己学习的进程情况以及所达到的认知水平，从而能够对自己的学习做到心中有数。正如学生所反映的那样："那个学案吧，是一个很好的东西，在以前我们没有学案时，我预习很不透彻，有了学案，我们学习就有了方向，知道了怎样学习。"

(2)学案是老师的化身

在通常的教学中，教师对学生学习的引导与帮助比较集中地体现在课堂学习当中，几乎所有的问题均要在课堂予以解决。"大容量、高速度、高难度"使得课堂不堪重负，往往有顾此失彼之感，从而严重地影响了教师引导和帮助的质量和效益。而在学案的设计中，伴随着学习目标、内容、问题的呈现，可以将老师在"动机上的诱导、思维上的疏导、探究上的引导、知识上的辅导以及学法上的指导"等有机地融入学习的各个环节之中，当学生依学案进行学习时，在各个学习阶段(课前、课中、课后)均能享受到这种"无声胜有声"的引导和启迪。因为这些引导和帮助在启发学生进行认知思考的同时，也传递着教师的激励、期盼、关心等情意信息，使他们更加真切地感受到了老师的"存在"。因此，学案是教师启发、引导、指导学生学习的工具与方案。

(3)学案是人化的课程资源

学案既不是教材内容的简单复制，更不是知识点的"题单式"罗列，而是教师运用教育智慧，在整合多种教育教学元素的基础上形成的人化的课程资源。学案中这种人化的资源整合主要体现为两个统一：一是逻辑顺序与心理顺序的统一。学案并没有弱化教材中知识固有的逻辑体系，而是在知识结构中融入了"思想的过程"，并且按照学生心理发展的特点对教材内容进行重组、加工与拓展，目的是使"学生易于进入，进入之后易于遐想、易于品味"。二是预设与生成的统一。学案中有明确的学习目标，有核心概念的原理性知识理解与应用所应达到的水平与标准，有学习进程的整体安排，但在内容的呈现形式与学习活动方式上并没有预设固定的程式，而是开放的、动态的。学案中预设了各种形式的认知性"空白"，学生在学习时可以进行猜测与质疑，可以进行多种可能性的操作，可以对知识进行多重解释，由此可生成个性化的知识意义以及相伴随的情感和意志信息。

3. 学案与教案的区别

从设计的理念、角度和针对性等方面，学案与教案都有一定的区别。学案是以学生"学"的任务的完成为出发点和归宿，是从学生如何"好学"的角度思考和设计学生的学习内容与学习活动。学案体现的是"以学生为中心"，其着眼点在于学生"学什么"和"如何学"，强调的是学生如何"好学"。学案反映的内容主要是学生的学习目标、学习内容、学习环节以及学生的学习、探究的活动过程。而教案则是以教师"教"的任务的完成为出发点和归宿，是从教师如何"好教"的角度出发进行教师的教学活动的设计。教案中主要反映的是教师的教学活动过程与教学的环节，其着眼点在于教师"讲什么"和"如何讲"，体现的是"以教师为中心"，强调的是教师的如何"好教"。虽然教案中也有学生的学习活动设计，但表现不够突出，体现不够充分，整体仍然是以教师的"教"为主线。

此外，学案与教案还有以下不同点：[①]

(1)设计角度与理念不同。教案为学生提供的是一种接受知识的"跑道"，而学案为学生提供的则是一种自主发展的"通道"。

(2)针对性不同。学案主要是针对学生的如何"好学"而设计，而教

---

① 王富英，王新民：《数学学案及其设计》，载《数学教育学报》，2009(1)。

案主要针对教师如何"好教"而设计。

(3)使用对象不同。学案的使用对象主要是学生；而教案的使用对象则只是教师。

(4)体现的学习环节不同。学案，体现了学生学习的完整过程，包括了课前、课中及课后三个学习环节，而教案则主要体现了课堂上师生"教"与"学"的教学活动环节。

二、 学案的构成要素

根据学案的含义，一份完整的、高质量的学案，需有两种相互融合的要素组成，一是显性要素：主要是指那些言明的、表述在学案内容之中的基本成分，具体包括目标要素、背景要素、知识要素、活动要素、问题要素、学法要素和评价要素；二是隐性要素：主要是指那些隐含地、潜在地渗透在学案中的基本成分，具体包括思想要素、能力要素和对话要素①。

（一）显性要素

1. 目标要素

学案对于教学的最大改变是：教学的行为主体由教师转向了学生，这一点从学案设计的学习目标的表述中就有所体现。在教案的"教学目标"中常用的语句结构是"使学生……""培养学生的……"等等，而在学案的"学习目标"所使用的语句中去掉了"使""培养"等这些词语，采用了像"能举例说出……的含义""会运用公式解答……问题"等这样结构的句子，使学生成了学习活动的直接行为人。"学习目标"是指学生在学习过程中所能达到的目标，包括"结果性目标"与"过程性目标"。"学习目标"的确定，可以根据课程标准的"三维目标"——知识与技能、过程与方法、情感态度与价值观——而定。而且是从学生的角度，用较为具体直白的语言把它们罗列出来。

---

① 王新民，王富英，谭竹：《数学学案及其设计》，11～22 页，北京，科学出版社，2011。

"学习目标"应该设定在学生的"最近发展区"内，应该与学生的学习需要相一致，即"学习目标"应该成为学生的学习心向，是他们自己所期盼和主动追求的目标，而不是强加在他们身上的、外在的东西，"只有当学生形成对教师传授的知识所需要的态度和目标时，知识才可以被传递到学生的头脑中"，也只有这样的目标才能激发学生的学习热情，才能可持续地激励学生，为他们的学习提供源源不断的动力与活力。

2. 背景要素

背景要素主要包括问题的提出、有关概念产生的背景材料和思想意义、知识的逻辑顺序、知识的展开与安排的途径等。心理学研究表明，儿童不仅对神秘现象感兴趣，而且对现象形成的背景及其因素抽象的过程同样感兴趣，甚至表现出更为强烈的神秘感。苏霍姆林斯基也指出："领着孩子到思维的源地去旅行是具有重大意义的……这些地方，形象地说，就有滋养渴望知识的细根，这些地方就会使孩子萌发出一种愿望……"①

学案作为引导和帮助学生学习探究知识的方案，提供给学生的并不是现成的知识和形式化的结论，而是蕴含知识的背景材料或情景问题——让学生"面对事实本身"，使他们看到知识产生的"源头"，提供了在事实或问题面前"逗留"思考的机会。概括地讲，学案中有以下三种知识背景：一是客观自然背景。人类原本就对天体苍穹有仰慕之情，具有领悟宇宙秩序的渴望。将客观世界中的事实或现象作为知识产生的土壤，可使学生产生对自然的好奇，通过寻找标志自然规律的因果关系，以求得对自然的理解和把握。二是历史文化背景。知识本身就是人的产物，把知识放在历史文化背景中，让学生看到知识产生中人的影子，从而消除对知识的神秘感。这样，不但使知识具有了故事的性质，也使所学知识赋予了某种文化的情愫。三是个人生活背景。知识本来就是为人们的生活服务的，把知识与学生的现实生活相联系，可拉近他们与知识

---

① ［苏］苏霍姆林斯基：《怎样培养真正的人》，转引自涂荣豹，王光明，宁连华：《新编数学教学论》，113页，上海，华东师范大学出版社，2006。

之间的距离而产生一种亲切感，使学生对所学知识萌发出一种愿望。

3. 知识要素

知识是学案的核心要素，是构成学案的主要成分。但学案中的知识不再是具有客观性、确定性的"身外之物"，也不是属于"另一个世界"的不变真理，而是把它们视为一种可探寻、可分析、可切磋的东西，是学生进行创造性实践活动的对象，是培养学生能力与智慧的载体，是促进学生发展和进步的工具和手段。学案中的知识就好比是大猎豹捉来让小豹子练习捕猎技能的小猎物。小豹子不是直接把小猎物吃掉，而是按照自己平时练习的捕杀动作开始活力四射的"捕杀"活动。当它们要把小猎物吃掉的时候，这个小猎物已不是原来的"小猎物"了，而是它们的劳动所得，是它们"成功捕杀"的猎物，体现着小豹子自己的"智慧"。

学案中的知识具有层次性和完整性，一般包括四个层面的知识：一是事实性知识：关于"是什么"和"怎么样"的知识，包括术语符号知识、具体细节和要素知识，如实数集合用 R 表示、三角形有三个内角与三条边；二是概念性知识：关于概念和原理的知识，包括分类或类型的知识、原理和概括的知识、理论、模型和结构的知识，如数学中的勾股定理，实数的分类等；三是方法性知识：关于程序和方法的知识，包括具体的技能和算法知识、具体的方法的知识、策略与思想的知识，如数学中的配方法、数形结合思想等；四是价值性知识：关于功能和意义的知识，如数学的本质、勾股定理的文化价值等。任何一个知识都包含四个层面的知识，只有当相应的事实与相应的概念、相应的方法和相应的意义一起出现时，学生才能获得完整的学习材料。[①]

4. 活动要素

学习是一项与客观世界的相遇与对话活动(佐藤学)。因此真正意义上的学案应该是引导学生参与活动的方案，因此，学习活动应是学案的

---

① 季苹：《教什么知识——对教学的知识论基础的认识》，86 页，北京，教育科学出版社，2009。

又一核心要素。这里的学习活动不是那种"老师传，学生接"的被动接受知识的活动，而是学生主动参与、进行"火热思考"的探究活动，是运用自己的知识、经验、能力进行具有生活意义与生命价值的实践活动，而不是把活动只是作为学习的一种手段。其中，学生的参与包括自愿的行为参与、活跃的认知参与和积极的情感参与。

5. 问题要素

亚里士多德有一句名言："思维从疑问和惊奇开始。"在学案中，不同的问题发挥着不同的功效与作用，有用来激发学生兴趣的，有用于引导学生的思维的，有深化学生对知识的认识和理解的，有用于评价和反思的……而最为看重的是问题在培养学生创新意识和创新能力方面的作用。从完整性上讲，学案中的问题有以下五种类型：[①]

（1）"由何"问题（Where）：问题是从哪里来的？针对"由何"的设计往往产生的并不是真正的问题，而是任务的布置或情境的导入。教师可以为学生模拟一个情境，也可以回到问题产生的初始情境。

（2）"是何"问题（What）：学生要回答这类问题，需要完成事实性知识的回忆与再现，或者通过说明、解说、转述、推断来阐明某种意义，意在强化已有的知识与技能。

（3）"为何"问题（Why）：要回答这类问题，需要弄清事物之间，以及事物各部分之间的相互关系及其构成方式，以便对事件、行为和观点等进行恰当准确的解释和推理，即能够解释清楚问题或结果所产生的条件与原因，意在明确因果关系。

（4）"如何"问题（How）：回答这类问题，必须具备将知识应用于具体情境的经验和能力，或者了解有利于应用能力培养的概念、原理和思想方法，目的是通过操作、组合自己的知识、经验，经历分析问题与解决问题的过程。

（5）"若何"问题（If…then）：要求学生推断或想象如果事物或情境的某种属性发生变化，结果会怎样。此类问题是创新和发现问题的启动

---

① 王光生：《问题设计与数学教学》，载《数学教育学报》，2006(2)。

机。学生要回答这类问题，必须善于对事物的多种属性进行判断，充分发挥自己的洞察能力，发挥想象力和创造力。

需要强调的是，学案中除了那些预设的、言明的问题以外，还包括那些可能的、在教学过程中生成的问题，特别是学生在运用学案学习的过程中所生成发现的问题。一般在学案中设有一块"空白处"（或有一个名为"问题、想法、发现"的栏目），学生可以将学习过程中的疑难问题、猜想、想法或质疑、发现的问题或结论记载在上面。学案中并不是也没必要琳琅满目、应有尽有，而是留有一片"认知性空白"，以起到"开而弗达则思"之功效。这一点是学案最为独特、也是最为精彩的地方，它可以使学生带着问题走入课堂，又带着问题（更高层次的问题）走出课堂，可以彻底改变"把有问题的学生教成没问题的学生"的那种泯灭学生创新火苗的教学方式。

6. 学法要素

学案作为引导与帮助学生学习的方案，本身就是一种学习策略或学习方法，其目的是让学生学会学习，提高他们的学习能力。因此，学法指导是学案中负有独特使命的一项内容。

一般地，学法指导主要是关于学习策略的指导。关于学习策略内涵的界定，众说纷纭，至今在学术界还未形成一个统一的定义。在国内引用比较多的是由刘电芝教授提出的定义："学习策略是指学习者在学习活动中有效学习的程序、规则、方法、技巧及调控方式。"[1]关于学习策略的分类，也是名目繁多，"认知策略"与"元认知调控策略"是其中比较公认的两种类型。

学习策略包括三个方面[2]：一是复述策略，指一遍一遍重复朗读自我回忆的词语或术语。对于学习和理解的深度加工来说，这类策略并非特别有效。二是精加工策略，包括各种记忆术和写概要、释义、选择课

---

① 刘电芝：《学习策略的实质》，载《宁波大学学报（教育科学版）》，2000(1)。
② ［美］L·W·安德森：《学习、教学和评估的分类学——布卢姆教育目标分类学（修订版）》，皮连生主译，50页，上海，华东师范大学出版社，2008。

文中的主要观点等技术。三是组织策略，包括列提纲、画认知结构图或概念关系图、做笔记，将一种材料转换成另一种材料等。

元认知调控策略主要包括四个方面①：（1）学习者在面临学习任务之前和实际的学习活动展开期间，激活和维持注意与情绪状态；（2）分析学习情境，提出与学习有关的问题和制订学习计划；（3）在具体的学习活动开展期间，监控学习的过程、维持或修正学习的行为；（4）在学习活动结束以后，总结性地评价学习的效果，其中包括对学习方法的评价。

在传统教学（特指非利用学案的教学）中，关于学法的指导主要采用两种方式，一是渗透式，即将学习策略渗透于知识教学之中；二是开设专门的学习方法指导课或讲座。前一种方式往往停留在老师的口头上，起不到实际的指导效果；而后一种却将学习策略的学习与学生所进行的具体科目学习相分离，相当于抛开实际的游泳讲游泳技术一样，常常为学法而讲学法，很难有所作为。

在学案中是将具体的学习方法及策略，以有形的文字与相应的学习内容、学习过程融合为一体的，使学生在运用学案学习的过程中，比较自然地就学到了相应的学习方法和学习策略。有些学习过程本身就是一种学习方法，如解题的四个阶段——弄清题意、拟定计划、执行计划和解题回顾就是学习解题的方法。具体地讲，在学习策略方面，学案中的"学习准备""梳理知识""试一试""想一想"以及"变式练习"这些栏目本身就是一种学习策略。整体上，学案本身就具有笔记本的功能，学生根据学案学习的过程本身就是做笔记的过程。在元认知调控策略方面，学案本身就是学习的计划书；其次，学案中的"情感准备""解题回顾""学习反思"以及"学习评价"等学习栏目，充分地发挥着元认知调控策略的功能。特别地，在学案学习的过程中，学生时时刻刻都清楚自己学习的状态、表现、进展等情况，使他们可以用一种自然的方式提高自我认识与自我教育的水平。

---

① 刘电芝：《学习策略的实质》，载《宁波大学学报（教育科学版）》，2000(1)。

（二）隐性要素

1. 能力要素

能力对于学习，对于学生的发展，其重要性怎样夸大都不为过。能力的内涵极为丰富，是心理学与教育学中争议最多的概念之一。例如，作为当代人们基本素质之一的数学能力，只就其分类，也是众说纷纭、说法不一。在《普通高中数学课程标准(实验)》中所提出的能力可为五种基本能力和四种发展能力。五种基本能力是：空间想象能力、抽象概括能力、推理论证能力、运算求解能力和数据处理能力；四种发展能力是指：数学地提出问题的能力、分析和解决问题的能力、数学表达和交流的能力、独立获取数学知识的能力。

从学习的角度，理解能力与创新能力应该是最为重要的两种能力。理解能力是一切能力的基础，而创新能力应该是学习能力中处在最顶层的位置。

在基于学案的学习中，更确切地说，在"导学讲评式教学"实践中，我们提出了一种新的理解方式——讲解性理解，它是指在教学中以师生讲解对话的方式，通过视域融合实现知识意义的生成、生命意义的建构和意义分享的过程。"讲解性理解"使学生知识意义的生成经历了三个递进的理解阶段：一是"一度消化"阶段。学生通过文本知识的学习，建立新旧知识之间的联系，形成个性化的知识意义，初步生成知识理解中的表征成分、联系成分与认识成分等。二是"二度消化"阶段。对"一度消化"中所形成的知识意义进行讲解性加工，将理解中生成的内部语言转化为外部语言，需要学生对所生成的理解进行反思，从整体上进行把握，以生成对理解的理解。三是"三度消化"阶段。通过讲述、倾听、质疑、评价等对话过程，不断矫正和完善已形成的理解，在各种"视域融合"下形成层次更高的价值性理解，从而扩充、丰富、深化学生的知识意义世界。

如果说"工具性理解"是知道"怎么做"，"关系性理解"是知道"为什么这样做"，那么"讲解性理解"则需知道"何以这样做"以及"怎样做更好"。学案为学生提供了自主选择、寻找、构建知识之间联系的机会；提供了探寻结论成立的条件或原因的机会；提供了反思的机会，更为重要的是提供了整合他们自己的经验、知识、思想的机会。

2. 对话要素

学案并不仅仅是引导学生自主学习的方案，同时也是探究学习、合作学习以及接受学习的方案。在小组讨论中，学案就是探究、交流的方案；在课堂展示中，学案便是学生进行展示的脚本；而在课堂上的对话性讲解中，学案又成了学生的"讲稿"。可以说，学案也是教学"集体思维"的方案。所谓的"集体思维"包含两层含义：其一，系统地把历史上积累起来的人类社会文化的集体成果通过学校课程的集约方式让每一个学生能动地习得的过程；其二，把这种过程作为师生以及学生之间"共同活动"的过程来组织，并谋求上述两种过程的统一。①

在学案中虽然看不到"对话"，也听不到"对话"，但却蕴藏着丰富的"对话"元素。首先，编制学案的过程实质上是一个"对话"过程。在设计学案的过程中，既要考虑教师的视域，也要考虑教材(文本)的视域，还要考虑到学生的视域。可以说，学案是教师视域、文本视域和学生视域融合的产物。这里的"视域融合"就是一种无声的对话。其次，学案不是学生独自学习的方案，而是一个交流对话的学习方案(这是班级授课制的教学形式所决定的)。因此，学案设计者必须要有对话的意识和理念，要把对话的元素设计在学案之中，为学生在学习中的对话提供一个预案。

三、 学案的基本特点

前面，我们讨论学案构成的六个显性要素和两个隐性要素。很明显，这些要素不是相互独立、相互分离的，而是相互配合、相互支持，有机地融合于学案之中的。为了使大家对学案有一个整体性的理解和把握，下面我们来讨论学案的基本特点。

---

① 钟启泉：《为每一个学生的成长而教——基于"学的课程"的教学设计探析》，载《北京大学教育评论》，2009(3)。

根据学案的形成过程、基本含义及其构成的基本要素，学案具有整合性、开放性、自主性和引导性四个基本特点。[①]

1. 整合性

学案作为学生学习的材料，整合了各个层面的、各种类型的课程资源，主要体现在以下三个方面。

(1)教材内容与各种教辅资料的整合

在教学中，教师手中的必备教学资料是教科书与教师用书(以前称教学参考书)；而学生除了教科书以外，还需购买各种"练习册"之类的教辅资料。教师用书只供教师参考，学生一般是看不到的。对于教科书，一般也只有老师看重它的价值，学生只是把它当作提供习题、作业的工具，可能是因为习惯于听老师"精心讲解"教科书中的内容了，学生看重的倒是那些大都像"商品"一样的教辅资料(绝不能把它们看成为学习用书，它们的生命只有一年，可谓"一岁一枯荣")，因为它们对"考试"有用。在学案中，根据认知规律与学生发展的需要，教师可以将各种学习资料中"好"的内容有效地组合在一起，为学生的学习提供一桌"营养搭配"合理的"满汉全席"。

(2)教师教的方案与学生学的方案的整合

在讲授式的课堂教学中，教案一般是不让学生看的，以免"泄露天机"，学生的听课总是在"等待"与"揣测"中度过的，好像是"盲人摸象"，事先难以见到教学过程的全貌，心中没底。这样总是让老师"牵着鼻子走"，难免会身心疲惫，对学习失去念想(学生若老是猜不准老师的想法与意图，就不再去想了)。学案将所设计的一节课或一单元学习的整个过程全部呈现给学生，包括学习目标、学习重点、学习准备、学习活动内容与方式、学法指导以及链接的阅读材料等，在上课前全部展示在学生面前，使他们对整个一节课的学习有所安排、有所选择、有所侧重，使他们从"揣测"老师的意图中解脱出来，去琢磨问题、探究知识。

---

① 王新民，王富英，谭竹：《数学学案及其设计》，23～28页，北京，科学出版社，2011。

(3)课堂学习笔记与各种作业的整合

在应试教育下的课堂学习中，一般需要两个本子，一个是课堂笔记本，需要把教师讲的东西记下来，以备复习和考试用；另一个是作业本，为了巩固强化课堂上所学知识，需完成老师统一规定的习题。让老师与家长"痛心"的是，常常有那么一些非常勤奋认真的学生，课堂笔记记得详细、整洁，都可以拿去"印刷出版"了，学习效果却并不理想，有些甚至很差。许多学生上课做笔记是一码事，而做作业是另一码事，笔记与作业两张皮，不能相互支持、配合、协同地发挥学习作用。学案将笔记本与作业本合二为一，学生可用"批注"的方式，在学案上随时记下各个学习阶段(课前、课中、课后)中自己认为有用的东西，也可以在学案上完成各种类型的作业。就像一位老师所说的："课前预习用的是这一张纸，上课看的还是这一张纸，听课时需要记录的东西就在'讲学稿'①的空白处记录，没有专门的课堂笔记本。课后，学生复习时用的还是这张纸，没有专门的作业本，也不买社会上泛滥的各种复习资料和练习册。过一段时间，学生把'讲学稿'装订起来，就是精选的复习资料，考前也不再专门出备考题。"②

此外，学案也是集体智慧整合的产物，它凝聚了备课组或教研组所有教师的教学经验和教学智慧，也凝聚了教学研究者与相关专家的思想与观点。一份好学案的产生要经历教师编写初稿，集体讨论修改，实践检验完善以及专家的点拨引导等过程，是"集体思维"的产物。

2. 开放性

最初学案是相对于教案而提出的一个新概念。比较而言，教案具有显著的规定性、单向性与封闭性，教学目标是确定的(由于升学考试的原因，在知识上，往往高于课标规定的目标)，教学内容与教学环节均是按时间设定好的，必须要在规定的时间内，把相同的内容，以相同的方式传授给每一个学生。有一段时间，老师们所追求上课的最高境界

---

① 东庐中学的讲学稿是学案的一种具体形式。——作者注
② 王敏勤：《教法就是学法，教案就是学案——评介南京市溧水县东庐中学教学合一课堂模式》，载《天津教育》，2006(3)。

是："下课铃声与下课的口令声同时响起!"实际上，真实的学习进程是不能设定的，也是无法设定的，而且学习方式也会因人而异，因此，学习具有很强的开放性。学案比较好的体现了学习的这种开放性，具体表现在以下三个方面。

(1)内容上的开放性

首先，学案中的学习内容是分层设计的，可以满足学生不同学习需求。其次，学案中所要学习的新内容常常是以"材料＋问题"的形式给出的。知识的形成过程以及知识的意义建构均是在实际的学习过程中生成的，这一点是学案教学中最难把握的，但却是最为精彩的。在教学中，几乎每节课都会生长出一些"意料之外"的知识或问题。

(2)学习方式上的开放性

基于学案的学习并没有设定统一的学习方式，学生可以根据自己的学习习惯与风格，选择适合自己的学习方法，可以采用接受学习，也可以采用自主学习、探究学习、合作学习，还可以采用对话性讲解的学习方法。

(3)时间上的开放性

学案中没有明确设定每一学习环节所需的时间，学生可以根据本身的主客观条件自主确定。可以在课前完成，可以在课中的任何一个环节完成(预习中、小组交流中、全班展示中、对话性讲解中、反馈练习中等)，也可以在课后完成。

特别要指出的是，学案为学生的学习提供了"等待的时间"。根据"时间等待"理论："适当延长等待时间，学生回答正确的答案增多；多走弯路的回答减少；学生表现出的自信程度提高；推理反应的影响扩大；做出答案的种类增多；学生提出问题的频率增多。"[①]基于学案的学习，给了学生在现象与问题面前逗留的时间、思考的时间、对话的时间、反思的时间，能够使学生自主地建构比较丰富的、完整的、规范的知识意义。

---

① 涂荣豹，王光明，宁连华：《新编数学教学论》，75 页，上海，华东师范大学出版社，2006。

学案的这种开放性，为学生的学习提供了多种可能的发展，学生可以根据自己的实践与需要自主地进行选择学习的方向与路径，而不是像教案那样，把所有的学生都安排在一列火车上，沿着一条轨道，一起到达目的地。

3. 主体性

学生的主体性是指在教育活动中，学生在教师的引导下处理同外部世界关系时所表现出的功能特征，具体表现为：整体性、自主性、能动性和创造性[①]。在基于教案的教学中，教师具有绝对的权威性，教师的主导性控制着整个课堂，而学生的主体性被淹没在无休止的解题训练之中，教案成了控制教学和强迫学生学习的工具，就如叶澜教授所指出的那样："课堂成了演出'教案剧'的'舞台'，教师是'主角'，学习好的学生是主要的'配角'，大多数学生只是不起眼的'群众演员'，很多情况下只是'观众'与'听众'。"[②]学案的出世可以说把学生从教材与教案的禁锢中解放出来，或者说，学生可以在学案的学习中获得自由和解放。

学案为学生的学习提供了一种具有多种发展维度的通道，他们在这个通道中，可以自主地选择或设计学习的线路和学习的方式，可以自由地利用各种学习资源，通过主动地操作自己的知识和思想而生成富有个性化的活动经验和知识意义。有一位老师说得好："任务交给学生，时间让给学生，方法让学生探索总结，过程让学生亲身经历，结论让学生自己得出，困难让学生设法攻克，规律让学生自己发现，精彩让学生充分展示。"[③]

从认知心理学的角度，学案可以看作一个扩充了的"先行组织者"。根据学案提供的线索，学生首先从其认知结构中组织起一个"先行组织

---

① 张天宝：《论学生的主体性及其基本特性》，载《江西教育科研》，1996(6)。

② 叶澜：《让课堂焕发出生命活力——论中小学教学改革的深化》，载《教育研究》，1997(9)。

③ 续明亮：《实践课改理念 走全面发展育人之路——山西省灵石县第四中学"学案教学"的探索与实践》，载《教育理论与实践》，2008(2)。

者", 然后用这个"先行组织者"来组织新知识的学习。在这个过程中, 因为"组织者"是学生自己组建的, 和以往老师提供的"组织者"相比, 具有更好的"可利用性、可辨别性、稳定性与清晰性"。这相当于在建造楼房之前建造者自己先绘制出一个"图纸", 然后再利用这个"图纸"来组织楼房的建造过程, 这种情况下的"图纸"显然比别人提供的"图纸"更能发挥指导作用。这又好比雕塑家在雕塑之前就已经形成了所雕塑对象的形象一样。学生是"先行组织者"的组织者, 而"先行组织者"是学习新知识的组织者, 学生成为真正组织知识、掌握知识的主人。在这样的组织过程中, 学生不断地将理解掌握了的知识技能作为后继学习的"组织者", 并且赋予"组织者"以情感因素(亲切感、成就感等), 使得学习总有一种根基和向前的"推力"。

4. 引导性

引导性本来就是学案的题中之意。在通常的教学中, 教师对学生学习的引导与帮助比较集中地体现在课堂学习当中, 几乎所有的问题均要在课堂予以解决, "大容量、高速度、高难度"使得课堂不堪重负, 往往有顾此失彼之感, 从而严重地影响了教师引导和帮助的质量和效益。而在学案的设计中, 伴随着学习目标、内容、问题的呈现, 可以将老师在"动机上的诱导、知识上的疏导、思想上的引导、探究上的辅导以及学法上的指导"等有机地融入学习的各个环节之中。当学生依学案进行学习时, 在各个学习阶段(课前、课中、课后)均能享受到这种"无声胜有声"的引导和启迪。因为这些引导和帮助在启发学生进行认知思考的同时, 也传递着教师的激励、期盼、关心等情意信息, 使他们更加真切地感受到了老师的"存在"。学案就好像是老师的一个"化身", 不时地给学生以学习上的激励和支援。如在学案《同底数幂相乘》的"变式练习"环节中教师设计了这样的提示语: "及时练习了!""底数变复杂了!""负号来捣乱了!""公式反着用了!"这样既可以提醒学生应该做什么, 还可以使他们明确自己学习的进程情况以及所达到的认知水平, 从而能够对自己的学习做到心中有数。

第二节　学案的设计

通过上节的讨论，我们明确了学案的内涵和特征，但如何设计一份高质量的学案呢？要设计一份好的学案，首先就要弄清楚学案的基本内容以及学案设计时应遵循的基本原则，然后才是学案设计的路径和方法。本节我们就这几个问题进行讨论。

一、学案的基本内容

1. 学案的内容

根据学案的含义，学案应含有学习内容、目标、要求和学习方法，还应有为学生提供有利于理解学习内容的材料以及引导学生学习的路线与环节。一份完整的学案应包含以下内容与栏目：学习课题、内容分析、学习目标、学习重难点、学法指导、学习过程、学习测评与资源连接等内容。[①]

（1）内容分析

这是指主要分析所学内容在学科中的地位与作用；与前后知识的内在联系；课标的要求和高考、中考的考试要求与考察方式方法；重点、难点、易混点和易错点等学习注意事项。根据格式塔心理学的观点，人对事物的认识一般总是从整体开始的。当学生对所学内容得到了整体性的第一印象后，认知结构中已有的观念就能与这个整体性的介绍发生关系，建立起进一步吸收具体知识的框架。[②]"内容分析"就是对知识的整体背景、发生时的关联或演绎框架做一概括性说明，让学生对所学部分在较大范围中的地位和各部分之间的一些联系有一定程度的初步了解，

---

① 王富英，王新民：《数学学案及其设计》，载《数学教育学报》，2009(1)。

② 李士锜：《PEM：数学教育心理》，65 页，上海，华东师范大学出版社，2005。

使他们能基本明了所学的这一部分内容的前因后果和注意事项，这样他们要求掌握知识整体的内在动机就更强烈，更有针对性。

（2）学习目标

以前人们对学习目标的研究很少触及，主要研究的是教学目标。近年来随着学案教学的兴起，人们才注意到学习目标。关于学习目标的明确定义，学术界还不多见。目前所见到的只有赵加琛、张成菊给出的定义："学习目标是指在具体的学习活动中由学生遵循的所要达到的结果或标准。"[①]很明显，这个定义是针对结果性目标而言的，并没有提及过程性目标。我们认为，学习目标是指学生学习活动过程与结果的任务指向。这里的"任务"包含"知识与技能"的任务、"过程与方法"的任务，以及"情感态度和价值观"的任务；"指向"含有"方向"和"归宿"的意思。一个学习目标就是一个学习向量，它既有确定的学习起点和方向，又有明确的学习层次方面的要求。

由此可见，学习目标是下达给学生学习的任务书，是指引学生自主学习的导航仪，是规范自己学习行为、自我检测学习效果的评价依据与标准。

（3）学习重点

学习重点（简称重点）是指学习过程中需要解决的主要矛盾，是学习的重心所在，主要包含以下三个方面的内容：一是从学科知识系统而言，重点是指那些与前面知识联系紧密，对后续学习具有重大影响的知识、技能，是指在学科知识体系中具有重要地位和作用的学科知识、技能；二是从文化教育功能而言，重点是指那些对学生有深远教育意义和功能的内容，主要是指对学生终身受益的学科思想、精神和方法；三是从学生的学习需要而言，重点是指学生在学习中遇到的，需要及时得到帮助解决的疑难问题。[②] 相对于上述三个方面的内容，可把学习重点分为三种类型：知识重点、育人重点和问题重点。

（4）学习过程

学案不仅含有学习内容、目标、要求和学习方法，还应含有引导学

[①] 赵加琛，张成菊：《学案教学设计》，38页，北京，中国轻工业出版社，2009。
[②] 王富英：《怎样确定教学的重、难点》，载《中国数学教育》，2010(Z3)。

生学习的线路和环节，这个线路和环节叫作学习过程。学习过程包括"学习准备、学习探究、学习反思"几部分。教师对学生的学法指导和学生学习过程中的质疑提问不要作为一个栏目单独列出，而是结合学习内容有机地融入学习过程之中。对学法指导的具体设计可用"提示""建议""注意""要求"等指导语，把教师对学生的学习要求与建议、学法指导融入具体的学习内容之中，以引导学生自主学习。

· 学习准备

学习的关键在于对知识的理解，从认知心理学的角度来看，理解的本质是建立新旧知识的内在联系，将新知识纳入原有的认知结构之中。而要使新旧知识相互作用，建立联系，前提就是要有相应的基础图式。学案中的"学习准备"就是为学生在学习新知识前建构好一定的心理基础，组建好相应的基础图式，为学习新知识做好铺垫。学习准备包括知识准备、工具准备和情感准备。知识准备主要是学习本节内容应具有的知识储备。学案中可以用提问、题组练习和建议等方式指导学生去进行自查、复习，为学习新知识扫清知识上的障碍，起到"先行组织者"的作用。情感准备就是创设学习情境，激发学生的学习兴趣，使学生产生学习的欲望和心向，为学习新知识做好情绪状态上的准备。学习的欲望和心向是属于学习的动力部分，情绪准备的作用就是激发学生学习的内驱力，使学生产生好奇心和学习欲望。例如，平方公式第一节的"学习准备"设计为：a."学习本节内容需要熟悉'多项式乘多项式''幂的乘方'和'积的乘方'的运算法则，学习前可先检查自己是否熟悉这几个法则；b. 同学们在利用多项式乘法法则进行多项式乘多项式的运算时，是否感到有些烦琐？是否渴望有一个公式能很快得出运算结果？学完本节内容后你的这一愿望就会如愿以偿了！"其中 a 属于知识准备，b 属于情感准备。

· 学习探究

"学习探究"是学习过程的核心部分，它有两方面的含义：一是对新知识和运用新知识解决问题的探究；二是学习如何探究。"学习探究"具有三种形式：第一是阅读探究，是指学生利用学案的引导去阅读教材和理解教材，属于有意义的接受学习范畴；第二是发现探究，是指在学案的引导下经历探索，发现所学知识的过程，属于探究式学习的范畴；第三是两者的结合，指一份学案中既有阅读探究又有发现探究，是有意义的接受学习和探究式学习的整合。同时，根据不同课型和不同内容的学案又有不同的要求，如数学学案中"概念的探究""公式的探究""定理的探究""法则的探究""解题规律的探究"等。

·学习反思

学习反思是学习的重要环节，也是提高学习效率，学会学习的重要策略。"学习反思"有两方面含义：一是对知识、方法和自我体验与感悟的反思；二是学会如何反思。反思的主要内容可分为三个方面：一是反思自己学习中的得与失，调节自己的学习策略与方法；二是反思所学内容与其它知识的内在联系，建构知识网络，完善认知结构；三是反思某些学科问题解决的过程与方法，积累学科活动经验。同时，在反思的基础上对某些知识进行进一步的引申与拓展，把学习内容和活动从课内延伸到课后。

(5)学习评价

学习评价不但是教师与学生及时了解学习质量的一种反馈手段和重要途径，也是学生学习的一项重要内容和策略，是学习不可或缺的组成部分。"学习评价"也有两方面的含义：一是对学习行为和结果的评价；二是学习如何评价。因而，学习评价是学案的重要组成部分，它具有反馈的功能、强化的功能、补偿的功能、调节的功能和认知的功能。

学案中的学习评价有三种方式，即对学习的评价、为学习的评价和学习内评价。对学习的评价是对一节课学习结果的评价，一般采用"测评"的方法进行，其主要目的是自我检测学习效果。在教学中要杜绝把它作为对学生"排名次、划等级"的手段或依据。学案中主要以"达标测评"的形式来设计这方面的评价内容。为学习的评价和学习内评价主要是对学生学习行为与学习表现的评价以及随着学习活动的展开自发进行的评价。它是动态的、伴随学习过程而进行的评价活动，在学案中不大好具体体现出来，常常是在学案中预设一些"空白"，使那些有价值的学习表现和学习结果随时记录在学案当中，为评价提供丰富的素材。

(6)学习链接

学习链接是指结合学习内容提供和介绍相关的学习材料、问题解答与探究的结论。前者是引导学生去查阅和阅读，以开阔学生的眼界，拓展丰富他们的思想或思维。内容可以是新领域、新知识、新方法的介绍或是专题讲座、学科史话、名题欣赏、知识应用、案例评析、与其他学科知识的联系等。方式可采用文本描述、网址链接等。后者是提供给学生自主学习探究时的相关信息。在学生独立地进行探究学习活动时，不是把探究的结论直接呈现出来，而是放在学案最后的学习链接之中。这样做有三个方面的作用：一是不会由于探究结论的先入为主而干扰学生的自主探究学习活动；二是当学生探究获得结论后，再与学习链接中的结合进行对比，可以发现自己结论的优缺点，从而起到自我评价的作用；三是当学生不能获得相关的结论时，再去看学习链接，可以起到提示的作用。

以上栏目和内容是学案的一般要求，在进行具体内容的学案设计时，可以做些适当的调整。例如，根据解题学习课的特点和要求将以上栏目做适当调整后可得解题学习课学案栏目为：学习课题、学习目标、学习重点、学习过程(学习准备、典型例析、变式练习、反思拓展)、达标测评、课后作业、资源链接；根据复习课的特点和教学要求，将一般学案的栏目做些适当调整可得复习课的学案栏目为：学习课题、内容分析(地位作用，相互联系、考试要求等)、学习目标、学习重点、学习过程(学习准备、知识结构、[①] 知识点整理、典型例析、变式练习、反思拓展)、达标测评、资源链接。

二、 学案设计的原则

教师对学案的设计，是在认真钻研教材和认真分析学情的基础上，

---

① 教学中要注意对知识结构的构架，做必要的提示。

根据《标准》的要求和一定教学理论与学习理论，并结合所学内容，以引导学生的学习、探究，提高学习效率为出发点进行系统的规划与安排。在设计时，教师要认真分析教材和学情，合理地处理教材，并将学法指导有机融入学习的各个环节中，使学案的运用达到启发和开拓学生思维，提高学生自主学习、探究能力的目的。学案的设计是实施学案教学(DJP 教学)的前提，学案的质量直接关系到学生学习、探究的质量。为了提高学案的质量，有效发挥学案的作用，学案设计应遵循以下教学原则。①

1. 目标性原则

目标是活动的预期目的，为活动指明方向，具有维系组织各个方面关系构成系统组织方向核心的作用，同时，它又是检测活动任务是否完成的依据。学案，作为引导和帮助学生学习、探究的方案，而这个引导的方向就是学生的学习目标。同时，学生在依据学案进行学习的过程中也需要有一个评判学习进程与学习质量的指标或标准。学习目标就是这个检测学习质量的指标和标准。因此，学案的设计应紧紧围绕学习目标进行。从教材的理解到练习题的设计、探究活动的设计和学生的反思小结都应以目标的达成为宗旨。

2. 启发性原则

这一原则是指对教材中学生难以理解的内容，学案设计时应做适当的提示，并配以一定数量的思考问题，以引导学生自主学习、探究。学案是学生学习、探究某课时知识的线路或流程，这一过程中的每一个环节均是在学生自我意识的控制下完成的。从相关知识的复习与组织、概念的形成与理解、结论的发现与证明、方法的探究与概括、知识的反思与评价等，其中许多内容的学习是由学生独自完成的。整体来看，学生依学案进行的学习是一种自主阅读、探究的学习过程。因此，学案要能够为学生的学习提供一个合适的角度或恰当的平台，要有利于激活学生的旧知识，开展丰富的联想，构建较为明晰的个人意义(对新知识的一

---

① 王富英，王新民：《数学学案及其设计》，载《数学教育学报》，2009(1)。

种个人理解或解释）；要有利于学生开展对知识的探究，经历抽象概括、归纳猜想、实验验证、演绎证明等思维过程，积累相应的基本活动经验，从而"让每个学生都会用自己内心的体验和主动参与去学习"。

3. 渐进性原则

这一原则是指学案中问题的设计应有一定的层次，应根据学生对问题的认识逐渐加深，做到循序渐进，以引导学生逐渐走向深入。首先，学案体现了学生学习的一个相对完整的过程，完成了一个学案中的内容，就完成了一个学习循环周期：课前—课中—课后。在课前的学习主要是一种准备性的学习，对一般学生而言，在这一阶段所获得的知识中有诸多的感性经验成分，所达到的是"最近发展区"的前端水平；在课堂上所进行的主要是一种师生互动的学习，所获得的知识中以理性成分居多，所达到的是"最近发展区"的后端水平；在课后的学习中，通过反思、应用、拓展等学习活动，使所学知识更加明晰、准确和稳定，并且具有一定的思辨性和延展性，使学习进入"后发展区"的水平。从思维的角度讲，在学案学习中，学生经历了感性思维—理性思维—辩证思维的过程。其次，问题是探究的核心。一个好的学科学案应该体现"问题驱动"的教学原理，以问题作为学生学习、探究的导向与学习、探究进程的标志，并注意学生知识和思维的层次性，并且，所提出的问题应既具有铺垫性又具有发展性，使得问题之间环环相扣，步步深入。

4. 挑战性原则

这一原则是指学案设计时，所设计的问题要有一定的挑战性，以引导学生去深入地研读教材，开展探究性学习，培养学生的归纳发现能力。要使学生意识到，要解决学案中设计的问题，不看书不行，看书不细致也不行，光看书不思考不行，思考不深不透也不行。首先，所提出的问题要能够激发学生的好奇心，能够激起探究的欲望。在问题的叙述形式上要简明、生动、新颖；在内容上要有价值，要围绕教学的重难点，能够较好地体现知识的科学、应用、文化、美学等方面的价值。其次，提出的问题要有一定的开放性，要有利于培养学生的问题意识、探究意识和创新意识。在思维能力上，能够使归纳思维与演绎思维和谐发展。最后，问题的难度要适中，相对于学生而言要具有潜在的心理意义，使多数学生在通过一定的思考与探究后能够获得答案或发现结论。

5. 指导性原则

由于学案是"引导"和"帮助"学生自主学习、探究的方案，是连接"教"与"学"的最佳结合点，是教师主导与学生主体的和谐统一。因此，学案在重视和强调学生自主学习、探究的同时，也要充分体现教师的主导作用，这种主导作用主要体现在学案中对学生学习、探究的指导上。一个好的学案应该能够给学生以动机上的诱导、思维上的疏导、探究上的引导、各类学生的辅导以及学法上的指导。由于利用学案的目的是要学生真正"学会学习""学会探究"，因此，学法的指导就是学案的核心内容。所以在学案设计时，要把教师对学生的学法指导融入每节课具体的学习内容之中。如，阅读教材时如何手脑并用，如何查阅资料，到哪里去查阅资料，如何归类整理，如何总结提炼等都应在学案中明确指出。而且有关学习的前期准备也应做出交代，例如，学习该部分知识应先复习哪些知识，应准备哪些工具等。

以上几个原则相互联系，互相依存，它们一起构筑成一个和谐的整体。在具体设计学案的过程中，要综合运用这几个原则，才能有效提高学案设计的质量。

三、 学案设计的基本程序

从前面的分析，我们可能已有这样的认识：看似简单的学案，实际上并不简单，作为"学的课程"的一种具体体现形式，其内容非常丰富，涉及课程论、教学论、学习论以及教育学、心理学等方面的知识。这些内容对学案的设计与编写提出了非常高的要求。因此，学案的编写，不能像写教案那样由教师在上课前单独完成，而是需要按照一定的程序，有计划地组织任课教师与相关研究人员，在交流讨论、分工协作基础上，以一种"集体思维"的方式来完成。特别是那些高质量的学案，必然是教师群体智慧的结晶，是理论思考、教学实践、反复修改的产物。

在 DJP 教学的过程中，通过实践探究，我们提出了如下图 5-1 所示的学案设计的基本程序。①

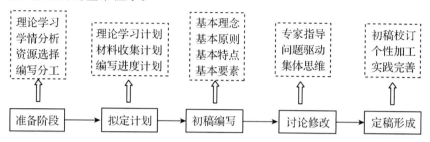

图 5-1　学案设计基本程序结构图

（一）准备阶段

1. 理论学习

学案作为一种新的教学理念的产物，它的编写不但需要学案理论的学习与指导，更为关键的是要彻底改变已有的那种"教的课程"的教学观念，树立一种全新的"学的课程"的教学观念，要把教学的焦点从"教什么""怎样教"与"为什么这样教"，转变到"学什么""怎样学"与"为什么这样学"上。因此，学案设计者进行相关的理论学习，不但是必要的，而且是必需的。比如，我在组织编写"DJP 教学研究成果丛书：《高中数学学案》（科学出版社）"时，我首先组织编写人员学习学案的基本理论和概念学习、命题学习、解题学习和复习学习的基本理论，以及这四种类型学案各个栏目设计的理论和要求，然后再进行编写分工。只有在真正理解和掌握了学案的基本理论和要求的前提下才能保证学案编写的质量。

2. 学情分析

学案的宗旨就是"基于学生、因为学生、为了学生"，因此，学情分析的意义不言而喻。一个好的教学方法或策略，如果不考虑教学的实际情况，而是盲目地生搬硬套就可能变成一个"坏"的方法。研究学情的一个有效方式是开展有关 DJP 教学（学案教学）的试点实验，具体可从下

① 王新民，王富英，谭竹：《数学学案及其设计》，101 页，北京，科学出版社，2011。

面三个方面展开：

首先，在本区(校)内选定一所学校(一个班级)作为试点进行 DJP 教学试验，以考查学案在教学运行中的使用状况，包括教师对学案的把握及使用方式、学生在使用学案过程中存在的问题、学案所涉及的内容对本校教学的适切性等。在试验过程中，注意观察学生学习表现，多与学生、老师座谈。最好邀请相关的专家或研究人员参与指导，对试验进行把脉，对问题进行聚焦。

其次，在专家或教研人员的指导下，对 DJP 教学(学案教学)进行准确定位，特别要符合本区(校)学情的学案特色。可具体考虑以下问题：学案是重在课前导学还是课堂导学？导学更多地倾向于探究式学习还是接受式学习？学案上的习题难度达到什么程度？学案中各个学习环节用什么术语表述比较合理(对学生而言，这一点很重要)？利用学案进行 DJP 教学的操作流程是什么？

比如，我们在 DJP 教学研究中，首先以成都市龙泉驿区双槐中学为试点进行了教学试验。

双槐中学是一所底子薄弱的农村学校，通过反复试验，我们将农村中学的学案定位为引导和帮助学生自主学习的方案，要求学生讲解前自学。为了便于学生自学，学案中的学习内容主要以"材料＋结论"的形式来呈现，习题难度以低中档为主，各个栏目的标题采用朴素的、口语化的词语。由于学生已在讲解前进行了自学，课堂教学中以学生的对话性讲解为主，教师加以补充，并引导学生进行学习评价。

最后，在试验取得效果的前提下，开展教研活动，组织全区(校)教师观摩学习实验学校的课堂教学。同时，再次组织学习 DJP 教学的相关理论，进一步明确利用学案进行 DJP 教学的意义与价值。在理论的指导下和在总结经验的基础上，在全区(校)进行普及推广。

3. 材料准备

认真研读有关的教材、教师用书、其他版本教材、学生学习用书等，甚至包括以前的教案，对这些资料从学的角度进行整理与筛选。新课程改革以来，教材不再是教学所尊奉的唯一的"经"，而是蜕变为一种供教学选用的素材和例子。例如，北师大教材在《有理数的加法》一节中，关于加法法则的得出就提供了两个情境：一个是正号负号相抵消的情境，另一个是在数轴上向东走向西走的情境。在学案编写时，教师可以根据学情，合理选用其中一个情境。当然，也可以两个情境都不用，而是选用其他更为合适的情境。

当前，教材版本已是多样化的局面，同样一种学习内容，在不同的版本中有不同表述形式和不同的设计意图。例如，有理数乘法中，关于两个负数相乘的运算，各种版本教材的处理方式形式多样，各具风格：北师大版教材的设计是让学生通过归纳，得出积随因数变化的规律，再进一步猜想得出"负负得正"的规律；河北版与华东师大版教材的设计是先让学生观察归纳，得出积的符号随因数符号变化的规律，再通过类比得出"负负得正"的法则；江苏科技版与浙江版教材采用的则是通过创设问题情境，采用了两套"符号系统"（对应着乘法中的两个因数），从实际意义中演化出"负负得正"的法则；而湖南版教材则运用了公理化的思想，在规定了乘法分配律与"0乘任何数都得0"这两条"公理"的基础上，演绎出"负负得正"这一结论。这些处理方式都是"负负得正"这一规律的"侧显"，对学生的理解有着不同的作用，教学中可因需选用。

4. 编写分工

整体上讲，学案的编写是一项系统工程，它不可能由某一个老师独自完成，也不可能在短时间内完成所有学案的编写。一门学科学案的设计与编写，不但需要全体教师的积极参与，而且需要相关专家、教研人员的理论指导，更需要行政人员的管理与组织。只有群策群力，充分发挥集体的智慧，才能保证学案的质量。因此，在学案编写中，进行整体规划、合理分工是不可缺少的环节。

例如，成都市龙泉驿区的学案编写，就是由区教研员统一安排组织的，具体分工如下：

（1）由教研员制定学案编写工作方案，主要明确三个方面的内容：一是确定每个参与学校所承担的编写任务；二是规定学案设计的版式，包括字号、字体、行距等参数；三是明确初稿、讨论稿、定稿的完成时间等。

(2)学校教研组将本学校所承担的编写任务，具体分配到每一位参与学案编写的教师。每位教师按计划完成学案初稿的编写，如有条件的话，可把学案初稿进行复印，分发给教研组其他参与编写的教师。要求参编的教师在集体研讨前认真研读每一份学案，并旁批修改意见。

(3)学校教研组将讨论稿整理后上交学科教研员，教研员组织相关人员，进行第二次讨论修订，由此完成学案定稿的编写。

(4)在具体使用学案时，要求任课教师根据本班学生情况对学案做进一步的修改与补充，使学案具有"个性化"的特色。

（二）拟定计划

这里的拟定计划是指教师在接受任务后，所制定的具体编写计划。这个环节很关键，有的老师所写的学案质量不高，其主要原因就是这个环节做得不到位。学案具体编写计划主要有以下方面组成。

首先是理论学习计划。学案是一个全新的教学产物，它与老师们所熟悉的教案具有本质性的区别，要求教师从引导者、帮助者的角度，把具有学术形态的知识改造成易于学生学习的学习形态的知识，比教案编写的要求更高、难度更大。因此，编写者(特别是初次编写学案的教师)对学案理论进行较为系统的学习是非常必要的。学习内容包括：(1)学案的基本含义、基本特征，学案构成的基本要素，学习形态知识的基本特征等；(2)学案的基本组成部分以及各部分的设计要求；(3)各种类型学案的基本特点以及编写的具体要求。通过学习可使学案编写者树立起正确的学案观。

其次是资料收集计划。资料的收集不要拘泥教科书，也不要仅限于练习题的选择，要具有更为宽广的视野。除了研读各种版本的教科书，了解《课程标准》的相关要求外，还需对文化课程资源、校本课程资源以及生活课程资源加以收集整理，为充实丰富学案内容做好准备。

最后是编写计划。明确本区(校)学案设计的基本要求；确定学案的类型、学案的组成部分以及各部分的标题名称；制定具体的编写进度。

（三）初稿编写

一份完整的学案由学习课题、内容分析、学习目标、学习重点、学法指导、学习过程、学习评价与学习链接等部分构成，准确把握各部分内容的特点与设计要求是保证学案质量的前提条件。在编写中要树立学案设计的基本理念和基本原则，力求凸显学案的整合性、开放性、主体性、引导性四个基本特点，以及目标、背景、知识、活动、问题、学法、能力、对话等学案构成的八大要素，使学案呈现给学生的是一种具有经验态、生命态、兴趣化和整体性的学习形态的知识。要树立一种"学的课程"的理念与意识，以"学什么"与"怎么学"为主题，创造性地开展学案的设计与编写。

在编写初稿时，要防止学案内容设计的"异化"现象。编写时不能图省事，不顾学案设计的基本要求，想当然地编写出一些缺乏学案特色的、有名无实的"假学案"。学案编写中的这种"异化"形象，具体表现在以下几个方面[①]：(1)将学案内容等同于教案内容，甚至直接把教案改名为学案；(2)将学案等同于教材的浓缩，把教材中的部分图文、解释性内容去掉，而把概念、定理、公式或其他要记忆的内容进行简单的切割罗列；(3)将学案等同于练习册，将学案的模块结构设计成题型结构，除了选择题、问答题、计算题、分析题等题型上的差异外，充斥学案的只是一道道要求学生逐一解答的练习题。

此外，还要避免学案编写形式的单一化。在学案编写过程中，总是遵循一种固定的学案模版，而不能根据学科特点、学案类型以及教学需要，灵活的设计与改变学案的表现形式，使得学案形式类同、单调，缺乏个性。

（四）讨论修改

每位参编教师将编写好的学案初稿，上交学校教研组，由教研组统一复印后分发给各参编教师(有条件的话，可以将学案初稿的电子文档传给每位参编教师)，并约定时间和地点，对本校所编写的每一份学案

---

① 龚国胜：《学案创编：问题及改进策略》，载《中国教育学刊》，2011(5)。

进行交流研讨修改。研讨的形式可采用先由主要编写教师简述编写设计的意图，然后老师们自由发言，主要编写者进行记录。

在研讨修改的过程中，为了激发大家的思维，主持人可用提问的方式引导老师们发言交流。具体可提出如下问题。

1. 学习目标表述是否合适？是否体现了学生的主体性？学习过程中每一个学习活动(或小标题)是否达到了分解落实学习目标的目的？

2. 学习准备是否贴近学生的实际？是否具有"先行组织者"的作用？工具准备是否需要在提前几课时的学案中提醒？学习准备的内容与形式能否激发学生的求奇欲、求知欲和求识欲？

3. 学习过程的设计与学案类型是否相匹配？所设计的内容与活动是否体现出了学生"学"的特点？教材上的哪些素材被选用，哪些没被选用，为什么？表述的方式是否简单明了，并且是否易于激发学生的兴趣与思维？标注图中的内容是否对学生的学习有所启发或指导？例题的设计是否体现了解题中的四个步骤？每个环节所配置的练习是否恰当？在以往的教学中，你有什么好的教学经验？

4. 学习反思是否具有整理知识、提炼方法、拓展思维的作用？是否能强化学生的问题意识、应用意识和创新意识？

5. 学习评价是否体现了多种评价方式？是否凸显了学习内评价的特点(强化自我意识、触动思想情意、优化学习态度、提高认识水平等)？当堂达标测评的设计是否合理(从题量、题型、难度来讨论)，是否紧扣学习目标的达成进行设计？

6. 学习链接是否有必要、有价值？是否体现了学科文化、拓展了学科思想方法？

7. 整体上体现了学案的哪几个构成要素(目的要素、背景要素、知识要素、问题要素、活动要素、学法要素、能力要素和对话要素)？有哪些要素需要加强？

学案编写的经验告诉我们，"讨论修改"是编写高质量学案的一个非常重要的环节。这个环节，能最大限度地调动教师们对教材的研究、对学生的研究、对教学的研究。大家畅所欲言，交流对话，将理论学习与教学经验相结合，在视域融合和思维碰撞的过程中，激活思想，闪耀智慧。每一次的交流讨论，老师们总有一种被提升的感觉——从教书匠变成了一个研究者、探索者。特别是对青年教师的专业化发展具有极大的促进和推动作用。经历学案的编写过程后，许多年轻教师发出这样的感慨："以前教研组听完课后所提的教学意见或建议，都觉得挺好，有一种必须改进的冲动，但是，到了上下一节课时，却又随着本能的感觉去讲课了，涛声依旧！现在，大家在一起讨论交流，把每一节课的学案均进行了详细地研究，特别是教研员和老教师们的发言，对自己的启发很大，一下子觉得什么东西都吃透了、理顺了！"有时老师对学案设计中问题的思考和讨论达到了一种近乎痴迷的状态。例如，2008年暑假放假时，成都市龙泉驿区第七中学教导处要求老师们在家编写下学期用的学案，这年暑期恰逢奥运会在中国召开，但老师们对学案研讨的兴趣超过了看奥运会，许多老师三伏天不在家看比赛，而是自发地相约到学校办公室去讨论、编写、修改学案，真可谓乐此不疲！

第三节　学案案例及点评

前面两节我们讨论了学案及其设计的基本理论和学案设计的基本程序，本节我们介绍一则具体学案案例，供读者参考和借鉴。

案例5-1　相似三角形的概念及性质(1)(学案)

（教材：北师大版初中数学8年级下册）

成都市龙泉驿区第六中学　王富英名师工作室　余兴珍

［学习目标］

1. 能利用三角形与多边形的关系类似得出相似三角形的定义，并能准确找到相似三角形的对应角，对应边；

2. 能根据相似三角形的定义得出相似三角形的性质1，并能运用性质解决实际问题；

3. 通过相似三角形性质的运用，体验和感悟相似三角形性质的价值和作用。

[学习重点]相似三角形的概念和性质

[学习过程]

一、学习准备

请同学们回忆相似多边形的有关概念并完成下列填空：

1. 相似多边形概念

各角_____，各边_____的两个多边形叫作相似多边形。

2. 相似多边形的相似比：_____叫作相似比。

3. 思考：三角形和多边形之间的关系是什么？

二、学习探究

1. 相似三角形的概念

根据三角形与多边形的关系，你能否类比相似多边形的定义给出相似三角形的定义？

相似三角形的定义：三角_____，三边_____的两个三角形叫作相似三角形，_____叫作相似比。

★想一想：(1)两个三角形相似的条件是什么？它们的图形有何特征？

(2)两个全等三角形一定相似吗？为什么？

(3)两个直角三角形一定相似吗？两个等腰直角三角形呢？为什么？

(4)两个等腰三角形一定相似吗？两个等边三角形呢？

2. 相似三角形的记法、读法

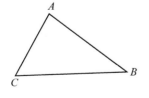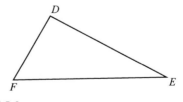

图 5-2

若△ABC 与△DEF 相似，记作：△ABC∽△DEF，读作：三角形 ABC 相似于三角形 DEF。

☆特别提醒：记两个三角形相似时，对应顶点一定要写在对应位置上哦。

●巩固练习：如图 5-3，△ABC 与△AED 相似，∠AED＝∠B，找出对应边和对应角。

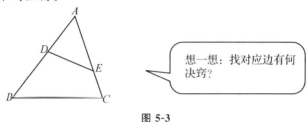

想一想：找对应边有何决窍？

图 5-3

3. 相似三角形的性质

●观察思考：请同学们观察图 5-3，已知△ABC∽△AED，思考以下问题：哪些是对应角？哪些是对应边？对应角有何关系？对应边呢？

角：_____＝_____，_____＝_____，_____＝_____。

边：_____＝_____＝_____。

●归纳概括

一般地，若两个三角形相似，则它们的对应边和对应角有何关系？由此可得相似三角形的性质：_____。

★想一想：该性质与相似三角形的定义有何关系？

4. 性质的应用

例 1：教材 P127 例 1。

★思路启迪：草坪的三角形形状与图纸上的三角形有何关系？它们的相似比是多少？

解：

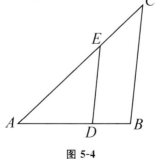

图 5-4

★解题回顾：解决本题的关键是什么？用到了相似三角形的什么知识？

●变式练习：教材 P129[随堂练习]第 1 题

例 2：如图 5-4，已知△ABC∽△ADE，AE＝50 cm，EC＝30 cm，BC＝70 cm，∠BAC＝45°，∠ACB＝40°，

(1)求∠AED 的度数；

(2)求 DE 的长。

★思路启迪：∠AED 和∠ADE 与已知角有何关系？DE 与已知线段有何关系？

解：

★解题回顾：图 5-4 中还有哪些线段成比例？图中有互相平行的线段吗？由此可得什么结论？

●变式练习：教材 P130[随堂练习]第 2 题

三、学习反思

1. 本节课我们学习了哪些知识？怎样寻找相似三角形的对应边、对应角？相似三角形的性质有哪些运用？

2. 两个三角形相似与两个三角形全等有何关系？

[学习评价]

1. 已知△ABC∽△A′B′C′，若∠A＝70°，∠B＝30°，则∠C′＝_____。

2. 如图 5-5，△ABC∽△AED，∠ADE＝∠C，则下列结论正确的是（　　）。

A. $\dfrac{AD}{AB}=\dfrac{AE}{AC}=\dfrac{DE}{BC}$

B. $\dfrac{AD}{AC}=\dfrac{AE}{AB}=\dfrac{DE}{BC}$

C. $\dfrac{AD}{AE}=\dfrac{AB}{AC}=\dfrac{DE}{BC}$

D. $\dfrac{AD}{DE}=\dfrac{AB}{BC}=\dfrac{DE}{AC}$

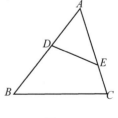

图 5-5

3．教材 P130 习题 4.6［知识技能］的第 1 题、第 2 题

［学习链接］

若一直线截三角形的两边对应成比例，则这条直线平行于三角形的第三边。

［课外阅读］相似三角形在历史上的应用

1．古塔测高

如图 5-6 所示，有一座落在平地上的古塔 CD，不知高度，测得影长 $DP=b$ 米。现将一长为 h 米的竹竿 AB 直立，使其影子的末端与塔影的末端重合，测得竹竿的影长 $BP=a$ 米，求塔高。

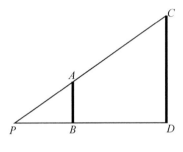

图 5-6

2．隔河测距

如图 5-7，为了估算河的宽度，我们可以在河对岸选定一个目标作为点 A，再在河的这一边选点 B 和点 C，使 $AB\perp BC$，然后，再选点 E，使 $EC\perp BC$，用视线确定 BC 和 AE 的交点 D。此时测得 $BD=120$ 米，$DC=60$ 米，$EC=50$ 米，求两岸间的大致距离 AB。

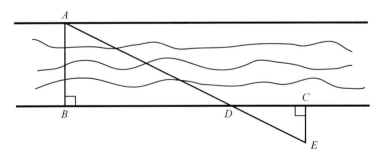

图 5-7

3. 测量金字塔高度

古代数学家泰勒斯想出了一种测量金字塔高度的方法：如图 5-8 所示，为了测量金字塔的高度 OB，先竖一根已知长度的木棒 $O'B'$，量得木棒的影长为 $A'B'$ 与金字塔的影长 AB，即可近似算出金字塔的高度 OB。如果 $O'B'=1$，$A'B'=2$，$AB=274$，求金字塔的高度 OB。

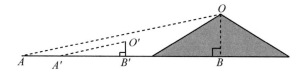

图 5-8

[评析]

本学案充分体现了学案的特点：指导性、探究性、生成性和反思性。设计者从学生学的角度出发，将知识进行学习法的加工，把抽象的数学知识改造成为一种学生易于介入、思考、探究的学习形态的知识，充分体现了 DJP 教学的学生观、知识观和教学观。学案的栏目结构完整，除了内容分析(为了使学案简洁，我们不要求每个学案都写内容分析)外其余栏目都具有。其中的"学习目标"将新课程改革中的三维目标(知识目标、能力目标和情感目标)融为一体，以学习者的视角表达出来。"学习过程"栏目中设有"学习准备""学习探究"和"学习反思"。此外还有[学习反思]、[学习评价]和[学习链接]等栏目，而且还用[课外阅读]的方式，扩大学生的视野，开阔学生的眼界。因此，整个学案结构完整，内容翔实。

对学生学习探究的"引导"是学案的本质特征，本学案中教师十分注重对学生的"引导"。在相似三角形概念的学习时设计者引导学生复习相似多边形的概念后用类比的方法得出相似三角形的概念；在相似三角形的性质的探究中，学案中用"观察思考""归纳概括"的方式引导学生自主探究获得性质，从而把数学思想方法有机地融入学习探究活动之中。同时，对学生学法的指导也很好地贯穿到整个学习活动中。学案中用"想一想""思路启迪""特别提醒""解题反思""学习反思"等方式对学生进行

学法指导，较好地发挥了学案导航仪和方向标的作用。

　　一份高质量的学案在设计时要根据学习的内容，遵循学习心理学的理论进行设计。本节课内容是相似多边形的特例，属于下位学习。而且既有概念学习又有性质学习。学案在相似三角形概念的学习设计中运用了概念学习的同化理论，在复习相似多边形的概念后，从一般到特殊演绎得出相似三角形的概念，从而将其纳入学生已有的认知结构中去。当获得概念后，没有急忙进行解题，而是在"想一想"中用"问题串"引导学生在概念前"逗留"，进一步挖掘概念的本质特征和内容，从而抓住了概念学习的关键。

　　在相似三角形的性质的探究学习的设计中，通过"观察思考""归纳概括"获得性质后，又用"想一想"引导学生将其与相似三角形的定义进行联系，实际上，这里的性质就是相似三角形定义的逆命题，从而使学生加深了对定义与性质的理解和掌握。再用例1、例2两个例题和变式练习进行巩固，形成技能，体现了命题学习的基本规律。

第六章

导学讲评式教学中的
学生讲解

在传统的教学中，课堂话语权由教师独霸，讲解的任务由教师完成。教学中教师的主要任务是通过讲解向学生传递学科知识并使之能很好地接受，从而使学生一直处于被动学习的状态。为了改变这一状态，我们在导学讲评式教学中，把课堂话语权还给学生，讲解的主体由教师转换为学生，即学生讲解，学生"由听讲变为主讲"，从而使"学生讲解"成为 DJP 教学的核心要素与中心环节。实践表明，"学生讲解"在学生学习理解学科知识和形成学科核心素养上有其独特的作用，而且使课堂讲解的内容、形式及其功能发生了根本性的转变，讲解成为学生学习的一种有效策略，成为学生全面而深刻理解知识的过程，成为他们有效交流、沟通学科思维、个人思想与精神的有效方式。

本章将系统阐述学生讲解的内涵、特征、类型、方式、原则与价值。

第一节　学生讲解的内涵

为了弄清学生讲解的含义，我们先看第四章第三节教学案例："平方差公式"一节课中学生对"公示中字母 a、b 意义和运用公式的注意事项"学生讲解的片段。

案例 6-1　平方差公式中字母 a、b 的意义和运用公式的注意事项

生 15：我们小组讨论后从（教材）例 1、例 2 中发现公式中的 a、b 可以表示常数、单项式和多项式。我们还举了三个例子，第一个例子 $(2009+1)(2009-1)$ 中的 2009 和 1 是常数；第二个例子 $(-m+n)(-m-n)$ 中的 $-m$ 和 n 是单项式；第三个例子 $[(x-m)-(n+c)][(x-m)+(n+c)]$ 中的 $x-m$ 和 $n+c$ 是二项式即多项式，而这三个题都满足平方差公式，因此，a、b 可以表示常数、单项式和多项式。要注意的事项是，在做题时要观察题中是否含有两数差、两数和，也就是相同项、相反项，就是看它是否满足平方差公式。而运算的结果要把相同项写在前面，相反项写在后面。其依据是平方差公式$(a+b)(a-b)=a^2-b^2$。（全班自发鼓掌！）

师：很好！对运用公式的注意事项有没有不同意见？

生16：关键是a、b不能等于零！它等于零，就没有意义了！

师：没有意义吗？$(0+0)(0-0)$等不等于0^2-0^2？它有没有意义？

生17：但没有实际意义。

师：哦，没有实际意义，但它是不是关键？（这时，有的还在说"是"，有的说"不是"。）请说"不是"的讲出你的理由。

生18：刚才他说a、b不可以等于零，但是通过你（指教师）写的那个（例子）来实证，还是可以的。

师：好！同学们讲得很好，下面谈谈我的看法。我认为应用公式的关键就是要看符不符合公式的结构特征，是不是两个二项式相乘或者可以转化为两个二项式相乘，并且两个二项式中有没有相同的两项，另两项是不是互为相反数。值得注意的是不要把a、b搞混了，不要把符号搞错了！

……

评析：这里，学生在独立自学和小组讨论的基础上，小组代表面对全班学生讲解了对公式中字母a、b的意义和运用公式的注意事项，然后师生再围绕学生讲解的内容进行对话交流。在讲解中，学生对公式中字母a、b意义的理解深刻、准确，不但说明了a、b的意义还举例进行了解释，完整地表达了自己的思维过程。在学生对公式关键的讲解中认识有误时，教师通过倾听、追问、列举反例，引导学生进行比较和鉴别，在这种师生、生生的相互质疑评价过程中，使学生明确了平方差公式中字母的确切意义。

从上面学生讲解的过程可以发现，与教师讲解相比，学生讲解是一种更为丰富、能够充分发挥学生学习主体性的学习活动，它并不是简单地回答老师所提出的问题，而是在自己独立思考和组内讨论的基础上，以一种个性化的方式展示和解释他们的思维过程及其思想观点；同时，老师和其他学生以各自的视角和理解参与这一知识意义的建构过程。如果说教师讲解以"传授"为特征，那么学生讲解则以"对话"和"解释"为特征，它是师生之间进行多元对话的有效学习方式。

由此，我们给学生讲解以下定义：学生讲解是指课堂上针对共同的学习任务，学习者在认真准备的基础上，以话语的方式向他人表达自己的理解与发现，教师与同伴通过倾听、提问、质疑、评价等方式与之对话交流获得知识意义的学习方式。①

从学生讲解的定义中我们得出学生讲解的基本内涵有以下几个方面。

一、 学生讲解是一种学习方式

一般地说，学习有两个要素：一是与外界的相遇与对话；二是因经验的获得而引起行为、能力和心理倾向发生比较持久的变化。相遇与对话是学习的过程，行为、能力和心理倾向发生的变化是学习的结果。只有两个要素均实现了才算是完成了一次学习活动。在学生讲解中，首先要认真学习钻研将要讲解的内容，这是在与讲解的内容（文本）的相遇与对话，其次在自主学习过程中遇到了困惑要与同伴或老师进行交流、讨论，这是在与同伴和老师的相遇与对话。在经过这些相遇和对话后，学生获得了经验，理解了知识意义，进而其行为、能力与心理倾向均会发生了变化。例如，上例中学生经过与文本和老师、同伴的相遇与对话后，获得了公式中 a、b 实际意义，并能运用其意义进行具体运算，从而其行为、能力和心理倾向均发生了变化。因此，学生的讲解是一种学习行为。这里的学习不同于简单的"记忆—模仿—练习"的被动接受式学习，而是在"自主—合作—探究—交流"中进行的主动探究式学习，因而是一种全新的学习方式。

---

① 王富英，赵文君，王海阔：《数学教学中学生讲解的内涵与价值》，载《数学通报》，2016(10)。

在学生讲解的过程中，由于亲身经历了知识生成的过程，知识意义在头脑中的印象会十分深刻，积累了丰富的个人经验，因此，学生的讲解是一种有效的学习方式。夸美纽斯在《大教学论》中大力推荐这种学习方式，他指出："假如一个学生想获得进步，他就应该把他正在学习的学科天天去教别人。"①

二、 学生讲解是聚焦于共同的学习任务

课堂上，学生的讲解是围绕共同的学习任务而展开的，而不是漫无目的地自由发言。课堂的参与者都对共同完成的学习任务事先有所准备，然后先由主讲者表达自己的理解与见解，教师与同伴再通过倾听、提问、质疑、评价等方式与之对话交流，在共同的研讨中通过多种视域融合生成了正确的知识意义并达到意义共享，以完成共同的学习任务。

三、 准备是学生讲解的前提与探究动力的启动

首先，准备是讲解的前提和第一需要。杜威指出："从学生一方面来说，讲课的第一需要是学生的准备。最好的、实际上是唯一的准备，是引起一种对那些需要解释的、意外的、费解的、特殊的事物的知觉作用。"②学生要进行有效地讲解就必须要有充分的准备，即对讲解内容的预先知觉。这种预先知觉是讲解者在自己独立思考和小组交流后获得的理解。若没有这种预先知觉(准备)讲解就无法有效进行。其次，准备是探究动力的启动。在预先知觉中，一些费解的内容会使知觉者产生困惑的感觉，而"当真正困惑的感觉控制了思想的时候，思想就处于机警和探究的状态"。③ 这种内发的"问题的冲击和刺激，使心智尽其所能地思索探寻，如果没有这种理智的热情，即使是最有效的教学方法也不能

① [捷]夸美纽斯：《大教学论》，傅任敢译，117页，北京，教育科学出版社，2014。
② [美]约翰·杜威：《我们怎样思维·经验与教育》，姜文闵译，219页，北京，人民教育出版社，2005。
③ 同上。

奏效。"①而当尽其心智还不能解决的问题继续困扰其思想时，便会在"愤""悱"的驱动下进一步产生探究和寻求帮助的期望(动力)，进而带着问题走进课堂寻求与同伴和教师进行研讨。

四、 学生讲解是一个不断诠释的过程

从诠释学的视域来看，讲解具有"讲""解"和"翻译"三方面的意义指向："讲"就是说或陈述，即口头讲说；"解"就是解释与说明，即分析意义。"所谓分析，事实上就是解释活动"②；翻译或口译，即转换语言。"翻译总是以完全理解陌生的语言，而且还以对被表达东西的本来含义地理解为前提"，再"把他人意指的东西重新用语言表达出来"③，即翻译就是语言转换。这里的翻译(转换)有两方面的含义：一是对陌生世界(如被理解的文本)语言意义的理解，而理解的过程就是用自己的语言进行解释过程，而这时的解释就是将陌生的语言转换成自己的语言；二是在对被表达事物理解的基础上重新用倾听者容易接受和理解的语言进行表达，因此，讲解就是一种语言翻译即语言转换，"一种从一个世界到另一个世界的语言转换"，"一种从陌生的语言世界到我们自己的语言世界的转换"④。

五、 学生讲解是在一个学习共同体内完成的

"共同体"的概念最早是由杜威提出的。共同体不是一个社会组织，也不是有共同目的而聚集的群体，正如"一部机器的各个部分，为着一个共同的结果而以最大的限度相互合作运转，但是它们并不形成一个共同体"⑤。因为，机器的各部分虽然都是为着一个共同的结果(目

---

① ［美］约翰·杜威：《我们怎样思维·经验与教育》，姜文闵译，219 页，北京，人民教育出版社，2005。

② 洪汉鼎：《诠释学——它的历史和当代发展》，2 页，北京，人民出版社，2001。

③ 同上书，3 页。

④ 同上。

⑤ ［美］约翰·杜威：《民主主义与教育》，王承绪译，9～10 页，北京，人民教育出版社，2001。

的)——使机器能够运转——而相互合作，但它们自身没有认识到这个目的，也不关心这个目的，而是人为地组合在一起为达到目的而运转。在社会群体合作过程中，"如果他们都认识到共同的目的，大家关心这个目的，并且考虑这个目的，调节他们的特殊活动，那么，他们就形成一个共同体。"①我们不得不承认，"在任何社会群体中，有很多人与人的关系仍旧处在机器般的水平，各个人相互利用以便得到所希望的结果，而不顾所利用的人的情绪的和理智的倾向与同意"。②

学习共同体则是指有着共同的学习目的，并都关心这个目的而调节自己的学习行为，在合作交流中进行目的的共享和兴趣的沟通的社会群体。学生讲解的过程中，师生都是为了某一问题的解决或意义的理解这一目的任务，都为这一目的任务而事先有所准备并参与其中进行"兴趣的沟通"并达到"目的的共享"，从而师生在这个过程中自然形成了一个学习共同体。在这共同体内，当讲解者讲述完后，倾听者通过质疑、提问要求讲解者解释其缘由，在这一来一往的对话过程中逐渐生成知识的完整意义、获得问题解决的策略和方法，进而完成学习的任务。

六、 学生讲解的实质是对话

"对话是人们针对共同的学习与行动任务而进行的接触。它既是相互尊重的合作活动，也是增强社会凝聚力和创造社会财富的过程。"③学生的讲解是围绕共同的学习任务与同伴和教师进行的接触。对话的基本含义是双方的言语交流。讲解时讲解者向他人表达自己的见解并回答他人的质疑和提问，实质上就是在与他人进行言语交流。从以上两点可知，学生讲解的实质就是对话。这种对话既是"相互尊重的合作活动"，

---

① [美]约翰·杜威：《民主主义与教育》，王承绪译，10 页，北京，人民教育出版社，2001。
② [美]约翰·杜威：《民主主义与教育》，王承绪译，10 页，北京，人民教育出版社，2001。
③ [巴西]保罗·弗莱雷：《被压迫者教育学》，顾建新，赵友华，何曙荣译，徐辉审校，17 页，上海，华东师范大学出版社，2001。

又是增强班级凝聚力和创造精神财富的过程。学生讲解中的对话有三个方面的内容：一是讲前准备阶段与文本的对话；二是讲解中回答别人的提问、质疑时与同伴的对话；三是讲解后经他人的质疑和教师的点评促使对自己的认识进行自我反思，即自我对话。

第二节　学生讲解的特征

前面我们讲述了学生讲解的内涵，而若要深入理解学生讲解，把握学生讲解的本质，那么了解学生讲解的特征则是一个必不可少的环节。

导学讲评式教学中的学生讲解，具有以下特征[①]。

一、 民主平等

在"讲解—接受式"教学中，教师是知识的传授者，并长期以长者和权威的身份向学生下达学习任务，提出各种要求，学生只能按照教师铺设的道路行走。这种教学方式可以说是一种专制和权威，教师独霸话语权，师生之间没有民主和平等可言。而在学生讲解的学习过程中，使得教师的话语霸权消除，失去了以往的专制地位，从而要求教师放下"师道尊严"，走出"教师至上"的地位，以合作伙伴的身份，平视的姿态，尊重的态度倾听学生的声音。这时教师不再是知识的权威和传授者，而是以"老师学生"的身份参与其中，与学生进行平等地对话交流。学生也从各种束缚中解放出来，获得心理和言论的自由，在民主平等、相互尊重的环境中敞开心灵，与教师展开思想的碰撞、灵魂的接纳、情感的交融和真诚的交流，从而打破了传统的"我—他"型师生关系，确定了"我—你"型师生关系。

---

① 王富英，王新民：《学生讲数学的含义及特征》，载《中小学教材教学》，2015(7)。

二、 自主自决

学生讲解过程中，讲解的内容 、方式和讲解的程序都是由学生自主设计和自主决定。同时，在 DJP 教学中，我们要求"把学习的自主权还给学生，把课堂话语权还给学生，把时间还给学生，把课堂还给学生"。学生在教师的组织引导下，方法由自己去探索总结，困难由自己去设法攻克，规律由自己去探索发现，结论由自己去归纳概括，过程由自己去亲身经历，策略由自己去反思调节，从而使学生真正成为学习主人，主体性得到充分体现。

三、 互动对话

学生讲解的过程中，教师和同伴都在注意倾听，并在倾听的同时会结合自己的理解对讲解的内容进行质疑 、提问和评析。讲解者会对他人的提问进行解释和说明，即要与同伴和教师进行交往对话，同时，在这一过程，讲解者"内心会产生一些矛盾和困惑，正是这些矛盾和困惑促使学生自己去思考，去追问，去感悟，也就是去跟另一个自己进行对话"。[①] 再者，学生讲解的过程也是理解的过程。诠释学认为"理解过程就是理解者与理解对象之间的对话过程，对话是理解的基本形式和途径，只有在对话基础上的理解才是真正的理解。"伽达默尔认为"人们只有在对话、交流中达成理解，在理解的基础上建立起相互认同的人类共同体及其共同目标，而且理解现象本身就包含着对话的结构。"[②]讲解过程中的理解对象包括文本、同伴、教师和自我。因此，讲解的过程就是生与本、生与师、生与生、生与自我进行互动对话的过程。这种对话是一种内在心灵的对话，本质上是双向或多项"视界融合"的过程，即师与生、生与生各自的知识、经验以及认知过程的重叠、交汇的过程。

---

① 郑金洲：《对话教学》，20 页，福建，福建教育出版社，2005。

② 《理解教学》，15～16 页。

四、 创造生成

在学生讲解的过程中，教师与学生，学生与学生就学习内容进行交流沟通，来自他人的信息被自己吸收，自己既有的知识被他人唤起，不同意见在碰撞中生成新的意义，每一个主体都获得对原有水平的超越，在合作中通过文本、教师、同伴和自己多种视域相互融合生成或建构自己的认知，整个过程充满了创造和生成的色彩。

学生讲解活动中的创造体现两个方面：一是讲前对文本知识意义理解的创造性。讲解的前提条件是对将要讲解的知识意义有所认识和理解（否则讲解不能开展）。而知识"意义不是从文本中提炼出来的，它是从我们与文本的对话中创造出来的"。[①] 对文本知识意义的创造体现在讲解者利用自己的"前理解"对当下讲解内容所赋予新的理解。正如施莱尔马赫指出的："理解是对原始创造活动的重构，是对原来生产品的再创造，是对已认识东西的再认识"[②]。二是讲解时解释和说明的创造性。学生讲解是用自己的语言对学科知识意义和方法的解释和说明。这种解释和说明"不仅仅是对文本的再现和解释，而是解释者在自身独特性基础上对文本的再创造。""这一创造性活动不是简单的重复和复制，而是更高的再创造，是创造性的重新构造"[③]。

五、 动态开放

传统的授受式教学的课堂是封闭的、静态的。教师只想着传递给学生一成不变的知识，学生只想着接受教师传递的现成知识，教师与学生在封闭的环境中进行知识的复制与再现。在 DJP 教学中，学生在讲解的过程中，讲解者、教师、同伴可以探讨与主题有关的内容：发表不同的意见，提出不同的问题，探求不同的解法，进行多种变式。课堂上经

---

① ［美］小威廉姆·E. 多尔：《后现代课程观》，王红宇译，193 页，北京，教育科学出版社，2006。

② 洪汉鼎：《诠释学——它的历史和当代发展》，80 页，北京，人民出版社，2001。

③ 洪汉鼎：《诠释学——它的历史和当代发展》，80 页，北京，人民出版社，2001。

常会看到这种现象：往往解决了一个问题，得到一种新的认知后接着又会出现新的问题。这些问题不是课前预设的，而是随着问题解决的过程而自发生成的，而且这些问题的产生是持续的，没有终点。因此，学生讲解的学习不是封闭的、固定不变的系统，而是一个由多方参与、多种视域(个体视域、同伴视域、教师视域与文本视域)组成的动态的、开放的活动系统。

学生讲解的开放性具体表现在三个方面：一是学习内容上的开放性。学生讲解的前提是先独立自学，学习内容是以体现知识的学习形态的学案予以表征。学案中的学习内容常常是以"材料＋问题＋学法"的形式给出，以引导不同层次的学生进行自主学习。二是学习方式上的开放性。基于学案的学习并没有设定统一的学习方式，学生可以根据自己的学习习惯与风格，选择适合自己的学习方法，可以采用接受学习，也可以采用自主、探究、合作等方式学习。三是学习时间上的开放性。教学中没有明确设定每一学习环节所需的时间，学生可以根据自身的主客观条件自主确定，所学习的内容(部分或全部)可以在课前完成，可以在课中的任何一个学习环节(学习准备、小组交流、全班展示、对话性讲解、反馈练习等)中完成，也可以在课后完成。

六、 教学相长

传统授受式教学中的教学相长是指教师与学生在教学过程中的相互促进作用。但由于这种教学是以教师的讲授为主，讲授的内容、进度和提出的问题都是教师自己设计的。因此，教师经过多轮教授同一课程后对所教授的内容均可烂熟于心，不用准备都可以熟练地讲授，从而失去了再进修学习提高的需要和动力，即"教者不学"。学生依附于教师的讲授，完成教师布置的作业，不需要给别人讲授，也就没有深入钻研的需要，即"学者不教"。同时，学生的学习是记住教师讲授的知识再模仿例题进行题型练习，从而提不出多少有价值和深度的问题，即使一些爱思考的学生提出一些较难的问题也大多未能超出教师的经验所及，从而"教学不相长"。长此下去就出现了大学同班同学工作几年后"教小学学科的就只有小学学科的水平，教中学学科的就只有中学学科的水平"的现状。

在学生讲解的学习过程中，讲解的内容、解决问题的方法和思路以及提出的问题都是学生自己决定的。课堂上不同学生的方法和思路以及提出的问题往往会出乎教师的意料之外，再优秀的教师若不认真研究往往不能准确回答和评价。我们在课堂上经常看到学生提出的问题教师不敢评判，这就促使教师必须要不断学习研究，真正促进教师的成长和发展。同时，学生讲解的过程既是自己学习理解学科知识的过程，也是以"学生老师"的身份教别人学习的过程。"学然后知不足，教然后知困。知不足，然后能自反也；知困，然后能自强也。故曰：教学相长也"（《学记》）。因此，学生讲解过程中，教师与学生、学生与学生真正形成了"教学相长"。这时的"教学相长"既有师生之间的，也有学生自我的，从而"教促进了学"，"教"成为一种有效的促进师生学习的方式。

第三节　学生讲解的价值

学生讲解具有什么样的价值，能发挥什么作用，这是我们研究学生讲解必须回答的基本问题之一，也是现实中具体实施 DJP 教学和评价等一系列问题得以解决的重要依据。我们通过对教学录像的分析、教师访谈、学生访谈以及学生学习行为变化的观察发现，学生讲解具有以下重要的价值和作用。①

一、给学生提供了表达的机会与平台，满足了学生的各种需要

学生的需要是多方面的。从存在论的角度，讲解可以增强学生的存

---

① 王富英，赵文君，王海阔：《数学教学中学生讲解的内涵与价值》，载《数学通报》，2016(10)。

在感，即"我讲故我在"；从需要理论的角度，讲解满足了学生向他人表达自己的见解与获得他人尊重的需要。苏格拉底说："如果谁自己弄明白了一个道理，他就会到处寻找可以与之交流的人以共同确认。"学生讲解给予了学生向他人表达与获得他人确定的需要，从而会产生成就感，进而获得他人的尊重。例如，在访谈中学生提道："老师经常表扬我，同学们也喜欢听我讲，我就觉得特别满足，就越来越喜欢去讲。"从学习的角度，讲解满足了向别人学习的需要。在学习过程中，很多学生想学习别人如何分析问题和解决问题的思维方法，但由于这种思维的过程是内在的，不能外显，看到的只是别人学习的结果。而学生讲解则充分展示讲解者分析和解决问题的思维过程，同伴可以从中学习到别人思维方法，满足了想向别人学习的需要。正如学生所说："我喜欢听同学讲。我们班有些同学想法很多很好。有些解题方法，老师都没有想到，从他们的讲解中我能学到很多解决问题的方法。"

二、 教师可以准确地知道学生学习理解的情况

学生的讲解充分展示了学生思维的全过程，由原来"看不见的学习"变为"看得见的学习"。因此，便于教师及时了解学生学习理解的情况，发现学生的智慧和存在的问题 ，并根据学生学习中的疑点、难点以及忽略点与薄弱点进行有针对性的重点讲解，从而真正做到了"精讲"和"以学定教"。如有老师提道："学生的讲解是他思维的外显过程，更能反映学生是怎么想的和怎么做的。"

三、 有助于培养学生敢于质疑的意识与创新能力的提高

从创新教育的角度看，创新的前提是敢于质疑。而在灌输式教育中，教师以绝对的权威身份独占课堂和独霸话语权，高居学生之上。教学中，教师把学生当成"纯粹的无知者"，这类似于黑格尔辩证法中被异化了的奴隶那样的学生，他们唯老师是从，老师讲的内容无条件地接受，即使教师讲错了，学生也不敢质疑。然而学生讲的时候，由于是同伴，地位平等，他们会用怀疑和批判的眼光去认真审视，当同

伴有讲得不对的地方他们会马上指出来。一些学生说："如果学生来讲，当出现一些错误时，我们就会马上说，你讲的是错的。但如果是老师讲的话，即使讲错了我们也根本不敢说"。讲解时，其他倾听者从讲解者的思路和理解中激活自己的思维，及时产生一些新的理解与见解，同时，讲解者本人也会于新情境即时产生一些新的想法，这从下面讲解片段可以看到：

学生：刚才同学在讲解的时候，我还想到一个简单的方法。他说 α 在 $\frac{\pi}{2}$ 到 π 之间，第二象限的正弦肯定为正，而选项 C 和 D 都为负，所以就排除 C 和 D 了嘛，而选项 B 为正，故选 B 的可能性比较大。所以就选 B 了。

老师：聪明！你看他笔都没动就选出了正确答案。

四、 有利于提高学生对知识意义理解的水平和归类整理能力

任何人在向他人讲解时都希望把自己的观点表述清楚，并想方设法说服别人赞同和相信自己的观点。而要说服别人，首先要说服自己。因此，讲前讲解者就会主动地去认真阅读、钻研，弄清将要讲的内容，将模糊的清晰化。这个清晰化的过程就是深度理解的过程。同时，讲解中，讲解者要将自己"所得的知识传给同学或其他伴侣的时候，就是教"，"而且'教'的本身对于所教的学科可以产生更深刻的理解"[①]。这一点学生有深刻的体会："为了讲清楚一道题，对于这道题的每个细节，具体是怎么回事，都要弄明白。自己做的时候，就是模模糊糊的，但是要讲的话，就会想得更细，自己也会想得更多，理解更加深刻。""首先我要把这个题每点都弄懂。如果没有懂的话，也不敢上去讲。讲后同学提问时自己也加深了印象。"讲解者要使自己讲述的内容易于表达，易于被别人接受和理解，就要使讲解的内容条理清楚，讲前就必须对讲的

---

① ［捷］夸美纽斯：《大教学论》，傅任敢译，117 页，北京，教育科学出版社，2014。

内容进行归类整理，将杂乱的条理化，正如杜威指出的"要把经验传给别人，必须把它整理好"，"把经验整理成一定的次序和形式，使经验容易传达。"①而学生在多次进行整理的过程中就可逐渐提高归类整理的能力。

五、 所学知识容易进入长时记忆， 提高学习效率

学生的讲解既是在教别人也是在教自己。而亲自教过的知识很容易进入长时记忆，有些甚至刻骨铭心，终生难忘，正如阿希姆·福尔丁斯指出"假如任何事情他只听到或读到一次，它在一个月之内就会逃出他的记忆，但是假如他把它教给别人，它便成了他身上的一部分，如同他的手指一样，除了死亡以外，他不相信有什么事情能够把它夺去。"②而学生学习的东西一旦进入长时记忆，学习效率也就自然提高了。正如学生谈的："对我来说，自己讲的印象最深刻，有的很久都不会忘记。""我上去讲，能让我对这道题有更深刻的印象。"

美国学者、著名的学习论专家爱德加·戴尔 1946 年提出的学习金字塔理论也充分说明了学生讲解对知识意义理解记忆的作用。学习金字塔是美国缅因州的国家训练实验室的研究成果，它用数字形式形象显示了：采用不同的学习方式，学习者在两周以后还能记住内容(平均学习保持率)的多少。如图 6-1 在塔尖，第一种学习方式——"听讲"，也就是老师在上面说，学生在下面听，这种我们最熟悉最常用的学习方式，学习效果却是最低的，两周以后学习的内容只能记住 5％。

第二种，通过自己的认真"阅读""思考"的方式学到的内容，可以记住 10％。

第三种，用"声音、图片"等视听结合的方式学习的内容，可以记住 20％。

第四种，是"演示""示范"的学习方式，可以记住 30％。

---

① ［美］约翰·杜威：《民主主义与教育》，王承绪译，11 页，北京，人民教育出版社，2001。

② ［捷］夸美纽斯：《大教学论》，傅任敢译，117 页，北京，教育科学出版社，2014。

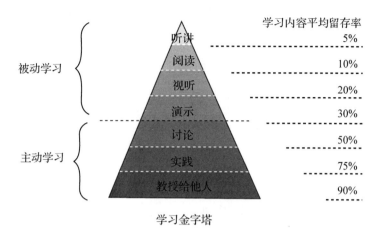

图 6-1　爱德加·戴尔的学习金字塔

第五种，通过"小组讨论"学习的内容可以记住 50%。

第六种，通过"做中学"或"实践操作"的方式学习的内容，可以记住 75%。

最后一种在金字塔基座位置的学习方式，是通过"教授给他人"，即将自己学习的内容讲给别人听学习的内容，可以记住 90%。

在学习金字塔中，学习效果在 30% 以下的几种传统方式，学习者基本处于被动听讲和接受的状态，故属于被动学习；而学习效果在 50% 以上的几种学习方式，都是学习者主动参与的学习行为，故属于主动学习。

由此可见，主动学习与被动学习相比，主动学习的效率要高得多。在 DJP 教学中，学习者除了通过"阅读"思考、交流"讨论"和"教授给别人"的讲解外，还要经历师生对讲解者讲解的内容进行讨论、评析，从而可进一步加深对知识意义的理解和掌握，根据学习金字塔理论，这样获得的知识至少可以记住 90% 甚至超过 90%（这只是我们根据学习金字塔理论做出的猜测，至于超过 90% 多少，我们还没有进行过量化研究）。这一点我们在教学实践过程中通过访谈学生获得了证实。一些学生说："我课堂上讲过的内容，记忆特别深刻，特别是有些内容通过老师和同学的质疑后甚至可以终生难忘。"

六、 学生讲解具有教育意义

学生讲解的过程就是向他人传达经验的过程。杜威指出，"一切传达都具有教育意义"①。学生讲解具有两方面的教育意义：一是对倾听者的教育。正如杜威指出的："接受传达的人，他的经验丰富了，并且有所变化。他分享别人所想到的和所感受到的东西，从而或多或少地改变了他自己的态度。"②二是对讲解者自己的自我教育。杜威进一步指出："传达的人，也不是不受影响。你试把某种经验，特别是较为复杂的经验，完整地和准确地传达给别人，你将会发现你自己对待你的经验的态度在发生变化"。③对于这一点，学生有切身的体会："我讲题的时候，着重讲自己的方法和易出的错误，让别人知道我为什么会错，这样他们才能借鉴。""我讲完之后还能从别的同学那里听到一些不同的看法和方法。这让我也学习到很多正确的做法。"

七、 有助于培养学生尊重他人、 学习他人长处的良好品质

学生要使自己讲解的内容被别人接受，就要"为别人设身处地想一下，看它和别人的生活有何接触点，以便把经验整理成这样的形式，使他能领会经验的意义"。④这种"为别人设身处地想"就是在尊重别人。同时，为了提高自己的讲解水平，使自己的讲解更加具有吸引力，在别人讲解时，他便会更加注意倾听、观摩学习别人好的讲解方法与讲解艺术。这种"注意倾听、观摩别人"是在尊重别人的前提下进行的。学生说："每个人都有上去讲的机会，慢慢地我们就会学着去倾听别人的讲解，可以让我们能更好地去尊重别人的想法和思维，因为这个可能就是我也要用的"。学生在长期的"为别人设身处地想"和"注意倾听、观摩"的行为中就可养成一种习惯，从而形成理解、尊重

---

① 赵祥麟，王承绪：《杜威教育名篇》，115 页，北京，教育科学出版社，2006。
② 赵祥麟，王承绪：《杜威教育名篇》，115 页，北京，教育科学出版社，2006。
③ 赵祥麟，王承绪：《杜威教育名篇》，115 页，北京，教育科学出版社，2006。
④ 赵祥麟，王承绪：《杜威教育名篇》，115 页，北京，教育科学出版社，2006。

别人，学习他人长处的良好品质。正如有学生指出的："有时候同学讲解出现错误，我觉得这种情况是很正常的现象，老师讲的时候也会出错嘛！"

第四节　学生讲解的类型、方式与原则

为了便于教学中有效组织和实施学生讲解，就需要了解和研究学生讲解的类型和方式。即学生讲解有哪些类型，具体有哪些方式，讲解中要遵循哪些原则，这不仅是研究者需要了解的，而且也是实践者需要知晓的。

一、学生讲解的类型

在 DJP 教学中，学生讲解经历了"敢讲""能讲"和"会讲"三个阶段，对应三个阶段学生讲解可分为独白式讲解、说明式讲解和对话式讲解。

1. 独白式讲解

在 DJP 教学中，学生的讲解是面对全体学生进行讲述自己的思想观点，而不是背向其他学生只面对教师回答问题，因此，在 DJP 教学实施之初，很多学生想讲而不敢讲，还有一些学生就只想听他人讲解而自己根本就不想讲，因此 DJP 教学的实施首先就要解决学生敢讲的问题。但在学生刚面对全班讲解时大多数是独白式讲解。所谓独白式讲解是指讲解者在讲解时完全按照自己讲解前的准备，只顾述说自己的理解和见解而不顾及他人。这时讲解者的心中没有听众，而只有自己讲解的内容，整个讲解的过程就像一些戏剧中的表演者独自一人背诵台词。这种情况的原因主要有两个方面：一是学生面对全班进行讲解有些胆怯，特别是一些性格内向、不太爱讲话的学生，教师要让他(她)面对全班讲解，这时的讲解就是为了完成教师布置的任务，讲解的过程就是完成任务的过程，而不是为了与他人交流思想的过程；二是学生还没有讲解的经验，缺乏讲解的策略和方法，加之一些教师没有进行如何讲解的培训，学生不知道到底如何讲解，因此，很多学生讲解时把自己的解题过程或者解答读一遍。这种讲解缺乏相互的交流和对话，价值不大，效果不好，是在 DJP 教学中要尽力避免的。

解决学生"敢讲"的方法有以下几种：（1）指导培训。教师在实施 DJP 教学之前要就讲解的内容和方法对学生进行培训和指导，具体可采取选播放高年级学生讲解的录像；选派学生代表到已经进行这种教学法的高年级课堂现场观摩学生课堂讲解，先给教师讲一遍，再到班上讲等。（2）典型引路。选取班上性格外向，表达能力强的学生先讲，从而起到示范引路的作用。（3）追问质疑。学生讲解完后，教师可以进行追问、质疑或者其他学生对其讲解的内容进行追问、质疑，引发其面对他人进行解答和对话。（4）肯定激励。当学生就追问、质疑的问题进行解答完时教师要给予充分地肯定和鼓励，从而使其树立信心，逐渐积累一些讲解的方法和经验，使学生敢于面对他人讲解自己的理解和见解。

2. 说明式讲解

当 DJP 教学进行到一定时期，学生敢于表达自己的思想、观点和意见并掌握了讲解的内容和方法后就进入了讲解的第二个阶段——"能讲"阶段。这时学生的讲解以说明式讲解居多。所谓说明式讲解是指讲解者讲解时面对他人讲述自己对问题的理解和见解，这时讲解者心中有听众，并且想方设法想使他人理解自己解决问题的思路与方法。但这时讲解者的主要目的是说明自己对问题的理解和见解，并期望他人能够理解，而没有与听讲者进行互动对话。如下面的案例 6-2 所示。

案例 6-2　因式分解的运用——说明式讲解[①]

例 2：已知 $\begin{cases} 2x+y=3 \\ 5x-3y=-2 \end{cases}$，求代数式 $(2x+y)(2x-3y)+3x(2x+y)$ 的值。

---

① 本案例由"王富英名师工作室"成员，成都市龙泉驿区第六中学余兴珍提供。

生：大家好，我们组为大家讲解的是例 2。我们先看题目，许多同学看到已知是二元一次方程组 $\begin{cases} 2x+y=3 \\ 5x-3y=-2 \end{cases}$，便会先解方程组求出未知数 x，y 的值，然后把 x，y 的值代入所求的代数式中。但是我们发现这种方法计算量较大，并容易出错，所以我们可以先从后面的代数式入手。我们观察发现这个代数式是由两部分组成，并且每部分都有一个因式 $(2x+y)$，所以我们可先将公因式 $(2x+y)$ 提出分解因式，然后进行合并同类项化简整理得到 $(2x+y)(5x-3y)$，这时候发现这两个因式恰好是已知条件中方程的左边。所以我们利用整体代入的方法将 $2x+y=3$，$5x-3y=-2$ 代入计算，很快就得出结果是 -6。

从这个例子中，我们总结了一条解题经验：解题时不要一看到题目就急急忙忙解答，而要仔细观察题目的结构特点，再根据题目特点选择最简单的解法，如本例中，在观察到本题的特点后，采用"先分解因式，再整体代入"，就既简便又不易出错。

下面有请我们组的另一位同学为大家讲解我们组的设计的变式练习。（略）

3. 对话式讲解

随着 DJP 教学的进行，班级逐渐形成了对话交流的良好氛围，大多数学生不但掌握了讲解的方法还形成了自己独特的讲解风格，学生的讲解到达了"会讲"的阶段，这时的学生讲解主要表现形式是"对话式讲解"。如案例 2-2 中的讲解就是对话式讲解。所谓对话式讲解是指讲解者在讲解的过程中不但要清楚地表达自己对问题的理解和见解以及自己解决问题的思路和方法，还伴随有提问启发、引导同伴参与一起思考、探究，听讲者也不是被动的听讲，而是积极参与其中与讲解者、同伴和教师展开对话交流，共同完成知识意义的建构和问题的解决。对话性讲解加强了学生的参与度。在对话性讲解的课堂上不是少数几个学优生代替教师进行讲解，而是每个学生人人参与其中，每个人（包括教师）既是听讲者也是讲解者。

对话式讲解又可分为启发式对话讲解和交互式对话讲解。启发式对话讲解是指讲解者在讲解的过程中,讲解者不是一气呵成地讲述完自己解决问题的思路和方法,而是根据讲解的内容不断地提出一些思考性的问题启发听讲者思考和回答,从而共同完成讲解任务,如下面的案例 6-3 。交互式对话讲解是指在讲解的过程中听讲解者主动参与其中,待讲解者一结束就主动阐述自己不同的观点和方法与其进行对话交流。在启发式对话讲解中,有主讲者和听讲者之分,而在交互式对话讲解中,这没有主讲者和听讲者之分,参与者都是主讲者又都是听讲者,教师也参与其中进行平等的对话交流。案例 6-4 充分体现了交互式对话讲解这一特点。

案例 6-3　一元二次方程的概念——启发式对话讲解[①]

生 1:我先问大家一个问题:$7^2 + (x+6)^2 = 10^2$;$(7-x)^2 + (6+x)^2 = 10^2$;$x^2 + x^2 = 10^2$ 这三个方程是不是整式方程?

众生:是的。

生 1:它们都有几个未知数?

众生:1 个。

生 1:未知数的最高次数是多少?

众生:2 次。

生 1:我们现在将这三个方程化简整理成右边为零的形式,第一个方程可化为什么形式?

众生:$x^2 + 12x - 15 = 0$。

生 1:那第二个方程呢?

众生:$2x^2 - 2x - 15 = 0$。

生 1:那第三个方程呢?

众生:$x^2 - 50 = 0$。

---

① 本案例选自成都市龙泉中学罗仁亮在 2012 年 3 月教育部《基础教育课程》杂志和北京师范大学基础教育课程研究中心主办的全国《"丰富学习方式,激活数学课堂"暨初中数学课堂教学创新研讨会》所上的导学讲评式教学展示课。

生1：好！那下面大家观察一下这三个化简后的方程，它们有哪些共同点？哪位同学可以和大家分享一下你的观点？吴琦同学。

生2(吴琦)：它们都是整式方程，都有一个未知数，且未知数的最高次数是2。

生1：还有没有其他的共同点呢？小组内可以进行补充说明。

生3：它们还有一个共同点是它们都可以化简成 $ax^2+bx+c=0$ 的形式，其中 $a\neq0$。

生1：对的，并且这里 a、b、c 为常数，这也很重要。非常好！请坐！那现在我们一起回顾一下我们以前学习的一元一次方程的定义是什么？

生4：只含有一个未知数且未知数的最高次数为1的整式方程叫一元一次方程。

生1：对的，这个定义中的关键词是：一元、一次、整式方程，并且一元一次方程都可以化作 $ax+b=0(a\neq0)$ 的形式。类比一元一次方程的定义，那我们可以概括出一元二次方程的定义了！哪位同学可以大胆尝试一下？

生5：只含有一个未知数且未知数的最高次数为2的整式方程。

生1：还有很关键的一句是什么？

生5：它都可以化简成 $ax^2+bx+c=0$ 的形式，其中 $a\neq0$。

生1：非常好！这里我们强调了一元二次方程都可以化简成 $ax^2+bx+c=0$ 的形式，其中 $a\neq0$。那么问题来了，这里为什么 $a\neq0$ 呢？

生6：因为当 $a\neq0$ 的时候二次项为 0，那么 x 的最高次数就不是2次了。

生1：对！这位同学回答得非常好！那什么是整式方程呢？

生7：等号左右两边都是关于未知数的整式的方程叫作整式方程。

生1：对的！即未知数不能出现在分母的位置。那在这个一般式 $ax^2+bx+c=0$ 中，什么是二次项？

众生：ax^2 是二次项。

生1：什么是一次项？

众生：bx 是一次项。

生1：什么是常数项？

众生：c。

生1：那什么是二次项系数？

众生：a 是二次项系数。

生1：什么是一次项系数？

众生：b 是一次项系数。

生1：那现在请一位同学说一说一元二次方程定义里的关键词有哪些？

生8：一元、二次、整式方程，还有一般式 $ax^2+bx+c=0$，其中 $a\neq0$。

生1：对的，定义里的关键词主要是这几点，并且这也是我们解题中的难点和容易忽略的，这里尤其是要注意二次项系数 $a\neq0$ 这一条件。

案例 6-4　均值不等式的运用①——交互式对话讲解

本节课是在学生学习了基本不等式"$\dfrac{x+y}{2}\geqslant\sqrt{xy}(x>0，y>0$，当且仅当 $x=y$ 时取'='号)"后的一节习题课中案例 1 的学生讲解。

例 1：已知 $a>\dfrac{1}{2}$，求 $2a+\dfrac{8}{2a+1}$ 的最小值。

在学生先进行自主学习探究后，进入了师生对话讲解环节。

生1：由基本不等式可知，当两正数积为定值时和有最小值。但本题中的两项之积不是定值。由于第二项的分母是 $2a+1$，要想乘积为定值，就必须将 a 变形构造出 $2a+1$ 的式子，由此可将原式变形为"$\dfrac{1}{2}(2a+1)+\dfrac{8}{2a+1}-\dfrac{1}{2}$"，这样前两项之积就是定值，问题即可解决。

生2：他的解法中，构造 $2a+1$ 时出现了分数，而分数的计算不如整数简单，我在解答此题时为了避免出现分数采用了以下解法：令 $y=a+\dfrac{8}{2a+1}$，然后等式两边乘以 2 得：$2y=2a+\dfrac{16}{2a+1}=(2a+1)+$

---

① 本案例由成都市太平中学黄芳提供。

$\dfrac{16}{2a+1}$—1，这样前两项之积为定值，问题即可得解。同学们还有更好的解法吗？

生3：他们两位都是着眼于分母的字母 a 的系数进行构造，我们还可以着眼于整式 a 的系数构造。由于第一项是 a，只需把分母的字母 a 的系数也变成1就好办了。我的解法如下：$a+\dfrac{8}{2a+1}=a+\dfrac{4}{a+\dfrac{1}{2}}=$

$\left(a+\dfrac{1}{2}\right)+\dfrac{4}{a+\dfrac{1}{2}}-\dfrac{1}{2}$，这样前两项之积就是定值，问题就可解决了。

生4：我认为本题的困难主要是分母不是单项式，我采用的方式是换元法，把分母变成单项式，这样问题就好解决了。令 $b=2a+1$，则 $a=\dfrac{b}{2}-\dfrac{1}{2}$，原式 $=\dfrac{b}{2}+\dfrac{8}{b}-\dfrac{1}{2}$，这时前两项之积为定值，问题也就解决了。

师：他们几位给出了不同的解法，大家认为这几种解法各有何特点，哪种解法最优？

生5：生2的做法让我眼前一亮，他令 $y=a+\dfrac{8}{2a+1}$，然后等式两边乘以2，问题就迎刃而解。不过，最后别忘了除以2，我们求的是 y 的最值而不是 $2y$ 的最值。

生6：我喜欢生4的做法，这个解法我完全没想到，通过换元它变得如此的简单。看来解题中恰当的利用换元的思想方法会使问题变得非常简单，这点值得我学习。

师：同学们的解法很好，都抓住了基本不等式的本质特征，但他们的几种解法又有不同的视角和特点。生1、生2和生3采用的是构造法。生1和生2是着眼于第二项分母 a 的系数进行构造 $2a+1$，生3是着眼于第一项整式 a 的系数，将分母 a 的系数化为1后再构造式子 $a+\dfrac{1}{2}$；生4采用的是换元法，直接将分母变换成单项式 b，他们的解法都体现了一个共同的数学思想——化归转化的思想，即通过构造法和换元

法将原式转化为基本不等式来解决问题。现在大家思考一个问题，这几种不同的解法中哪个具有一般性，哪个最简单？能否把它推广到一般形式？

在教师的点拨引导下，学生进入了认真的思考，并在小组内展开了讨论，最后得出生 2、生 3、生 4 的解法都很好，生 4 的解法更简单，也具有一般性，并且与自己的解法进行比较调节了自己的思维和思考方法，获得了丰富的个人解题经验（在本课结束时的"学习反思"中，很多学生谈到了自己的个人经验和体会）。当老师给出这类更一般的函数 $y = mx + \dfrac{k}{lx+n}\left(m，l，n，k\ 均为大于零的常数，且\ x > -\dfrac{n}{l}\right)$ 求最值问题时，学生很快地就解决了。在学生理解和掌握了本题的一般规律后，对于本例的 4 个变式练习很快就完成了。

本案例学生的讲解中，每个参与者都主动地参与对话交流，讲述自己不同的解法，教师也参与其中发表自己的意见。这里的讲解是属于对话式讲解中的交互式对话讲解。

有以上讨论可知，DJP 教学中学生讲解的类型如下图 6-2：

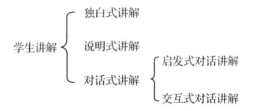

图 6-2　DJP 教学学生讲解结构图

需要指出的是，以上几种讲解类型，随着 DJP 教学的开展，各个阶段有所侧重体现，但并不是说每个阶段都只对应着一种讲解类型，在不同的进行阶段几种讲解类型均可能出现，这是由班上学生的差异所致。

二、 学生讲解的方式

在具体的 DJP 教学中，学生的讲解可分为一对多讲解、一对一讲解、多对一讲解和多对多讲解几种讲解的方式。一对多讲解是在小组代表在面对全班学生或者小组成员对于较难的问题时的讲解；一对一地讲解是在小组学困生询问小组成员，小组内的学优生对学困生的辅导式讲解；多对一讲解是小组内成员集体帮助学困生时的讲解；多对多讲解是在全班分组活动时各个小组成员的自由结对讲解。下面是在课堂教学中几种讲解方式的图片。

面对小组成员的多对一讲解

小组代表面对多全班的一对多讲解

个别学生帮扶讲解—— 一对一讲解

小组成员结对讲解——多对多讲解

图 6-3

三、 学生讲解的原则

在教学实践中，很多教师不分轻重将一节课要学习的内容全部拿到课堂上让学生讲解，而且有些教师生怕学生没听懂，在学生讲完后，还把学生讲解的内容重复讲一遍，结果课堂教学时间不够，导致了完不成一节课的学习任务，很多教学内容到下课时都未完成。同时，有些学生的讲解，不是讲如何思考和解决问题的思路和方法，而是直接讲结论或者直接讲解答的过程，从而看不到解决问题的思维过程，致使一些学困生听不懂，学不到讲解者解决问题的方法，从而不能有效体现和发挥学生讲解的价值和作用，课堂教学效率不高。要使学生讲解更加有效进行，学生必须遵循"四讲三不讲"原则。

"四讲"：讲自己解决问题的思路与方法；讲自己新的理解与发现；讲他人的忽略点与易错点，讲自己的体验与感受。"三不讲"：大家已懂的不讲；他人已讲的不讲；与本课无关的内容不讲。

贯彻学生讲解的这一原则，要注意以下事项：

(1)教师要对学生进行如何讲解的指导和培训，告知学生在讲解中要讲什么，不讲什么。具体方法可以现场指导，当学生的讲解内容和方法不当时给予及时地提醒和矫正。

(2)对学生讲解的策略和方法进行点评和分析。具体方法可以由教师在学生讲解后进行点评，也可以引导学生对学生的讲解进行评价分析。

(3)引导学生进行自我反思总结。

第五节　学生讲解的注意事项

实践证明，学生讲解是提高学生核心素养和学习效率的有效学习方式并受到学生的广泛欢迎，但要提高讲解的质量还要注意以下两点。

一、 在学生讲解之初不要因为花费时间较多而轻易放弃

在学生刚接触讲解时，会因为不熟练而花费较多的时间或课堂的容量不大，这时教师千万不要因此而放弃让学生讲解。因为，虽然知识的容量不大但思维的容量较灌输式教学更大，理解更加深刻，失去的时间会通过学生讲解中获得对知识意义更深刻的理解而得到补偿。正如杜威指出的："表面上失去的时间，可以从所获得的深刻的理解和生动的兴趣中补偿，而且绰绰有余。"①实践表明，在学生熟练掌握讲解的方法后，一些课堂的容量比传统教学的容量还要大。

二、 对学生讲解的内容和方法要进行指导

学生讲解的内容主要应聚焦于三个方面：思路与方法、创新与发现、体验与感悟。讲解的方式应采用启发式讲解和对话式讲解为主。对于新施行的年级要对学生进行培训。培训方式有三种：一是播放高年级学生的讲解录像；二是采用典型引路，即在班上先让一些表达能力强的学生进行示范引领；三是在学生讲解的过程中进行现场矫正和指导。

---

① ［美］约翰·杜威：《民主主义与教育》，王承绪译，237 页，北京，人民教育出版社，2001。

第七章

导学讲评式教学的
评价

评价是 DJP 教学目标达成的保障。本章从学习性评价入手，先介绍 DJP 教学所独创的学习内评价的内涵和基本特征，再重点论述 DJP 教学中的小组学习评价和课堂教学评价。

第一节　学习性评价

一、 学习性评价概述

（一）学习性评价的定义

"学习性评价"是在"形成性评价"基础上发展演变而来的，在新课程改革评价理论指导下的课堂评价实践。在国际基础教育课程改革中，学习性评价对提高教学质量的作用越来越凸显。许多研究表明，学习性评价已成为课程与教学改革成功的关键因素。[①]英国伦敦大学国王学院的科学教育教授布莱克与他的同事自 1998 年以来对"学习性评价"进行了深入的文献和开发研究，给"学习性评价"下了一个宽泛的定义："学习性评价"是指其设计与实施的首要目的在于促进学生学习的任何评价。[②]2002 年，英国"评价研究小组"做出的界定是："学习性评价是寻求与解释证据，让学生及其教师以此确定他们当前的学习水平，他们需要追求的学习目标以及如何达到所要追求的学习目标的过程"，并据此提出了学习性评价的 10 条原则。从这些定义看，"学习性评价"是"发生在教师和学生日常教学互动中的评价""渗透于教学活动的整个过程""教学与评价之间存在着密切的联系，通常很难在两者之间划清界限"。但这并不

---

① 熊作勇：《课堂评价与国家科学教育标准》，2 页，北京，科学普及出版社，2006。

② Black P，Harrisoon C，Lee C，Marshall B，Dylan W. Working inside the Black Box：Assessment for Learning in the Classroom [J]. p2 Phi Delta Kappan，2004(9).

是说，任何课堂教学中都必然伴随着"学习性评价"活动。事实上，在"学习性评价"受到重视以前许多课堂上很少见到这样的评价活动，只有在优秀教师的课堂上人们才会发现它。[1]

教学显然不是机械地传授知识，而是一种极其复杂的创造性活动，是人与人的极其复杂的相互关系。学习性评价不是教学活动结束之后进行的孤立的评价，而是有机渗透于教学过程中的一种评价方式。它主要有以下两个方面的作用。[2]

第一，学习性评价有助于促进教师的有效教学。有效教学必须以全面深刻地了解和理解学生差异为前提。学习性评价要求教师在教学过程中时刻关注学生的学习过程，及时确定学生在学习中处于什么位置，需要达到什么目标，并判断采取何种教学措施使学生更好地达到目标；深刻理解学生获得、保持和应用知识、技能、技巧的方法和过程(包括学生在学习知识的过程中使用了什么学习方法、使用了何种思维策略、在头脑中发生了什么样的思考过程、对于知识的意义和用途有怎样的理解等)；充分了解学生学习过程中的不同需要(如学生有什么学习困难、产生学习困难的原因、认知风格、能力水平等)。通过这种细致入微的及时评价，教师在充分了解学生的基础上，针对不同知识背景、不同兴趣爱好学生的差异，及时调整教学计划、教学重点和教学行为，使教学更有效。

第二，学习性评价有助于促进学生的有效学习。在学习性评价中，教师为学生提供了自身学习情况的信息，帮助学生意识到自身是如何学习的，如何在对教师所提供的信息做出反馈的过程中发展自己的学习能力，有效地掌握学习内容，并找到如何调整和改进自己学习行为的途径，主动自觉地去达到教育教学的要求，对自己的学习负责，并不断提高自我评价能力，从而更加有效地学习。

----

[1] 丁邦平：《从"形成性评价"到"学习性评价"：课堂评价理论与实践的新发展》，载《课程·教材·教法》，2008(9)。

[2] 丁灵巧，丁邦平：《学习性评价在小学科学探究式教学中的运用》，载《外国教育研究》，2007(12)。

（二）三种评价及其功能

随着教学评价的发展，出现了对学习的评价(assessment of learning)、为学习的评价(assessment for learning)和学习内评价(assessment in learning)三种学习评价形态，它们在学生发展中产生不同的功能作用。

1. 甄别与选拔的评价——对学习的评价

"对学习的评价"又称"学习的评价""关于学习的评价"或"终结性评价"，是运用标准化考试对学生学习结果进行的评价。对学习的评价具有三个明显的特点：第一，在评价观上，对学习的评价是一种甄别、选拔的评价观。第二，在评价对象上，对学习的评价关注的是学生的考试成绩，换句话说，是甄别学生完成学习目标的程度，依据考试成绩对学生进行鉴定、选拔。第三，在评价过程上，对学习的评价是静态的、终点式的评价。

传统教学中，教师在设计一个单元的教学活动时往往主要着眼于教学目标、教学策略、教学资源。在教学活动的末尾，他们可能(也可能不)设计一个测验或考试来作为对教学成果的评价。这种测验或考试一般具有以下特征：学生被赋予一个数字或字母表示的分数，把学生的成绩和某种预先设立的标准做比较或和别的学生做比较；学生的成绩要告知家长；在学习结束时进行。这正是对学习的评价的一些典型特征。它关注学生对学习的掌握程度，而对学生的学习过程则很少顾及。

受应试教育的影响，学校、教师、学生和家长关心的都是分数以及排名，标准化考试成绩成了衡量这一切的主要指标。然而，正像该评价的功能在于甄别和选拔一样，频繁的标准化考试只会给成绩好的学生带来少许欢乐，而对大多数学生，尤其是功底薄、成绩差的学生来说，则是压力和障碍。标准化测验一般是在教完一章节后便实施，考完后又接着讲授新的内容，在这种"新课—测验—新课"的链条中，成绩差的学生由于"上链"没过关而影响到"下链"，如此日积月累，这些学生的学习困难越来越多，最终导致丧失学习信心。

2. 激励与促进的评价——为学习的评价

"为学习的评价"又称"为了学习的评价""形成性评价"或"过程性评价"，是"寻求和阐释证据的过程。这些证据被学习者和教师用来确定学习者们离教学目标有多远、他们需要向哪里去和如何最有效地到达那里。"[①]为学习的评价具有三个明显的特点：

第一，在评价观上，"为学习的评价"是一种发展性的评价观。该评价不仅关注学生达到目标的程度，更重要的是，它让学生参与评价，使学生在学习过程中明白哪些地方做得好，哪些地方需要改进，与既定学习目标有多大差异以及怎样去缩小这些差异。因而，"为学习的评价"不仅使每个学生在原有基础上有所提高，而且使学生学会给自己"把脉"，不断改进学习。

第二，在评价对象上，为学习的评价不仅关注考试成绩，检验学生知识的储存和技能的掌握程度，它更多地关注学习本身，即把学生学习的过程作为评价对象，如此，评价的甄别、选拔功能被淡化，从而突出了对学习的促进作用。

第三，在评价过程上，"为学习的评价"是个动态的、从学习起点到学习终点的评价。教学伊始，教师即向学生说明该单元的学习目标，学生据此制订各自的学习计划。学习过程中，教师不断地帮助学生分析与目标的差距，不断地修改学习计划，逐步完成各个分级目标，最终完成学习目标。因此，"为学习的评价"的整个过程始终贯穿着激励、促进的功能。

3. 认知与生成的评价——学习内评价

"学习内评价"是 DJP 教学创立的一种新的评价方式。"学习内评价"是指学习本身所固有的，内在于学习活动之中的，能够满足学习自身需要的认识性实践活动。它不是镶嵌于学习之中的，而是在学习过程

---

① 《Assessment Reform Group，2002A》，转引自韩宁：《从关于学习的评价到为了学习的评价》，载《中国考试(研究版)》，2009(8)。

中产生的，是学习的一种基本性质，也是有效学习的组成部分。①

首先，学习内评价是学习本身所固有的基本性质。学习本身就具有评价的性质与要求。瑞典学者马顿指出："学习就是鉴别。"②这里的"鉴别"指的就是学习内评价。学习内评价的标准不是外摄的，而是由学习自身提供和生成的，即由知识的性质、学生认知发展的特点以及学习本身的特点来决定的，是在学习过程中基于学习自身的需要而产生的。

其次，学习内评价是学习活动的有机组成部分。由于学习内评价是学习活动本身所固有的评价，伴随学习活动过程而产生和进行，因此它是在学习活动之中的评价。学习内评价是一个持续的过程，是学习活动主要的、本质的、综合的组成部分，贯穿于学习活动的每一个环节。

最后，学习内评价本质上是一种认识性的学习实践活动。学习内评价的目的是认识学习及其对象的价值，因而不是拿价值去判断，而是通过判断去认识、发现、生成、感悟价值。正如美国《国家科学教育标准》所指出的那样，"评价和学习是一枚硬币的正反两面……当学生参与评价时，他们应能从这些评价中学到新东西。"③学习内评价不是为了证明与改进，而是为了明了和认识，它具有很强的认知功能和生成功能。

（三）学习内评价的特征

学习内评价不但让学生看到自己成长的历程，而且使评价成为学生学习活动的有机组成部分和重要的学习内容，具有内蕴性、对话性、生成性和反思性等基本特征。④

1. 内蕴性

学习内评价的内蕴性是指评价不是外界环境对学习施加的影响，而是学习本身的一种内在性质。学习内评价的内蕴性主要体现在以下几个方面：

---

① 王新民，王富英：《学习内评价的含义及其基本特征》，载《教育科学论坛》，2011(5)。
② 郑毓信：《变式理论的必要发展》，载《中学数学月刊》，2006(1)。
③ 《课堂评价与国家科学教育标准》，转引自丁邦平：《从"形成性评价"到"学习性评价"：课堂评价理论与实践的新发展》，载《外国教育研究》，2007(12)。
④ 王新民，王富英：《学习内评价的含义及其基本特征》，载《教育科学论坛》，2011(5)。

第一，评价是学习的构成要素。早在《中庸》中评价就被视为学习的重要环节："博学之、审问之、慎思之、明辨之、笃行之"，这四个学习环节中的"明辨之"就是一种评价活动，而在"审问之"与"慎思之"中也有评价的参与，否则便难以做到"审"与"慎"。著名心理学家布鲁纳指出："学习包含三种几乎同时发生的过程：(1)习得新信息；(2)转换(改造知识)；(3)评价——检查我们处理信息的方式是否适合于这项任务，如概括是否合适，外推是否恰当，运演是否正确，如此等等。"① 在学习过程中，评价以保护、完善与确认的方式参与知识意义的建构。

第二，评价是学习主体与学习客体相互作用的一种内在形式。在学习内评价中，评价的本质就是比较与鉴别。皮亚杰的发生认识论认为，认识是一种反身抽象(反身抽象是指大脑对心理活动本身的思考，而不是对外部事件的思考，而产生一种前后连贯的信息系统的方式)的内源过程，其中"同化"与"顺应"是其中的两种基本过程。在同化过程中，学习者的主要活动是对学习信息进行选择，通过比较、价值判断筛选出那些"最合意的""最有价值的"信息作为学习的对象，因而"同化"具有评价的性质。在"顺应"的过程中，学习者审视、矫正、重组内部图式以优化自己的认知结构，"顺应"也具有评价的性质。因此，如果说"个体的智慧和认识是通过与环境相互作用而得到生长和发展的"，那么学习内评价就是这种相互作用的一种内在形式。

第三，评价是学习者的自组织学习活动。"自组织是指系统在没有任何外部指令或外力干预的情况下，自发地形成一定结构和功能的过程和现象。"②学习内评价使学习者成为评价的主体，评价不再是作为一种手段或环节镶嵌在学习过程之中，而是作为一种矫正机制内在于学习活动之中，自发地改进和完善自己的内部知识结构与经验结构；评价变成了学生学习的内在需要，成为学生自觉的学习行为，特别是学生可以根据知识本身的价值与自我发展的愿望来确定评价的标准或价值。

---

① 施良方：《学习论》，192 页，北京，人民教育出版社，2000。
② 李祎：《数学教学生成论》，11 页，北京，高等教育出版社，2008。

2. 对话性

当代教学理论认为，对话是教学的本质，"没有沟通就不可能有教学"。[①] 在学习内评价过程中，学习者为了使自己的观点和见解获得他人的评析以确立自己的认识是否正确，就要与他人进行对话交流。实际上，评价作为一项学习实践活动，是内隐的，是不能被测量的。评价信息的产生与选择、评价过程的展开以及评价效果的反馈等，均需在对话的过程中进行。特别是评价的标准，除了知识本身所具有的相对确定性外，"结构的确证性"（证据之间的一致性）和"参照的适切性"有助于理解教育现象，[②] 而后两者只有在对话与沟通之中才有可能达成或实现。需要强调的是，学习内评价的对话，并不是传统教学中的"一问一答"式的师生互动活动，而是一个相对完整的学习过程。

在 DJP 教学中，这种对话性的评价一般要经历以下四个阶段：

一是展示，学习者将自己或小组的学习成果或作品通过语言描述（口头的或书面的）呈现出来。

二是解释，利用一定的依据、理由或实例来说明或解释所呈现内容的意义，使得同伴或老师能够理解。

三是评判，通过师生质疑，发表各种观点或看法。

四是反思，提炼知识要点、明晰知识意义、分享学习成果，通过反思明确自己以及他人在完成任务过程中的作用，体会和认识自身的价值、他人的价值、合作的价值、知识的价值等。

通过评价的四个对话阶段，学习者经历了与文本的对话、与自我的对话、与同伴的对话和与老师的对话四个过程，开展了行为操作的对话、思想认识的对话以及情感态度的对话，从而比较好地体现了新课程提出的"三维"目标。

---

① [日]木下百合子：《教学沟通与教学语言之研究》，转引自钟启泉：《对话与文本：教学规范的转型》，载《教育研究》，2001(3)。

② 李雁冰：《课程评价的新途径：教育鉴赏与教育批评 ——艾斯纳的课程评价观再探》，载《外国教育资料》，2000(4)。

3. 生成性

在教学中，"生成"是与"预设"相对的一个概念，是教学内容与资源不断发展与创造的过程。从本质上看，学习内评价是在师生共同参与的探究性学习活动中意义、精神、经验、观念、能力的动态生成过程。

第一，评价的标准是动态的、开放的。学习内评价审视的是变动而复杂的学习过程，关注的是学生在知识、经验、能力、思想、情感与精神等方面的发展变化，因此，不可能也没必要事先设置一个明确而具体的评价标准。评价的标准生成于学习过程之中并随着学习的进程而变化，其中包括意义建构的合理性、知识结构的正确性、操作经验的有效性、理解解释的适切性以及生命活动的主动性等。这些标准都是过程性的，其价值和作用只有在评价过程中才能体现出来，也即学习内评价的价值不是预设的而是生成的。

第二，评价的过程和方式是多元的、非线性的。评价的信息是学习过程中所产生的一切有发展价值的学习性信息。对评价信息的选择体现了学习者的独特视域：可以选择认知性的信息，也可以选择情意性的信息；可以针对正确的信息，也可以针对错误的信息。评价的方式是以对话为基础的多种形式，有自评，也有他评；有量化评价，也有质性评价。

第三，学习内评价具有创造性与超越性。在评价中，学习者通过整理自己知识与思想的过程，放大那些重要的、本质的，具有生命价值的而且又是隐性的东西。一方面，通过评价可以将学生构建知识的新模式生成新的解释系统，"把新信息织进一个牢固的整体，这个整体会弄清楚新信息并使之与他们的经验和知识相一致"。① 另一方面，评价成为学生发表自己观点，展示自己生命活力的过程。评价可以促进学生生命活动过程和状态的优化，使学生体验到人格的尊严、真理的力量、创新的价值、交往的乐趣与人性的美好，感受课堂中生命的涌动和成长。

---

① 李雁冰：《课程评价的新途径：教育鉴赏与教育批评——艾斯纳的课程评价观再探》，载《外国教育资料》，2000(4)。

4. 反思性

苏格拉底说："未经审视的生活是没有价值的生活。"[①]学习作为学生的基本生活方式和生命成长过程更需要审视，需要学习者时时刻刻查问和审视自己的学习过程，学习状态及所接受与产生的各种知识经验，唯有如此，学习才是有效的、富有价值的。这里的查问和审视就是所谓的反思。美国著名教育家杜威将反思界定为："所谓思维或反思，就是识别我们所尝试的事和所发生的结果之间的关系。"[②]在学习内评价中，反思不但是一个重要的对话性环节，还是学习内评价的一个内在性质。学习内评价的反思性主要有以下三个特点。

一是反思的自觉性。学习内评价使得反思成为获取知识意义的必要环节并转变为学生学习的一种需要，这种需要主要体现在三个方面：其一，学习者要把自己的理解和观点展示、解释给老师与其他同学，就必须对自己学习的心路历程进行反思；其二，在接受大家的评价时，为了维护或完善自己的理解或观点，需要再次查问和审视自己的学习过程；其三，在对他人进行评价时，需要同时思考自己与他人的学习过程。

二是反思的连续性。学习内评价中的反思不是发生在学习过程结束之后的单独的活动，而是融合在学习活动之中并伴随学习过程始终的一种思维活动，"它是由一系列被思考的事情组成的，其中各个部分联结在一起，持续不断地向着一个共同的目标运动"。[③]

三是反思的层次性。从评价的进程来看，学习内评价经历了具有递进关系的三种层次的反思。首先是个体化的反思，是学生对自己学习文本(教材、学案等)知识的过程以及所形成个性化的知识意义进行查问与审视，将经历到的模糊、疑难、矛盾和某种纷乱的情境转化为清晰、连

---

① ［美］罗纳德·格罗斯：《苏格拉底之道》，徐弢，李思凡译，25 页，北京，北京大学出版社，2005。

② ［美］约翰·杜威：《民主主义与教育》，王承绪译，153 页，北京，人民教育出版社，2001。

③ 高金光：《思维与反思性思维——杜威反思性教学理论浅析》，载《黑龙江教育学院学报》，2006(1)。

贯、确定与和谐的情境的过程；其次是讨论性的反思，是对学习小组讨论、交流、协商过程以及所形成的知识意义的查问与审视，以确定对话性讲解的内容、策略及方式；最后是对话性的反思，是对师生讲解过程的查问与审视，是各种视域相互碰撞、相互融合的过程，包括教师的点评、学生的质疑、各种思想方法的比较、不同观点的辩论等，以完成知识意义的社会化建构过程。

二、 学习性评价的基本策略

DJP 教学认为，学习性评价是新课程实践的基本要求，是提升教学质量的有效途径。有效实施学习性评价，评价的策略至关重要。DJP 教学以学习性评价中"评价组织"这一关键环节为研究出发点，就有效组织学生自评、同学互评、教师评价提出了基本策略。

（一）自我评价策略

学生自我评价在学习中具有"反省"作用。学生是学习和发展的主体，反思和自我评价是学生学习和发展的重要因素。在传统教学中，人们比较重视教师等外界环境对学生学习的反馈评价，而对学生的自我评价却缺乏应有的重视，学生很少自主地去反思和评价自己的学习过程和学习结果，往往只是被动地接受教师的教导，自我反思的意识和自我评价能力得不到有效培养。

1. 自我评价的含义

从心理学角度讲，自我评价是自我意识的组成部分，指自我对自己的行为、个性方面的评价，它是在儿童把自己当作一个主体来认识后，才逐渐学会的。自我意识是意识的一个主要方面，心理学家习惯于把意识的内部结构分为认知、情感、意志三部分，所以人们一般也从这三个方面来分析自我意识，即对自我的认识、对自我的态度和自我行为的调节，这三种心理成分组成了自我意识的基本形式，那就是自我评价、自我体验、自我控制，这三种心理成分是与知、情、意的心理过程相对应而作出的划分。① 从教育评价理论角度讲，自我评价是被评对象依据评价标准对自身所做的评定和价值判断。② 学生基于原有的自我认识，依据自身认可的评价指标和准则，对自身整体或某方面素质的发展所做出的认识和判断。学生学习中的自我评价指学生依据一定的评价标准，对自己的学习做出分析和判断，并对自身的学习进行自我调节的活动。

《教育大辞典》对"自我评价"词条的解释是：儿童个人对自己的行为、思想、能力和品质等好坏的判断或估量。③ 不难看出，心理学角度的自我评价主要是从自我意识角度来讲的，对应了自我意识的认知部分；教育学方面的自我评价主要是从评价方面来讲的，结合了学生的学习。顾先生的解释比较宽泛，适用范围比较广。综合他们的观点，结合学生的学习心理特点，我们认为，自我评价是指学生在学习过程中，基于原有的自我认识，依据一定的评价标准，对自己的认知、情感、意志和学习行为等方面的认识和判断，并进行相应调控的不断循环上升的过程，其实质是学生对自己学习意识和学习行为的反思和调控。

自我评价既是一种学习策略，又是一种能力。④ 作为学习策略，有效的自我评价会使学生正确认识自己学习中的优点和不足，以便及时进行调节和提高。自主学习研究专家齐默曼 1998 年指出，自我评价是一种重要的自主学习策略，自主学习者使用自我评价的次数明显多于自主性差的学生。作为一种能力，自我评价在学生学习中起着主导和先决的作用，直接影响着学生自我体验能力和自我控制能力的发展程度。自我评价能力是学生恰当地认识自己，实事求是地评价自己的基础，是自我调节和个性完善的重要因素。

个体自我评价有横向和纵向两种。横向是指个体通过与他人比较来评价自己，纵向是指个体与以前的自己比较来评价自己。儿童在心理发展尚未成熟的阶段，喜欢评价别人，喜欢从成人对自己的评价中学会评

---

① 杨清：《简明心理学辞典》，120 页，长春，吉林人民出版社，1985。
② 孔一童，周涛：《自我评价方法初探》，载《广西教育学院学报》，2004(3)。
③ 《教育学大辞典》，478 页。
④ 杜晓新，冯震：《元认知与学习策略》，4 页，北京，人民教育出版社，1999。

价自我，一般必须有别人促使才能进行自我评价，这是一种公开的自我评价，即按别人的要求进行并且公开出来的评价。随着年龄的增长，儿童开始从评价别人过渡到评价自己，这是一种潜在的自我评价，是由个体有意识地进行，并且不需要告诉他人的自我评价。从横向过渡到横向与纵向相互结合的自我评价，是一个连续不断的过程，是一个升华的过程。一旦个体形成自我评价的习惯，他就会自觉地对自身的状态进行横向和纵向比较，慢慢发展为独立的自我评价。独立的自我评价，是中学生有主见的表现。[①]

2. 促进学生自我评价的教学策略

(1)增强自评意识，形成反思习惯

自我评价在学生的学习过程中居于核心地位，它不仅影响个体在具体学习情景中的能力判断、行为评估、目标设置、结果预期，而且影响个体对学习过程的自我监控和基于学习结果的自我强化。因此，学生要具有自我评价的意识，减少对教师和家长的依赖性，逐渐增强对自己学习行为的责任感。

叶圣陶先生讲过："什么是教育，简单一句话，就是要养成良好的习惯。"学生在学习活动中，学业成绩的高低受到多种因素制约。中学生学习调查统计表明，学生的学习习惯越科学，越符合实际，学业成绩就越好。学习习惯包括学习的目的性、自觉性和系统性等，其中明确的学习目的有助于学习者合理地安排自己的学习、分配自己的时间；学习的自觉性则会影响整个学习活动、情绪体验、大脑状态、潜能的发挥；学习的系统性则决定了学生的认知结构和认知水平。显然，学生的学习习惯直接影响学习的过程和效率，学习能力是在学习过程中形成和发展的，学习习惯必然影响学习能力的形成和发展，影响学习潜能的挖掘及学习成绩的提高。因此，教师要引导学生增强和发展自我评价意识，并养成反思和自我评价的习惯。

---

① 刘丽娜：《初中化学学习中学生自我评价的研究》，硕士学位论文，山东师范大学，2005。

（2）引导学生正确归因，提高元认知监控水平

学生的成败归因不同，会影响学习动机和自我评价。学生自我评价如果不当，在一定程度上会产生自评障碍，比如优越心理（过高评价自己）、自卑心理（过低评价自己）、嫉妒心理（不适当评价自己）等，这些都不利于其身心的正常发展。因此，教师要引导学生进行正确的归因，使学生学会先从内部找原因，客观地分析影响其成败的因素，教师还要及时发现归因不当的情况，进行适当地引导。另外，学生良好学习习惯的形成，是一个持之以恒的过程，离不开其对自身学习行为的控制；学生进行归因后，特别是找到失败的原因后，还要有针对性地进行自我调节，逐渐改正自己经常犯的错误。因此，教师还要引导学生有意识地规划现在、计划未来，有效控制自己的思维和学习过程，提高自己的元认知监控水平。

（3）反思他人评价，建立良好的同伴关系

学生往往很容易简单地把学习成绩的好坏作为评价"好学生"和"坏学生"的标准，这种评价具有很大的片面性。教师应该让学生明白人是由许多因素组成的，他身上的优缺点不是只表现在考分的高低上，还表现在德、智、体、美等方面。对同伴简单地进行评价，不仅容易使被评价者局限在一个很窄的范围内，而且也影响了被评价者的自我评价；反之，同伴对自己的片面评价也会影响自己的自我评价。因此，在评价同伴时，应坚持辩证的、一分为二的观点，客观地评价他人；而对待别人对自己的评价时，不要一味地相信，不要因之而过分自傲或自卑，而是要反思他评，建立良好的同伴关系。

同伴关系在儿童社会化中起着成人无法取代的独特作用。[①] 积极的同伴关系有利于儿童社会价值的获得、社会能力的培养以及认知和人格的健康发展。良好的同伴关系可以使儿童在集体中被同伴接纳，在集体中占有一定地位，受到同伴的尊重和赞许，可以满足儿童归属和爱的需要及尊重的需要。儿童自我概念和自我价值的获得也受益于同伴集体。

---

① 赵红利：《论提高学生自我评价能力的策略》，载《河南教育学院学报（哲学社会科学版）》，2000（4）。

同伴可以提供关于自我的信息，也是儿童进行比较的对象。如果同伴关系不好，有可能会导致学生学习适应困难、自卑、不能客观地评价自己等问题。被同伴高度拒绝的学生，其心理健康和性格发展会出现问题或障碍。洛伯等人的研究认为，被同伴拒绝，会引起学生课堂上的破坏行为、敌意行为、消极情绪。鉴于此，教师必须努力指导学生建立良好的同伴关系，改善评价同伴的标准，使儿童在同伴集体的相互作用中通过评价他人和被别人评价，而不断地认识自我和改善自我。

（二）相互评价策略

学生相互评价在学习中具有"借鉴"作用。在学习过程中开展学生相互评价，是当前基础教育学生评价改革的一种探索，反映了评价主体多元化的趋势。"学生互评"是实现学生在评价中主体地位的方式之一，能赋予学生参与评价的机会和权力。在开展"学生互评"活动中，学生既是评价者，也是被评价者。[1] 学生互评不仅对评价者，而且对被评价者也有好处，能够提高学生的学习和生活技能，培养学生的责任感、元认知策略和评价能力。

1. 学生相互评价的教育功能

学生相互评价是一种以群体协作为基础的评价活动，对于促进全体学生的健康发展具有如下重要功能。[2]

第一，强化学生的自我意识。自我意识（self-consciousness）是个体对自己以及与周围人和环境关系的认识，是一种重要的心理品质。它不仅关系到个人的行为选择，而且也制约和调节心理成熟的过程，对人生的成败起着决定性作用。从中小学生的成长特点来看，正处于自我意识形成的关键时期，学校教育应特别关注学生在这方面的发展，帮助他们建立起正确的自我意识。心理学理论认为，自我意识的完善必须经过一个"客观化"过程，即自我意识的形成受到外界因素的影响，个体需要分

---

[1]　卢健：《"学生互评"现状研究》，载《福建教育学院学报》，2012(3)。
[2]　蔡敏，刘珠润：《论学习过程中的学生相互评价》，载《教育科学》，2005(4)。

析他人对自己的评价，客观地审视自我，从而丰富和健全对自己的认识。[①] 对于中小学生来讲，在所有可能的外部影响因素中，同伴作用显得尤为突出。他们非常在乎自己在同学心目中的"形象"，并努力通过别人的评价来调整自己的行为，以便获得大家的接纳。在学生中开展相互评价活动正好可以满足这种心理需求，帮助他们收集各方面的意见补充和矫正自我意识中的不足或偏颇。有学者认为，当其他同学的正确评价被学生理解和接受时，就会内化为完善的自我意识，并且最终产生能够进行自我调节和自我激励的心理动力。[②]

第二，培养学生的人格品质。学生相互评价对于形成良好的人格品质（personality trait）也能产生多方面的作用。归纳起来，主要体现在三个方面。一是促进诚实品质的养成。在学生互评过程中评价双方都要以诚恳和实事求是的态度参与评价，评价者要对他人的表现做出符合客观实际的分析，不能在评价中带有个人的偏见；被评价者也要认真听取别人的意见，不但要肯定自己的长处而且要正视自己的不足。二是促进谦虚态度的形成。要达到互相帮助的评价目的，无论是提出评价的学生，还是接受评价的学生，都要尊重对方，虚心向他人学习，在与别人的比较中发现自己的不足。三是促进互助行为的产生。学生要想在相互评价中提出有价值的意见，必须在平时就关心同学，留意他人在学习中的表现。学生能够在互评中指出别人存在的问题，是具有爱心的表现。如果还能进一步提出改进的建议，更表明对同学有热心。这样长期坚持下去，就会逐渐养成助人为乐的高尚品质。

第三，提高学生的交流能力。相互评价要求学生具有较强的交流技能（communication skills），能够以清楚、准确的语言表述自己的观点，使评价的内容有逻辑性和说服力，便于对方的理解与接受。因此，学生在互评中需要特别注意自己的语言技巧，仔细斟酌对于不同的评价对象应该如何发表自己的见解，怎样表达才能说得得体，既不伤害对方的自尊心，又不会助长骄傲情绪。对于这些问题的思考，不但能有效提高学

---

① 黄煜峰，雷雳：《初中生心理学》，221～222页，杭州，浙江教育出版社，1993。
② 金依俚：《小学生成长纪录式评价的形成与构建》，载《现代教育论丛》，2002(2)。

生的语言组织能力，而且还能促使学生主动去理解他人的思维方式，加深对人际交往多样性的认识和体验。从青少年的心理特征看，大多数中小学生都有很强的表现欲，喜欢在评价别人的时候展示自己的发现才能和新颖观点，这也是学生社会性发展的一种心理需要。相互评价恰恰能够激发学生的交流兴趣，为他们提供发表见解的机会，实现学生个体在班级群体交往中的价值。

2. 学生相互评价的组织形式

教师在教学中可以利用多种形式调动学生的学习积极性，然而，在学生中开展互评活动，曾被一些评价学者认为是一种"更加有效地促进学生学习的方法"[①]。为使学生相互评价与日常学习活动更加紧密地结合起来，教师应采取如下三种组织形式。

(1)一对一的同伴评价。所谓同伴评价，是指在学习过程中一个学生与另外一个学生结成对子，针对学习中的各种表现所进行的相互评价。这种评价方式实施起来非常方便，教师可以在教学中随时抓住时机，引导学生开展互评活动。例如，在课堂上，可以布置同桌的两个学生进行相互评价，在具体的学习情境中展开互相帮助。除了教师安排学生互评以外，学生也可以在课内外自行开展彼此的评价。同伴评价也有一定的缺陷，每一个学生只有一个评价伙伴，双方的见解难免有一定的局限性。为了弥补这一不足，教师应当提醒学生适当调换评价对象。这样，每一位学生便可以听取来自不同方面的意见，更加全面、客观地分析自己，找到今后的努力方向。

(2)小组成员的相互评价。DJP 教学是以小组为单位的学习，因此，进行学生互评，是教学中使用频率最高的一种评价形式。评价的问题可以包括[②]：第一，学生在完成小组任务的过程中，能否准时守信，是不是具有责任感；第二，在与其他成员合作时，能否虚心倾听别人的意见，

---

① Gronlund N E & Linn R L. Measurement and Evaluation in Teaching (6th ed). New York：Macmillan Publishing Company ，1990，p. 400.

② ［美］Ellen Weber：《有效的学生评价》，国家基础教育课程改革"促进教师发展与学生成长的评价研究"项目组译，240～241 页，北京，中国轻工业出版社，2003 。

对同学表现出尊重的态度；第三，对小组分配的任务能否认真、热情地完成，尽到个人的最大努力；第四，在其他人遇到困难的时候，能否主动关心、帮助，一起解决问题；第五，在小组合作中，是否具有一定的组织、判断和决策能力；第六，个人提出的观点是否具有新颖性和挑战性。当然，小组同学之间的评价也不只局限于这些方面，教师可以引导学生根据学习任务的性质和人员的组成特点，变化或扩展评价问题。

(3)小组之间的相互评价。小组与小组的相互评价，是一种以群体状态、行为和成果为对象的学生评价活动。这一评价形式一般是在小组之间开展竞赛的背景下进行的。在各种学习竞赛结束之后，每个小组对其他小组的情况进行全面的评价。小组之间的评价与个人之间的评价相比，在关注的焦点上有很大的不同。前者将小组作为一个整体来观察，主要评价小组的集体表现；而后者针对的是学生的个人行为。由于这个缘故，在开展小组之间互评时，每个小组的成员都会以饱满的情绪，参与到本小组的任务当中，谁都不想因为自己的过失而有损小组的评比结果。小组之间的评价能够有效唤起学生的合作热情，强化小组内部的凝聚力，对于培养学生的群体意识和协作精神，具有重要的作用。

3. 学生相互评价的基本策略

(1)选择适宜的评价内容

学生参与学习活动的过程和结果是复杂的，究竟应该确定哪些方面作为相互评价的内容，往往成为评价的难点。要想科学、合理地选择评价内容，需要把握好如下三个方面。

第一，评价内容要与学生培养目标相一致。教育部在《关于积极推进中小学评价与考试制度改革的通知》中，明确规定了学生评价的内容领域，包括：道德品质、公民素养、学习能力、交流与合作能力、运动与健康、审美与表现以及学科学业成就等[①]。这是我国对中小学生培养的总体要求，应当成为学生综合素质评定的基本框架。在这些总体培养

---

① 中华人民共和国教育部：《教育部关于积极推进中小学评价与考试制度改革的通知》，载《人民教育》，2003（Z1）。

目标之下，文件还列出了比较详细的内容指标，学校可以结合学生的实际情况，制定出具体的评价标准。

第二，评价内容应当符合学生的年龄和心理特点。评价内容超出学生的发展水平，会使评价失去针对性，评价结论含糊不清。例如，在小学阶段，绝大多数学生还不具有真正意义上的创造力。但如果让学生相互评价是否具备诚实守信的品质，便很有操作性。因为这类行为可以在平时的交往中清楚地表现出来。

第二，评价内容能够引导学生全面发展。许多实例表明，当前中小学生相互评价的范围仍然非常狭窄，一般仅限于学业成就和纪律表现。这种状况的存在，对于学生的健康成长非常不利，在很大程度上造成了对人格发展的轻视。

(2)采取变化的评价方式

学生相互评价的目的是推动群体内部评价信息的交流，促进全体学生的共同发展。为了给学生提供更多的互评机会，提高他们参与的兴趣，教学中可以使用多种评价方法。

第一，口头评价。这种方式不受时间和地点的制约，十分直接和方便。在口头交流中，学生可以就彼此存在的问题进行细致的分析，如果有不同的看法，还可以展开讨论或辩论。

第二，纸条评语。在许多情况下，教师可以组织学生在纸条上写出对其他同学的评价。此方法有三点好处：一是不用学生轮流发言，可以节省大量的教学时间，提高评价效率；二是纸条能够留下文字记载，便于学生事后进行自我反思；三是可以将不好意思讲出来的评价意见写在纸条上，用比较隐讳的方式表达个人的看法。当然，用纸条开展互评也有弊端，其中最大的问题是，不便于及时发现那些不积极参与的学生，因为人数很多，教师不可能一一检查他们是否在认真填写评语。

第三，表格评定。与上述两种评价方式相比，这种方法要复杂得多。首先，教师要和学生一道确定评价内容，明确相互评价应当包含的范围；其次，根据评价内容编制出具体可测的评价项目，以及对应的评价等级；再次，向学生讲清使用表格的注意事项，组织班级对每一位同学进行等级评定；最后，把评价表汇集起来，进行量化结果统计，得到每一个学生的评价成绩。由此可见，这种方法虽然正式，学生参与面大，但非常耗时，比较适用于学生人数少的班级。在教学时间资源比较紧缺的情况下，应慎重使用表格评价法。

（3）防止不良的评价倾向

中小学生的评价观念尚未成熟，判断能力还不强，在对其他同学的评价中很容易受到各种偏见的影响，出现一些错误的倾向。

其一，家庭背景取向。家长社会地位高或经济条件优越的学生，往往让同学们羡慕，容易得到较高的评价。而家庭条件不好的学生，却常常受到歧视与不公平的对待。尽管他们有许多优点值得学习，但很少被别人称赞和学习。

其二，顺从教师取向。学生在互评中不进行独立的判断，总是将老师表扬的学生看成是好学生，而对于受到批评的学生，就认为他们什么都差，给出很低的评价。虽然教师的评价标准能够在一定程度上代表学校教育的要求，但也不会总是正确的。例如有教师过分看重学生的智力水平，只把学习成绩作为评价的唯一标准，就是错误的。

其三，嫉妒心理取向。中小学生的嫉妒心理经常在相互评价中反映出来。明明看到别的同学有许多长处，但就是不给予承认，反而会表现出不屑一顾的态度。这种心理情绪对于学生之间的相互学习和相互帮助，是一种极大的阻碍。

其四，团体主义取向。在中小学生中，小团体现象是比较普遍的。所谓小团体，是指具有相同兴趣、需要和态度，成员之间感情融洽、行动一致的学生聚集在一起的同伴团体，也可称为非正式团体。[①] 因为小团体内部存在着彼此的"忠诚感"，成员都有对团体遵从和维护的"责任意识"，所以，在互评中会尽力表现团体成员优秀的一面，掩饰不足的一面。而对于那些不属于自己团体的同学，就只看到缺点，不肯定长处。

---

① 黄煜峰，雷雳：《初中生心理学》，221～222 页，杭州，浙江教育出版社，1993。

其五，身体外貌取向。在评价同学时"以貌取人"，把体态、长相、穿戴等作为评价的标准。如果学生有身体缺陷，如个子矮小、身体较胖、口齿不灵等，就会被看不起，得不到公正的评价。

总之，让学生积极参与学习评价的过程一方面是检测被评价者学习效果的过程，另一方面其实也是检测评价者学习效果的过程。因此，教学过程中引导学生参与评价不仅能有效地调动学生积极性，也能使学生主动地参与学习过程，更能让全体学生在这个动态评价系统中朝着良性的方向科学地发展。

（三）教师评价策略

教师评价在学生学习中具有"诊断"作用。学生学习中的教师评价是内在于学习过程，促进学生学习的评价。随着新课程改革的深入，出现了大量的关于学生学习中的教师评价的研究实践和研究成果。DJP 教学研究者们创造性地进行了教师评价中的延时判断策略研究。

1. 延时判断的含义

什么是教师评价中的延时判断策略？我们先从一个案例说起。

案例7-1　刘老师在九年级化学"金属放在酸里会发生什么?"的课上

一节课上，设计了不同的金属与稀硫酸的反应，让学生在观察现象的基础上分小组进行探究学习。在各小组汇报过程中，对于铁钉与稀硫酸是否反应，各组观察到的现象不同、结论不一。有的小组说观察到在铁钉表面有气泡产生，有的小组说没有观察到气泡，有的小组说观察不清楚，好像有，又好像没有。这时刘老师并没有立刻给学生讲可以看到什么现象、为什么？而是先让学生分析，再用同样的铁钉和稀硫酸做实验，并通过实物投影仪让全体学生共同观察，1 分钟后再轻轻震荡试管，让学生观察在铁钉表面慢慢逸出的气泡。

在上述案例中，刘老师对学生提出的问题没有立即做出评价，而是让学生带着问题再观察再思考，用的就是延时判断策略。

延时判断是相对于即时判断而言的。延时判断就是在学生回答问题或者提出新的创意时，教师不立刻做出判断，而是给学生一些自主思考或者辩论的时间，学生可以发表各种见解的一种评价策略。[1] 实施新课程，教师应实现角色转换，成为学生学习的促进者，延时判断是教师变换角色的具体表现之一。课堂上，面对学生的回答或提出的新方案、创意，一些有价值的、值得讨论的回答教师不要立即评价、判断，尤其不要轻易做出否定的评价。

在上述教学案例中，老师通过"延时判断"，把时间留给学生，鼓励学生把心中的疑问表达出来，让他们在独立思考、互相评判、甚至自言自语中，思维变得更加深入。如果没有"延时判断"，学生缺乏自主思考的时间，实验探究活动就会流于形式、浮于表面，无深度可言。给学生充分的思考时间，这是"教学留白"艺术，几秒钟至几分钟的"留白"可以给学生有足够的时间去再思考、再创造。

2. 延时判断的实践

DJP 教学研究表明，在学生回答问题后，"有答即评"的快反馈未必都是上策，在很多情况下，"延时判断"评价策略更有利于学生的全面发展。

下面这个教学案例是典型的延时判断教学实践。[2]

案例 7-2　莫斯科这个城市不属于凡卡

"我读了信中关于写莫斯科的一段话，觉得莫斯科这个城市不属于凡卡！"在读完凡卡写给爷爷的信的内容时，一位男同学站起来这样说。多么深邃的见解呀！在上课前我自己也没有想到这一点。"啊——"可大部分同学的反应却更出乎我的意料，他们有的皱起了眉头，有的嘴里"嘘"声不断，有的还回过头去看这位同学。很显然，大家对这位同学的

---

[1]　罗滨：《运用延迟判断评价策略提高学生的思维品质》，载《中国科教创新导刊》，2008(2)。

[2]　沈志娟：《给课堂注入新的生命活力——延时评价应用例谈》，载《小学教学设计》，2004(31)。

发言没有理解。面对这个状况，我反而冷静了：那就让其他学生先说说看法吧，只要那位同学说得正确，一定经得起考验。

于是，我对同学们说："对刚才发言中提到的'莫斯科'与'凡卡'的关系，大家有什么想法？"

生1：凡卡是在向爷爷介绍自己在莫斯科看到的一切。凡卡害怕鞋店里的檀头，但他喜欢橱窗里的钓竿和铺子里的枪。

生2：凡卡是在向爷爷介绍自己在莫斯科所看到的稀奇事。但这些事他又讲不清楚，因为他从早到晚都在鞋店干活，没有人理他，没有人跟他玩。

......

虽然同学们对那位男同学的发言不大赞同，但站起来时却又不约而同与那位同学持相同观点。这时的我，已经在为自己的拖延之计而暗自得意了。

不料，又有一位女同学举手："我觉得应该说凡卡不属于这个城市。"一波未平，一波又起，现在的孩子咬文嚼字的功夫越来越厉害了。我想听听下文，于是问道："你为什么这样认为？""因为我觉得凡卡虽然生活在这个大城市里，但是他与莫斯科的繁华与热闹是格格不入的。他是一个外来人员，是一个连伙计都要嫌弃的学徒，所以说这个城市并不接受他。"这位女同学的发言，无疑引起了全体学生的共鸣。孩子们的脸变得那么严肃。此时教室里静下来了，凝重的气氛让我知道孩子们都在为凡卡——这个可怜的孩子而悲伤。

这时候，我觉得时机已成熟，对第一个发言的男同学说："你能解释一下，为什么这个城市不属于凡卡吗？""凡卡虽然生活在这个大城市里，可是除了干活，他什么也得不到。他能得到的只有老板的毒打，伙计的捉弄，他得到的只有痛苦、饥饿、寒冷、孤独。所以，我觉得这个城市不属于凡卡。"一席话说完，教室里鸦雀无声。谁又能用语言来形容孩子们此时心中的震撼呢？虽然开始他们不理解，但此时，经过思维的碰撞，他们达成了认识上的一致。此时，孩子们无声的表现、热切的眼神不正是对那位男同学最大的赞赏吗？我深情地对孩子们说："同学们，不管是这个城市不属于凡卡，还是凡卡不属于这个城市，都有道理。我们大家都有一颗善良的心，都希望这个 9 岁的孩子能从这个城市得到一点关爱。"

这是一位小学语文教师在讲授《凡卡》一文后写的教学反思摘录。从上述案例看，第一位学生的发言确实是"一鸣惊人"。面对众学生的不解，如果教师出面解围，课堂无疑会从"群言堂"变成"一言堂"，教学氛围无疑会变得凝重。如果教师采用即时评价，他可能会拯救一个孩子自信心，而熄灭的可能是大部分学生的思维火花。

此时，教师灵活地采用了延时判断教学策略，即在孩子做出一件事情或说出一种想法之后，不急于对他的言行进行评价、做出结论，而是让它们处于一种自然发展的状态。正是这一拖延之计，给了其他学生广阔的思维空间，引导他们从不同角度、不同侧面来感悟"莫斯科"与"凡卡"之间的格格不入，来体验凡卡面对这一切的渴望与无奈。这一教学时段延时判断的应用，创设了宽松、和谐的研读氛围。在这样的氛围里，学生得以尽情地发表自己的看法。他们在发言过程中不约而同地想凡卡所想，悲凡卡所悲，为课堂自然建构"这个城市不属于凡卡"的内涵作了"无痕"的铺垫。当学生达到情感共鸣的时候，教师抓住时机，再让第一个同学站起来向全班解释，他终于得到了全班同学的理解与赞赏。看来，在教学中，恰当应用延时判断策略，会给我们的课堂注入新的活力。

在课堂教学中，教师可运用如下延时判断教学策略：

第一，应用延时判断，促进学生思考。新课程提倡在探究性学习中让学生独立自主地发现问题、解决问题，并在解决问题中能够独立思考，能有希望出现美丽的"杂音"，把这些杂音看成玫瑰，火花，民族的希望。

案例 7-3　用字母表示数

一位小学数学教师在"用字母表示数"课堂上，采用引例"青蛙跳水"提问："一只青蛙几张嘴，几只眼睛，几条腿，扑通几声跳下水？"学生听后一愣，以为老师今天怎么了，怎么问这么个问题。看到老师很自然的笑容后，学生开始争着举手回答这个简单而有趣的问题。教师请一位平时不爱举手的男学生回答。他一本正经、摇头晃脑地答道："一只青蛙一张嘴，两只眼睛，四条腿，扑通一声跳下水。"看着他像模像样、摇头晃脑的表情，全班学生哄堂大笑，看来这个引例给学生学习数学带来轻松的感觉。教师马上又问下面的问题："两只青蛙几张嘴，几只眼睛，几条腿，扑通几声跳下水？"学生回答："两只青蛙两张嘴，四只眼睛，八条腿，扑通两声跳下水。""三只呢？四只呢……"课堂气氛越来越活跃。"那么，当青蛙越来越多的时候我们该怎么表达？"教室里一下没了声音，每个学生都在思考。不一会儿，一名成绩不太好但很喜欢表达自己想法的学生勇敢地举起手，不想他站起来回答的却是："很多只青蛙很多张嘴，很多只眼睛，很多条腿，扑通很多声跳下水。"还没等他说完，学生都笑作一团。教师问："你们笑是同意还是不同意啊？""不同意。""那么，谁还有别的意见？"课堂上又响起一片议论声，大家对词语"很多"怎样表示进行充分讨论。一个学生答道："n 只青蛙 n 张嘴，$2n$ 只眼睛，$4n$ 条腿，扑通 n 声跳下水。"[①]

在这个案例中，教师借助延时判断为学生创设宽松、和谐、活跃的课堂氛围，让学生静心观察、分析和概括，由表及里，由浅入深，去伪存真，使课堂闪现出理性的光彩，创设出异彩纷呈的课堂。

第二，选准评价时机，促进学生探索。在正常情况下，由于受思维定式的影响，新颖、独特的见解常常会出现在思维过程的后半段，也就是常说的"顿悟"和"灵感"，若过早地对一个可能有着多种答案的问题给予终结性的评价，势必扑灭其他学生创新与思维发散的火花。运用延时判断，能让更多的学生有更广阔的思维空间，产生更多、更美好的创新灵感，使个性思维和个性品质得到充分发展。

---

① 谢君婷：《小学数学课堂延迟评价策略的应用》，载《中国教育技术装备》，2010(4)。

案例 7-4　除数是整数的小数除法

教师在引导学生归纳总结出除数是整数的小数除法计算法则后，布置学生完成 25.5÷6、86÷16。订正后又让学生尝试计算 1.69÷26。有位学生说出自己的计算结果是 6.5。教师并没急于评价，而是要求学生继续完成如下的练习题：16.9÷26、169÷26。学生在完成以上 2 题后，顿时发现自己的计算错误就在于"商的小数点没有和被除数的小数点对齐"。紧接着，让学生比较 25.5÷6、86÷16 以及 1.69÷26 这 3 道题中商与 1 的大小关系。A 生说："被除数前两位比除数大，商就比 1 大。"B生说："被除数的整数部分是两位数，商就比 1 大。"这时，教师并没有即时评价，而是问学生，能不能举出一个相反的例子。这时，C 生说："老师，A 同学的说法，我举不出反例，但还是觉得她讲得不太准确，只要直接说'被除数比除数大，商就大于 1'。对于 B 同学的说法，如果计算 25÷25，商就只等于 1 而不大于 1，说明他的讲法是错误的。"这时，教师接着问："你还有什么发现没有？"学生接着说："当被除数小于除数时，商就小于 1。"这时，学生在他的启发下，纷纷点头。

第三，把握评价内容，促进学生提升。延时评价并不是对所有的问题都适用，它适用于有多个不同答案的问题，有些问题有明显的正确答案，就不需要进行延时评价。

案例 7-5　15－9 等于几

教师在教学"15－9"时，创设小白兔、灰兔、松鼠等几个小动物到熊猫文具店买钢笔的情景：文具店有 15 支铅笔，卖了 9 支，还剩几支？教师鼓励学生尽量想出不同的计算方法。甲的算法："一支一支地减得 6。"（评：很容易理解，不错。）乙的算法："先从 10 支（一捆）里减 9，剩下的 1 再加 5 得 6。"（评：真好！先减后加。）丙的算法："9＋6＝15，所以，15－9＝6"。（评：能够联想到用加法算减法，真棒！）学生因思维角度不同，其算法也不相同。教师针对学生不同算法和特点都给予及时肯定，使学生不断地获得愉快的心理感受。这里即时评价诱发学生的多角度思维，使教学进一步发展。在教师快要进入下一个教学环节时，又有一个学生高高地举着手，主动地站起来说："老师，我的算法是先用 $9-5$ 等于 4，再用 $10-4=6$。"这时，其他学生用一种怀疑的眼神看着老师，但教师并没急于评价而是采用延迟评价的方法，让学生们议一议：用他的这种算法来计算 $12-9$、$13-9$，看结果对不对。学生们算完后异口同声地说："都对。"

要使延时评价对学生发展起到不可替代的作用，关键是要在课堂教学中及时捕捉延迟评价的契机，自觉采用延迟评价，促进学生发展。

3. 运用延时评价容易出现的问题及应对策略

延时评价策略如果运用不当，没有把握好延时评价的尺度，就容易产生问题。根据我们的研究，在教学中运用延时评价最容易出现以下三个问题：

第一，学生不知所措。如果老师的引导不到位或语言不准确，会让学生不知所措，不知道该想什么、做什么，会影响学生学习积极性。

第二，课堂节奏拖沓。若时机掌握不好，不该延时评价的地方耽误时间，就会浪费课堂宝贵时间，教师完不成教学任务，学生的学习密度、思维容量也降低。

第三，抓不住关键问题。有的老师不能灵活处理学生提出的各种创意和讨论内容，判断不准确，不能把学生的思维引向深入，错失很多机会。

要有效地避免上述问题，首先要求教师具有渊博的学科专业知识和灵活驾驭课堂的能力，注重从大局考虑教学设计，随时掌握课堂各种情况；其次教师要把 DJP 教学理念内化，转化成自己的日常教学行为，创设引人思考的教学情境，营造平等和谐的教学氛围，主动倾听，延时判断，给学生以心理上的支持，有利于思维的深入发展；最后要增强配角意识，把判断与评价分开，引导学生各类意见得以发表，不奉献现成结论，帮助学生学会从不同角度看待、分析和理解问题，鼓励学生大胆猜测、质疑，让学生自我判断，主动探索。

综上，DJP 教学认为，教师应用延时评价策略能使学生的学习真正变成自主的活动，使认知过程成为再创造的过程，进而在头脑中建构出新知识，使学生在自觉、主动、深层次的参与中，实现发现、理解、创造与应用。恰当地运用延时评价策略，给学生一个自由想象的空间，一个充分表现的机会，真正地把课堂还给学生。

第二节 小组学习评价

一、 小组学习概述

小组学习也叫小组合作学习，是 DJP 教学的重要组织形式和运行机制。从表面看小组学习是将学生组织成小组进行学习，而实质是通过组织学习小组的形式，改变"教师讲—学生听"的单一学习方式，培养学生合作学习的能力。随着课改的逐步深入推进，一线教师对合作学习的认识已经跨越理念走向行动：从盲目尝试到有序运作，从注重形式到讲求实效。如何真正让学生的行为、认知、情感参与到小组合作中来，使合作学习具有实效，这是大家十分关注的问题。DJP 教学认为，提高小组合作效率的策略很多，其中重要的一条就是加强学习小组的建设，包括小组构成、小组评价和小组奖励等策略的研究。

（一）小组学习的概念及内涵

小组学习是以班级内异质分组为基础的学习活动方式。小组学习旨在促进不同程度的学生在小组内自主、合作、探究学习，以实现共同的学习目标。小组学习是由教师事先设置问题、分配学习任务和预设教学流程的学习活动。它的内涵涉及以下三个层面：一是组建具有共同愿景的学习小组；二是以异质学习小组为主体开展学习活动；三是以各小组在单位时间内实现共同目标过程中的总成绩为评价的依据。

（二）DJP教学为什么要组织小组学习

1. 小组学习的必要性

学习方式的转变是新一轮基础教育课程改革的重点之一。新课改提倡自主、合作、探究的学习方式，改变过去单一被动的陈旧学习方式。小组学习是在自主学习基础上的合作学习，是转变学习方式的有效载体，也是培养学生自学能力、合作意识、创新精神和实践能力的有效载体。它能使学生人人参与学习过程，人人得到锻炼机会，在参与的过程中体验学习的快乐，获得心智的发展。小组学习也是DJP教学最基本的学习形式、最基本的学习单元，学生的自主、合作、探究学习方式通常通过学习小组来组织完成，课堂教学双边活动的开展也是主要通过小组学习来开展，所以小组学习在DJP教学的推进实施中显得尤为重要。

2. 学习小组的优势

第一，有利于教学过程中各动态因素的多边互动。教学的本质是互动对话，是人与人之间交往互动的社会性过程。课堂教学中学生的学习活动既是一种理性的认知过程，又是一种情感的、社会化的过程，通过人与人之间的交往和互动，个体社会化和社会个体化的对象性目的才能得以实现[①]。小组合作学习从主体构成上讲，它不仅包含了师生互动，更重要的是增强了生生互动的交流形式。这种互动方式改变了传统教学中教师教学生学的单一活动方式，而转为师生互教互学、共同发展的"学习共同体"。学生的主动性、创造性也因此得以充分发挥。

第二，有利于激发学生学习的内驱力。布鲁纳认为，同伴间的相互作用也是一种内部动机。小组合作学习改变了传统的分组方法，把全班学生划分成若干个异质成员组成的小组，给每个小组设置共同的学习目标，并对每个小组的学习过程和结果进行总体评价，小组内的每名组员便自然形成了一种相互捆绑的"利益共同体"。小组成员的集体荣辱感增强，学生学习的内驱力也自然增强。

---

① 郝志军：《中小学课堂教学评价的反思与建构》，载《教育研究》，2015(2)。

第三，有利于学生认知水平的提高。传统教学中，学生是知识的"旁观者"。DJP教学颠覆了传统的知识观和师生关系与角色形象，师生双方以"老师学生"和"学生老师"的身份参与到教学活动中来。在DJP教学小组学习过程中，学生是知识建构活动的积极参与者，教学过程中学生把自己获得的知识和技能教给组内的其他成员，达到人人教我，我教人人的效果。为了能够教得清楚、透彻，作为讲授者的学生，就必须对所要解释的材料认真阅读和分析，从而提高自己对知识的掌握程度。

第四，有利于学生主体地位的发挥。建构主义学习观认为，学习是学生主动建构的过程。为此，有价值的学习被认为是以学习者的主体作用为基础，强调认知活动中新知与旧知的联系，强调知识与技能的应用、迁移，强调学习探究中的过程与体验，强调教学互动中主体情感、态度和价值观的影响。DJP教学的小组学习可以为学生提供更多的主动建构的机会，用自己的方式探索知识，互动交流，相互促进，共同提高，有效地彰显了学生的主体地位。

第五，有利于创设民主平等的对话环境。"对话"，从一定意义上讲是民主平等的代名词。传统教学中的那种"教师讲、学生听，教师问、学生答"的强制性、灌输式教学方式，充其量仅是一种单向性的"问答"，是教师站在绝对优势的先知先觉，没有真正意义上的民主平等的对话交流。学生的主动交往需要心理上的"安全"与适合的环境。在DJP教学小组学习中，学生间是平等的，教师躬下身子的参与，在学生看来也是与他们平等的，在这样一种宽松、民主的环境中，学生敢于表达自己的想法，思维才能始终处于积极的状态。

第六，有利于培养学生多渠道获取信息的能力。传统教学中，教科书和教师的教案成为学生获取信息的主要来源，这种状况使学生知识面狭窄，易对教材和老师产生依赖心理，不能适应信息社会的"知识爆炸"局面。而在DJP教学中，学生在学案的引导下通过合作学习，多渠道获取信息，拓宽了知识来源渠道，同时也培养了学生对各种信息进行选择、加工的能力。

第七，有利于培养新型的师生关系。在合作学习中，师生间的关系

不再是教师一味传授，学生只管倾听的传统模式，而是师生间平等交流与互动的新模式。教师更多的是一个顾问和指导者，同时教师可能对某一专门知识不了解，须请教专家或可利用学生的专门知识。在 DJP 教学小组学习中，教师的活动与学生的活动及学生之间的活动有机地融为一体，提供了一种师生互动的新形式，有助于提高学生的积极性，师生间能够平等对话与交流，真正体现教学的民主。

第八，有利于培养学生的团队意识。学习小组的异质性决定了学生在共同活动中要做到"兵教兵，兵强兵，兵练兵"，成员之间互帮互学，合作互助，易于建立和谐融洽的人际关系，从而对集体的形成和巩固产生积极的影响。

第九，有利于培养学生的竞争意识。高科技时代是人才的竞争，没有竞争，时代不会向前发展。虽然小组学习强调学生间的合作，但并不排斥培养学生的竞争意识。只是合作学习中体现的竞争取代了学生为了获得承认和评级而进行的竞争。因为只有学生具备较深层次的集体主义观念，竞争成功的可能性才更大。

第十，有利于形成全面多元的评价方式。前面已述，DJP 教学的学习评价是一种学习内评价，注重评价内容的多元化，评价过程的动态化，评价主体的互动化。传统教学方式的评价不论是教师评价学生，还是学生评价学生，往往过多地侧重得出的结论，忽视思维的过程。在 DJP 教学的小组学习时，学生间的评价就不只在结论上了，在探索知识的过程中，他们之间的评价将随时随地的发生，更有利于形成全面多元的评价方式。

二、 小组学习的组织

科学建设学习小组，是 DJP 教学有效开展的重要环节。在学习小组的建设上，DJP 教学主要做了以下几个方面的工作。

（一）组建结构科学的学习小组

根据学生的学习能力和智力水平，结合学生的成绩、性别、性格、优弱学科互补等因素有意识地将不同层次不同类别的学生按照"组间同质、组内异质、优势互补"的原则进行分组，在班级内建立起由4～6人组成的学习小组，指导学生进行组内分工，确定出学习小组的小组长、记录员、汇报员、展示员的人选。具体分工如下：小组长(组织、协调能力强)主要负责讨论过程中的组织和裁判，检查本组同学对所讨论问题的掌握情况；记录员(组织能力强、下笔快)主要记录整理讨论过程中小组成员发言；汇报员、展示员(语言表达能力强)主要负责汇报小组中的讨论结果。学习小组成员角色的确定，为下一步进行小组学习提供了"组织"保障。当然，为了保证小组之间、学生之间均衡发展，我们还定期对不能适应组长职务的学生及时调换，发现小组之间差异大时还对小组成员进行了及时调整。

（二）对学习小组成员进行统一规范的培训

小组学习的目的是让每一个成员都参与学习的过程，使学生学得生动、活泼，品尝到成功的喜悦。实践中我们发现，让每一个成员有效地参与合作学习，必须要对学习小组的成员进行统一、规范的培训。在培训过程中，我们要求对小组内的每个学生个体做到以下几点：一是敢于发言。引导学生经过独立思考，能把自己的探索、发现，清楚地用语言表达出来，并在组内交流。二是学会倾听。倾听，既应该是一种习惯，更应该成为学生的一种能力。引导学生学会倾听同伴的发言，从别人的发言中感受、体会、启发，收获更多的知识、方法，养成一人发言，组内其他成员认真倾听的好习惯。三是学会质疑、反驳，能听出与别人的相同点、不同点，能以比较恰当的方式表达个人观点。四是学会更正、补充，能在别人结论的基础上进行修改完善。五是学会求同存异，以开放的心态进行学习。通过培训，使学生初步学会怎样与学习伙伴交流沟通，初步感受合作学习过程，为真正的小组活动做好"热身"。

同时，突出了对小组长的培训工作。首先，指导组长组织合作交流时，要积极主动，明确合作目的、要求，使组员养成合作学习的良好习惯；其次，指导组长组织合作交流时，要有序安排，鼓励组员大胆发言，让会说的先说，不会说的先听后说，使不同程度的学生都能得到发展；再次，指导组长在交流过程中，要灵活协调，当出现意见分歧时，组长应先问个为什么，让组员说出理由，当出现冷场现象时，组长要带头先发言，起表率作用；最后，指导组长要善于发现整理组员在交流中的疑难问题，及时准确地向老师汇报。这样，通过培养提高组长的组织、安排、协调、归纳能力，保障小组合作学习的有效进行。

三、 DJP 教学小组学习的评价

小组学习评价是对小组学习过程和学生合作表现得比较与鉴别，是提高小组学习效率的重要策略。小组学习评价包括小组评价和教师评价。教师评价主要从外部对学生的学习行为进行评价，教师评价基于教师对小组群体之间的观察与比较，偏重于对有效的小组学习行为的肯定和褒扬。小组评价侧重于组内个体之间的互评和组与组之间的相互评价。通过小组学习评价，使学生获得对学习行为的反馈信息，并经过反复对照，使积极的行为得到强化，不当的行为得到纠正。这样就可使每位学生的自我意识得以发展，能够朝着小组期望和教师期望的合作目标迈进。

（一）小组学习评价的特点

DJP 教学中，小组学习评价具有与传统教学评价不同的特点。传统教学评价强调"常模参照评价"，即个体成绩在群体中的位置，用的是横向比较，这种竞争性的评价中只能有极少数的学生获得成功，而使大部分的学生都成为学习的失败者，最终导致对学习产生无助感，可以说这种评价对大多数的学生的发展是不利的。而小组学习的评价倡导的是"不求人人成功，但求人人进步"的理念，将常模参照评价改为标准参照评价，即不仅鼓励学生竞争，更要推动学生进行合作。因此，小组学习评价主要考量学生参与学习的情况。这种评价可以更全面地评价学生的学习情况，更有效地激励学生进行合作与学习，促进学生自身的进步与发展。

（二）小组学习评价的策略

1. 制定科学有效的小组学习评价标准

要对小组学习的效果进行科学的评价，必须建立有效的小组学习评价标准。评价标准必须是科学的、易于操作的，特别是在评价课堂教学中合作学习的运用情况时，科学的、易于操作的评价标准能够帮助教师和学生正确使用评价手段，及时调整教和学的活动，保证小组学习能够沿着正确的轨道有效地开展。评价标准的内容可从三个方面考虑：一是对教师在课堂教学中实施小组学习的情况进行评价，二是对各学习小组在开展合作学习活动时的情况进行评价；三是对学生个体在参与小组学习中的表现进行评价。教师可采用课堂评价表的方式对课堂教学中各学习小组的合作情况和小组成员的合作情况进行有效的评价。值得指出的是，在实施评价的过程中，教师应对小组学习主要环节进行评价，可以即时将分数写在黑板上，每个小组的得分都明确地显示出来，激发学生的荣誉感和竞争意识；评价程序要简单便于操作，避免教师课堂上顾此失彼；评价结果要每节一公布，每周一评比，每月一奖励，为小组学习提供持久的动力源泉。

2. 运用多种评价方式促进学生高效学习

小组学习有多种评价方式，按评价主体分可分为教师评价、小组互评、学生自评；按评价的对象可分为集体评价和个人评价；按评价关注的学习进程可分为形成性评价和总结性评价。在对小组学习进行评价时，应注意多种评价方式相互结合，这样才能够保证评价的有效性和公正性。

首先，应注意将教师评价、小组互评、学生自评相结合。在小组学习中，教师不仅要对各小组及小组成员参与合作学习的情况进行评价，而且要注意引导学生开展学习小组内的互评和自我评价。通过学生的自我评价以及小组内的相互评价，学生可以更加明确小组学习的要求，有利于使学生形成合作意识及人际交往的能力。

其次，应注意将集体评价与个人评价相结合。集体评价关注的是学习小组整体的合作学习情况，如学习小组的观点、结论等。个人评价关注的是学生个体在合作学习中表现出来的差异性。只有将集体评价与个人评价相结合，才更能促进小组成员在积极合作、互动学习的同时，积极思考、主动参与，促使小组学习任务目标的尽快达成。

最后，应注意将形成性评价和总结性评价相结合。形成性评价关注学生在开展合作学习过程中所表现出的合作意识和合作技能技巧，总结性评价则是对小组学习的结果进行整体评价。只有将二者结合起来，才能够保证对学生的小组学习活动的评价全面而准确。这些评价方式在具体实施过程中是互相交织、互相重合、交叉进行的，教师必须根据实际教学情况正确运用评价手段，这样才能够保证小组学习评价的公正性，激发学生合作的意识，提高学生合作交往的技能技巧，确保小组学习的效果。

在 DJP 教学小组学习评价过程中，我们注重将学生个人评价与小组评价"捆绑起来"，在正视学生个体客观差异的基础上，配合班级定期进行的"新星""星级小组"评选，对小组活动的秩序、组员参与情况、小组汇报水平、合作学习效果等方面进行综合评价，要比单纯看其中某一方面进行评价，效果要好得多。将学生学习的过程评价与结果评价相结合，避免了"一节课定结果"，教师给予的积极鼓励和赞扬激发了学生的持续学习动力和兴趣，让每一位学生树立起学习的信心，不断提高小组学习活动的水平，从而也就实现小组学习的目的(见表 7-1)。

表 7-1　成都市龙泉驿区双槐中学"DJP 教学"小组学习评价表

第一部分：日常行为(由纪律委员记载，分组详细记录得分情况。若有扣分，应注明何人因何原因扣分。如果纪律委员记录任务太重，可将任务分解到其他同学。)			
序号	评价项目	评价标准	分值
1	进校	不迟到，不骑车入校。(凡因迟到违纪被学校扣分的该学生所在小组双倍扣分。)	5
2	升旗	穿校服，仪表端庄，表情严肃。	5
3	早自习	朗读认真，完成相关学习任务。	5
4	课前准备	按照课前两分钟要求做好课前准备。	5
5	两操	动作标准到位，精神状态良好。	5
6	个人仪表	衣着整洁。男生不留长发，女生不化妆。	5

7	清洁卫生	不在校内、教室内乱扔垃圾，自己位置上无垃圾尘土。	5
8	自习课	自主学习。研读学案，独立思考，完成作业，安静无声。	5
9	课间休息	文明休息。不追逐打闹，不大声喧哗。	5
10	行为习惯	遵守中学生行为规范要求，用语文明，不打架、打游戏、进网吧、吃零食、损坏公物。（有违反者小组双倍扣分。）	10
第二部分：课堂常规（由各科科代表记载，也可由任课教师课后根据各小组表现记分。10 分为优秀，8 分为合格，8 分以下为不合格。）			
11	课前预习	按照老师的预习要求完成预习任务。	5
12	课堂表现	组内合作学习，积极参与讨论；认真倾听，仔细思考，大胆发言；热心帮助组内其他同学，共同完成学习任务。（任课教师依据标准在课后及时对各组打分评价。）	10
13	作业完成	作业独立完成，书写工整，正确率较高，及时上交。（各科代表需要按时向科任教师汇报作业上交情况。）	5
14	各科背诵	按时流利背诵，正确率较高。（正确率低于 60% 为不合格。出现 1 人，所在小组扣一半分；出现 2 人，所在小组不得分。）	5
第三部分：各科考试成绩的统计与分析（由小组长详细记录）			
15	组内单科最高分（将各组的最高分排名从高到低，再按照十个组依各次加 10、9、8、7……分。）		10
16	组内单科平均分（将各组的平均分排名从高到低，再按照十个组依名次各加 10、9、8、7……分。）		10
17	组内总分平均分（将各组的总分排名从高到低，再按照十个组依名次各加 10、9、8、7……分。）		10

注：

1. 评价记录本可设计成两部分：（1）每位学生一页，用于记录该生加分和扣分情况。该生的加分情况作为月度或学期"优秀学生"评选条件。（2）每个学习小组一页纸，用于记录该小组加分和扣分情况，作为月度或期末"优秀学习小组"和"优秀小组长"评选条件。

2. 每周班会课上，各小组组长对本组上周得失进行总结分析，并根据存在的问题小组讨论制定相应的改进措施。同时，值周班长对各小组三项考核总分进行统计分析，并对普遍存在的问题经班委会讨论制定相应的改进措施。

3. 对三项考核总成绩进行月考核，评选"优秀学习小组"和"优秀小组长"，在期末进行学期表彰。

第三节　课堂教学评价

我们在前面两节主要从学生学的角度讨论了 DJP 教学的评价问题。本节侧重讨论 DJP 教学评价的另一个重要问题——对课堂教学的评价。

一、　课堂教学评价概述

要想厘清课堂教学评价的内涵，首先要理解它的上位概念——"评价"的本质与精髓。从词源学来看，"评价（assessment）"源于拉丁语"assidere"，意思是"和某人坐在一起（to sit with）"。[①] 由此，我们可以根据这种一个人坐在孩子身边，或许正在对一幅作品进行对话的画面推断出，评价是我们"和学生一起"以及"为了学生"提供支持和帮助的过程，而不仅仅是"针对学生的"的表现做出优劣判断的一个事件。斯沃菲尔德认为："坐在旁边"的评价形式是许多教师教学实践中习以为常的一件事。无论是实际上还是比喻意义而言，"坐在旁边"的评价都暗示着教师要收集证据、解释证据以提供一些关于学生学习了什么、他们的教学是否成功、下一步该做什么的信息，然后给学生提供反馈，关注他们作品的质量，指出他们作品的优点和不足，进而给他们提供清晰和具体的指导建议。[②] 德拉蒙德认为评价就是教师关注或查看学生学习，努力地去理解学生，进而促进学生学习的过程。[③] 可见，在西方学者看来，课堂教学评价表面是对教师教的评价而实质是改进学生学的评价。在我国，许多研究者认为课堂教学评价是指对教师的课堂教学进行价值判断的活动，具体指向是对教师教学过程、板书、师生互动情况、教学方法

---

① Satterly，D，Assessment in school. New York：Basal Blackwell Ltd，1989：p. 1.

② Swaffield. S，Getting to the heart of authentic Assessment for Learning. Assessment in Education：Priciples，Policy&Practice，2011，18(12)，pp. 433-449.

③ Drummont. M，Assessing children's learning. London：David Fulton，2003，p. 13.

的评价和建议。在此，课堂教学评价是对教师评价的一部分，评价的对象是教师，评价的主体主要是学校的行政领导或教研人员，评价的目的主要是对教师教学效果的一种价值判断。因此，课堂教学评价是教师和学生以促进和支持学习为目的，围绕学习目标收集学习证据，解释学习证据，反馈学习证据进而改进教与学的过程。

二、 课堂教学评价的要素

（一）外部评价与内部评价

有的学者认为，课堂教学评价可分为外部评价与内部评价两类。[①]

外部评价是指评价者对课堂教学过程中师生表层行为的评价，如对教师衣着、语音语速语调、面部表情的评价，对是否运用了信息技术、是否在教学过程中采用了"对话""合作"的评价，对课堂是否安静、是否热烈、是否按时下课等的评价。

总之，评价者离开教学目标、教学内容、教学对象、教师特点和深嵌其中的教学环境，拘泥于课堂教学表层形态进行的评价，都属于外部评价。当然，外部评价并不是完全没有用处，更不能说它不是一种课堂评价，但可以说，这是一种作用极为有限的课堂评价，与教育的专业评价相关度极低。

内部评价是指评价者在专业化的课堂观察的基础上，根据教学目标、教学内容、教学对象、教师特点以及深嵌其中的教学环境，对教师教与学生学行为的动机、过程、效果与价值进行的评价。这种评价既有量的分析，又有质的把握，是量化分析与质性判断的结合。当然，一堂课究竟如何评价，要考虑的因素非常多，要考虑的关系也非常复杂。比如，不同学科对评价的不同要求，不同学段学生不同的身心发展特点，专业发展不同阶段教师面临的不同发展问题，一次教研活动的不同主旨等等，都是进行课堂评价时不可不加以考虑的问题。

[①] 鲍道宏：《课堂教学评价：内部评价的要义与价值》，载《新教师》，2013(11)。

（二）课堂教学评价的核心要素

1. 教学目标： 课堂教学评价立足点

教学目标是课堂教学的起点，也是课堂教学评价的依据。毫无疑问，对一堂课做出专业评价，必须关注课堂教学目标。一般地说，教学目标不但直接规定着本节课教学内容的取舍和教学方法的选择，而且它自身也不可回避地要受到更为上层的课程目标的制约，如新课程提出的"具有适应终身学习的基础知识、基本技能和方法"等。任何一节课教学目标的确定，都不能不服从、服务于这一课程目标。因此，在评价一节课堂教学时，以一节课的"教学目标"为依据，实际上也是以课程目标为依据。课程目标与课堂教学目标虽处于不同层次上，但基本精神一致，而且相互锁定。只是课堂教学目标更具体、更易于把握。

课堂教学目标一般也要接受评价。这方面的评价，首先要分析教学目标的制定在总体上是否符合课程目标要求；违背课程目标要求的教学目标，理论上说是不能接受的，是错误的。然而，符合了课程目标只是它的基本要求，我们还要追问：本节课为什么是这个(些)目标不是那个(些)目标？这就要把教学目标放到学科体系中去审视。具体操作过程中，一般把它放到教科书体系当中去考察，看它是否是学科知识连续体中一个合理的"节点"。当然。还要分析，对于眼前的教育对象——这个班级的学生，是否考虑到学生的基本准备与基本差异。学生的基本准备一般较易把握，难在把握学生的基础差异。我国中小学教学班学生规模一般为 30～60 人，要求教师在制定教学目标时考虑这么多学生的差异是不现实、不可能的。但是，教师并不能以此为托词，完全不顾学生的差异。较为可取的办法，是分出一两个大类的差异。比如，有学者主张考虑将课堂教学目标分为"基础性目标"与"发展性目标"，前者满足所有学生发展要求，后者为学有余力的学生留出发展空间。这种目标设计的思想是值得重视的。目前很多"借班上课"，由于教师根本不了解学生差异，"教学"极易沦为教师"自说自话"，甚至成为"表演"，其根源就在这里。

教学内容取舍是否得当，教学方法选择是否合理，教学效果是否良好，都要用"教学目标"作为尺子来衡量是否符合要求；也就是说，离开"教学目标"评价教学内容、方法与效果，是不合理的，也是没有意义的。

当然，在尊重预设目标的同时，也应承认教学的开放性、生成性。就是说，在课堂教学中，师生围绕教学内容互动中出现了具有教育意义的"意外"，要允许教学过程的开放，鼓励这样的生成。这是教育的"人为"性与"为人"性的特点所决定的，是具有生命活力的课堂应有的特性。

2. 教学内容：放进关系中评价

对教学内容的评价，主要涉及"教学重点"的确定与突出，"教学难点"的确定与突破。评价教师在这两点上处理是否得当，要把它放进教学的各种关系中思考。

教学目标的实现，即学生从现实发展水平向可能发展状态的转变，需要吸收知识技能为核心的精神资源，在课堂教学层面，这就是教学内容。但教学内容的取舍是有一定要求的，一方面要考虑哪些内容最利于帮助学生实现由"现实发展水平"向"可能发展状态"的转变，这是教学重点；另一方面，要考虑哪些是学生实现由"现实发展水平"向"可能发展状态"转变时最难掌握的内容，这是教学难点。教学重点拿捏是否准确，是我们评价教学内容取舍一个重要的尺度。教学难点是否巧妙化解，是评价教学方法的重要维度。显然，这个"难点"之所以能称之为"难点"，是因为学生为达到"教学目标"所必须要经过的要隘，不过这一要隘，就不能完成由"现实发展水平"向"可能发展状态"的转变，但过这一关又很难，所以是教学的"难点"。离开这一点，就无所谓"难点"。所以说，教学内容一头连着"教学目标"，一头连着"学生"，是一个桥梁。它的意义在于是否能把两头连起来，让此岸的人顺利到达彼岸。而离开学科知识体系、离开学生现实状态与发展目标评价教师对教学内容重点、难点的处理，是没有道理的。

3. 教学方法：达成教育目标的方法

对课堂教学中教师教学方法运用的评价，绝不能离开课程目标与教学目标。评价教师课堂教学方法运用是否得当，必须结合具体的教学目标、教学内容与学生发展需要来评价，没有绝对的好与坏。教学方法的选择是否得当，只有在对教学目标、教学内容、教学对象与教学效果的综合比较中才能看得出来。"教要得法，但无定法"就是这个道理。对教师运用教学方法的评价，判断的标准只有一条，就是要有利于教学目标的达成。即便是"臭名昭著"的"死记硬背"的方法，也不能说它一无是处。被很多人捧为"香饽饽"趋之若鹜的"探究式"教学，也不是用了就一定好。

需要指出的是，在进行课堂教学评价时，对教师运用教学方法的过程还存在是否正确、是否娴熟的问题，这也是评价教学方法的成败时要关注的方面。比如，一位语文老师上阅读课《卖木雕的少年》，花了近十分钟播放非洲木雕的精美图集，是否背离了语文课程性质要求？因为语文课要培养学生言语能力，准确地说，要培养学生听说读写的能力。再如在六年级语文课上，老师将课文中的"3700亩"折算成"2466679平方米"，试问有何效果？一位数学老师讲解"平行线"，在PPT中播放了很多"平行线"的画面，就是不将学生身边的"平行线"（如课本边沿的线条）展示给学生看，或不请学生自己找。这样做不仅舍近求远，更是无视学生经验的教育价值。再比如，一位自然课老师讲"水蒸气遇冷凝结"时，坚持从头至尾读课文，硬是想不到拿一只盛着开水的碗来演示一番。如此等都说明，教师运用教学方法也存在不正确、不恰当的问题，需要在评课时给予充分注意。

4. 教学效果： 教学目标实施效度

教学效果，从理论上说，应该是教学目标的另一种表述形式。但实际课堂教学中能否如此，就需要我们依据是否符合课前设置的"教学目标"来度量。一般来说，离开"教学目标"的规定，我们很难说一节课上得好不好。当然，更严格地说，教学效果评价的好坏要看学生在教师帮助下"学得是否成功"，即是否达到"预定状态"的效果。课堂观察者可以借助教师下课前的小测验（如果有的话）来观察学生完成测验的情况。同时，课堂观察者自己也可以凭经验、凭直觉整体感受这节课的教学效果。

总之，课堂教学评价一定要进入课堂教学内部结构中去评价，要高度关注教学目标、教学内容、学生状态及其变化，不能如一些外行人那样说一些"普通话标准，举止大方，板书工整"之类不痛不痒的套话了事。

三、 DJP 教学的课堂教学评价

本书第二章已述，"导学""讲解"和"评价"是 DJP 教学的核心要素和主要教学环节。评价是 DJP 教学的三个有机组成部分之一。DJP 教学课堂教学评价凸显评价的认知与生成的功能，支持并改进学生的学习。因此，DJP 教学对课堂评价的基本要求是：

（一）将评价与教学过程相整合

DJP 教学的课堂评价不是在教与学过程中、或教与学之后一个简单的添加或者一个可有可无的环节，而是教与学过程中的一个有机组成部分。导学(学案导学、教师其他方式的导学)、讲解(学生的讲解、教师的点拨)和评价(对学习的评价、为学习的评价、学习内评价)三者密切联系，相互影响，相互制约，有机地交织在一起，构成了 DJP 教学三位一体的关系。这就要求教师将课堂教学评价作为有效教学的一部分，持续地整合到教学过程中，而不是将其人为地割裂三者之间的联系，使评价游离于教学过程之外。

（二）兼顾目标和过程两种取向

DJP 教学的课堂评价强调教学目标的重要性。清晰明确的教学目标是促进学习的前提和基础。没有清晰的教学目标，教师的教和学生的学就会失去方向。这就要求教师借助学案，帮助学生制定清晰的学习目标，以学习目标为参照来判断学生的学习情况。此外，DJP 教学的课堂评价也是过程导向的，不仅关注目标的达成，而且还重视学生学习的过程，时刻在寻找"学生现在在哪里""将要到哪里"和"如何更好地到达那

里"的证据，以此追踪和定位学生的学习进程。在这个过程中，教师需要随时注意发现学生的优点和不足，进而提出改进学习的建议。

（三）强调学生在评价中的主体地位

DJP 教学认为，课堂教学评价应促进学生的学习，强调学生在评价中的主体地位。这首先要求教师要相信每个学生都能取得成功，都能通过评价实现进步和发展。其次，创建让学生感到安全、舒适、信任的学习环境，给学生提供各种展示自己学习证据的机会，让他们敢于尝试、勇于暴露自己的学习缺点和不足，鼓励学生参与到评价中来，与教师一起制定学习目标、协商成功的标准，发展他们同伴评价和自我评价的能力，从而使他们成为有效的自我反思和自我管理的学习者。在这个过程中，学生不仅是评价信息的生产者，也是评价信息的消费者，能够使用学习的证据决定自己将来的学习。

（四）以获取和利用学习证据为基本形式

DJP 教学的课堂评价是以学习证据的收集和利用为基本形式的。在课堂评价过程中，教师要与学生通力合作，依据最初建立的标准，通过灵活多样的评价方式，多样化的评价策略，观察、收集、记录和分析学生的学习表现，尽可能全面、详细、准确、可靠地获取那些能够反映学生学习真实情况的学习证据。然后，利用获取的学习证据调整后续的教学和学习，缩小学生当前学习水平与既定目标之间的差距。

四、 DJP 教学的课堂教学评价标准

质量标准是任何评价的核心，没有标准的评价就会丧失判断的依据。因此，如果我们想将 DJP 教学的教学观和学生观有效地转化成教师切实的行动，还需要为教师提供有效的课堂教学评价的质量标准。换言之，需要给教师提供判断自己课堂评价实践质量的依据，告诉教师和学校领导者一个优质的 DJP 教学课堂评价要具备哪些质量指标，做到何种程度才能促进学生学习。在实践中，DJP 教学将一致性、客观性和

公平性作为课堂教学评价的三个基本质量标准。一致性主要指评价目标与评价方法的一致性，教学、评价和课程标准的一致性。客观性主要是从评价设计的角度而言，是指课堂评价保证收集评价信息的信度和效度，确保能正确地做出推论。公平性主要从评价伦理的角度而言，主要指教师的课堂评价要公平对待所有学生，对所有学生一视同仁没有偏见，给他们多提供展示自己学习的各种表现的机会。依据上述标准，我们开发设计了教师课堂大赛和说课竞赛两个 DJP 教学课堂评价标准(见表 7-2、表 7-3)。

表 7-2 DJP 教学课堂评价表

评价项目	评价要点	等级			得分
		A	B	C	
教学目标 (10 分)	1. 三维目标明确具体，教学合一协调一致。 2. 符合课程目标要求，体现学科思想方法。 3. 着眼学生未来发展，照顾学生个体差异。	9~10	7~8	5~6	
学案设计 (20 分)	4. 充分体现学案本质，有效引导学生学习。 5. 学案设计符合学情，学法指导贯穿全程。 6. 学案内容结构完整，力求体现课标要求。	16~20	11~15	6~10	
教学内容 (20 分)	7. 教学重点拿捏准确，教学难点巧妙化解。 8. 资源整合科学合理，活动安排自然有序。 9. 紧密联系学生实际，教学进度合理安排。	16~20	11~15	6~10	
教学方法 (20 分)	10. 导学结合以学定教，点拨释疑反馈矫正。 11. 小组讨论对话讲解，质疑评价自然有序。 12. 分类指导注重过程，找准问题及时补救。	16~20	11~15	6~10	
教学效果 (30 分)	13. 组织调控活动有序，参与充分理解深刻。 14. 知识过手能力提高，体验感悟和谐发展。 15. 目标实现自然生存，面向全体照顾差异。	26~30	21~25	16~20	
总评得分					

表 7-3　DJP 教学说课竞赛评价表

评价项目	评价要点	等级			得分
		A	B	C	
教材学情分析（10分）	1. 教材分析透彻，学情分析准确。 2. 提炼思想方法，体现学科特点。	8～10	6～7	4～5	
学习目标设计（5分）	3. 目标设定恰当，维度清晰可测。 4. 学生行为主体，陈述易于理解。	5	3～4	2	
重点难点把握（5分）	5. 学习重点明确，学习难点突破。	5	3～4	2	
学习过程设计（50分）	6. 紧扣学习目标，过程自然流畅。 7. 展开层层深入，自主合作探究。 8. 贯穿学法指导，突出自然生成。	40～50	30～40	20～30	
学习评价设计（10分）	9. 突出评价主体，引导自我评价。 10. 分层要求学生，测试题量适度。 11. 强化激励功能，注重未来发展。	9～10	7～8	5～6	
学案设计使用（15分）	12. 体现主要环节，合理使用学案。 13. 运用现代技术，充分调动学生。	12～15	9～11	6～9	
教师专业素养（5分）	14. 教育理念先进，具备专业精神。 15. 精通学科知识，语言教态均佳。	5	3～4	2	
总评得分					

参考文献

· 著作部分

[1]约翰·杜威.民主主义与教育[M].王承绪,译.北京:人民教育出版社,2001.

[2]约翰·杜威.我们怎样思维·经验与教育[M].姜文闵,译.北京:人民教育出版社,2005.

[3]约翰·杜威.杜威教育名篇[M].赵祥麟,王承绪,编译.北京:教育科学出版社,2006.

[4]赫尔巴特.普通教育学[M].李其龙,译.北京:人民教育出版社,2015.

[5]佐藤学.学习的快乐——走向对话[M].钟启泉,译.北京:教育科学出版社,2004.

[6]佐藤学.教师的挑战——宁静的课堂革命[M].钟启泉,陈静静,译.上海:华东师范大学出版社,2012.

[7]理查德·E.帕尔默.诠释学[M].潘德荣,译.北京:商务印书馆,2012.

[8]罗伯特·R.拉斯克,詹姆斯·斯科特兰.伟大教育家的学说[M].朱镜人,单中惠,译.济南:山东教育出版社,2013.

[9]夸美纽斯.大教学论[M].傅任敢,译.北京:教育科学出版社,1999.

[10]福禄培尔.人的教育[M].孙祖复,译.北京:人民教育出版社,2001.

[11]亚伯拉罕·马斯洛.动机与人格(第三版)[M].许金声,等译.北京:中国人民大学出版社,2007.

[12]小威廉姆·E.多尔.后现代课程观[M].王红宇,译.北京:教育科学出版社,2000.

[13]霍华德·加德纳.多元智能[M].沈致隆,译.北京:新华出版社,1999.

[14]皮亚杰.发生认识论原理[M].王宪钿,等译.北京:商务印书馆,1981.

[15]R.M.加涅.学习的条件和教学论[M].皮连生,王映学,郑葳,等译.上海:华东师范大学出版社,1999.

[16]卢梭.爱弥儿 论教育(上卷)[M].李平沤,译.北京:商务印书馆,2011.

[17]保罗·弗莱雷.被压迫者教育学[M].顾建新,赵友华,何曙荣,译.上海:华东师范大学出版社,2014.

[18]联合国教科文组织国际教育发展委员会．学会生存——教育世界的今天和明天[M]．华东师范大学比较教育研究所，译．北京：教育科学出版社，1996．

[19]教育——财富蕴藏其中：国际21世纪教育委员会报告[M]．联合国教科文组织总部中文科，译．北京：教育科学出版社，1996．

[20]L．W．安德森等．学习、教学和评估的分类学——布卢姆教育目标分类学修订版（简缩本）[M]．皮连生，主译．上海：华东师范大学出版社，2008．

[21]国家研究理事会行为、社会科学及教育中心，《课堂评价与国家科学教育标准》委员会编．课堂评价与国家科学教育标准[M]．熊作勇，何凌云，译．北京：科学普及出版社，2006．

[22]涂荣豹，王光明，宁连华．新编数学教学论[M]．上海：华东师范大学出版社，2006．

[23]叶澜．"新基础教育"论——关于当代中国学校变革的探究与认识[M]．北京：教育科学出版社，2006．

[24]黄希庭．人格心理学[M]．杭州：浙江教育出版社，2002．

[25]靳玉乐．对话教学[M]．成都：四川教育出版社，2006．

[26]季苹．教什么知识——对教学的知识论基础的认识[M]．北京：教育科学出版社，2009．

[27]田慧生，李臣之，潘洪建．活动教育引论[M]．北京：教育科学出版社，2000．

[28]靳玉乐，张家军，张军．理解教学[M]．成都：四川教育出版社，2006．

[29]洪汉鼎．诠释学——它的历史和当代发展[M]．北京：人民出版社，2001．

[30]金生鈜．理解与教育——走向哲学解释学的教育哲学导论[M]．北京：教育科学出版社，1997．

[31]裴娣娜，全国十二所重点大学．教学论[M]．北京：教育科学出版社，2007．

[32]施良方．学习论——学习心理学的理论与原理[M]．北京：人民教育出版社，1994．

[33]韦伯．有效的学生评价[M]．国家基础教育课程改革"促进教师发展与学生成长的评价研究"项目组，译．北京：中国轻工业出版社，2003．

[34]王策三．教学论稿[M]．北京：人民教育出版社，1985．

[35]李秉德，李定仁．教学论[M]．北京：人民教育出版社，2000．

[36]查有梁．教育建模[M]．南宁：广西教育出版社，1998．

[37]李士锜．PME：数学教育心理[M]．上海：华东师范大学出版社，2001．

[38]曹一鸣．中国数学课堂教学模式及其发展研究[M]．北京：北京师范大学出版社，2007．

[39]陈佑清. 教学论新编[M]. 北京：人民教育出版社，2011.

[40]方明. 陶行知名篇精选：教师版[M]. 北京：教育科学出版社，2006.

[41]陈英和. 认知发展心理学[M]. 杭州：浙江人民出版社，1996.

[42]南京师范大学教育系. 教育学[M]. 北京：人民教育出版社，2005.

[43]高文. 教学模式论[M]. 上海：上海教育出版社，2002.

[44]郭思乐. 教育走向生本[M]. 北京：人民教育出版社，2001.

[45]王新民，王富英，谭竹. 数学学案及其设计[M]. 北京：科学出版社，2011.

[46]王富英，张昌金. 高中数学学案——数学（必修）4[M]. 北京：科学出版社，2012.

  ·论文部分

[47]林崇德. 学生发展核心素养：面向未来应该培养怎样的人[J]. 中国教育学刊，2016(6).

[48]叶澜. 让课堂焕发出生命活力——论中小学教学改革的深化[J]. 教育研究，1997(9).

[49]张奠宙. 教育数学是具有教育形态的数学[J]. 数学教育学报，2005(3).

[50]马复. 试论数学理解的两种类型——从 R. 斯根普的工作谈起[J]. 数学教育学报，2001(3).

[51]石中英. 波兰尼的知识理论及其教育意义[J]. 华东师范大学学报（教育科学版），2001(2).

[52]张天宝. 论学生的主体性及其基本特征[J]. 江西教育科研，1996(6).

[53]郝志军. 中小学课堂教学评价的反思与建构[J]. 教育研究，2015(2).

[54]鲍道宏. 课堂教学评价：内部评价的要义与价值[J]. 新教师，2013(11).

[55]王富英，王新民. 数学学案及其设计[J]. 数学教育学报，2009(1).

[56]王富英，王新民，谭竹. DJP 教学：促进学生主动学习的教学模式[J]. 中国数学教育·初中版，2009(7).

[57]王新民，王富英. 高效数学教学构成要素的分析[J]. 数学教育学报，2012(3).

[58]王新民，王富英. 学习内评价的含义及其基本特征[J]. 教育科学论坛，2011(5).

[59]王新民，王富英. 高效教学中的知识、方式与评价[J]. 内江师范学院学报，2011(6).

[60]王富英. 学生主体性的要素结构系统及特质[J]. 教育科学论坛，2008(12).

[61]王富英，王新民.让知识在对话交流中生成——DJP教学中知识生成的过程与理解分析[J].中国数学教育，2013(21).

[62]赵文君，王富英，曹一鸣.DJP教学与传统教学中学生参与情况的比较研究——基于两节初中数学录像课的编码分析[J].中学数学杂志，2013(12).

[63]王富英，黄祥勇，张玉华.论分享教育的含义与特征[J].教育科学论坛，2016(5).

[64]孙曦.谈中小学数学教学中的“五导”[J].数学教育学报，2009(2).

[65]朱远平，叶昭.基于高效课堂追求的多元学习[J].教育学科论坛，2012(4).

[66]刘学兵，史亮.迈向多元学习时代[J].中小学教师培训，2014(12).

[67]王富英，吴立宝，朱远平，等.多元学习之内涵及特征[J].教学与管理，2017(5).

[68]王富英，王新民，朱远平.导学讲评式教学的研究[J].教育科学论坛，2014(8).

[69]王新民，王富英.导学讲评式教学中的“讲解性理解”[J].教育科学论坛，2014(6).

[70]王富英，王新民.学生讲数学的含义与特征[J].中小学教材教学，2015(7).

[71]田景正，万鑫觖，邓艳华.蒙台梭利教学法及其在中国的传播[J].课程·教材·教法，2014(6).

[72]丁邦平.从“形成性评价”到“学习性评价”：课堂评价理论与实践的新发展[J].课程·教材·教法，2008(9).

[73]丁灵巧，丁邦平.学习性评价在小学科学探究式教学中的运用[J].外国教育研究，2007(12).

[74]刘丽娜.初中化学学习中学生自我评价的研究[D].山东师范大学，2005.

[75]赵红利.论提高学生自我评价能力的策略[J].河南教育学院学报(哲学社会科学版)，2000(4).

后　记

统稿已毕，思绪万千，除了书中向读者交代的"正事"之外，似乎还有一些话要说。

我所就职的成都市龙泉驿区教育科学研究院，是一个基层教育教学研究机构。在 2007 年 2 月 28 日的开学会议上，单位领导提出要求：每位教研员都要主持一个课题进行教学研究。会后，我与我的同事——初中数学教研员谭竹老师商议选取一个什么课题进行研究。我们的想法是，基层教研部门的课题研究一定要针对学校教学中存在的问题，并通过课题研究促进学生的发展、教师的发展和学校的发展。因此，课题研究就不能只是少数几个研究人员的事，而是应该让全体老师都参与进来，通过课题研究提升教师的教育教学水平和教育科研能力，促进教师的专业化发展。我们平时到学校听课、调研了解情况，发现尽管新课改已进行多年，学校课堂教学的现状仍未改变，被动听讲、机械记忆、大运动量训练仍是学生学习的主要方式，新课程改革提倡的教与学方式未能有效实施，学生学习缺乏兴趣，主动性不高，参与不积极。于是，我们针对学校存在的这些问题，决定选取一个教学力量薄弱的学校进行课堂教与学方式改革进行试验研究。

成都市龙泉驿区双槐中学是我区一个教学力量十分薄弱的学校。学校为了改革落后面貌，也曾经进行过课堂教学改革，但效果不明显。我们在征得叶定安校长的同意后把该校作为实验基地学校开展试验研究。2007 年 3 月起，学校以"自主学习"的名称开展前期试验。经过一段时间的试验研究，我们不断地改进，于 2007 年 12 月正式以《中学数学导学讲评式教学的研究》向成都市教育科学规划办申报立项，获得批准后于 2008 年 3 月正式开题研究。

这时，与我一起进行学术研究的朋友——内江师范学院数学与信息学院王新民教授也应邀参与我们的合作研究。在随后的研究中，我们三人相互支持、互相配合、相互勉励，被单位同事称为"铁三角"。其中，我负责课题的总体规划，把握课题研究的全局，并进行理论与实践的研究和指导，王新民教授主要负责理论的研究。至今，我和王新民老师的合作研究已经十多年了。在 DJP 教学的研究过程中，只要有新的想法我们就通过 QQ 进行交流讨论，很多时候不知不觉就交流到深夜一两点。本课题中许多突破性的成果就是在这样的不眠之夜中完成的。谭竹老师则主要深入学校与老师们一起备课、讨论，进行具体的实践操作指导。

随着研究的进行，研究成效逐渐凸显，双槐中学的面貌发生了根本性改变，教育教学质量得到了显著的提高，从一个教学力量十分薄弱的学校成为一个片区教学质量的龙头学校，被成都市教育局授予首批"新优质学校"。区教育局组织全区中小学中层以上的学校领导在双槐中学开现场会，区教育局基教科发文在全区推广课题研究成果，从而使从中学数学学科进行的研究扩展到其他学科。于是我们把课题改为《导学讲评式教学的研究》，这时，作为单位领导的朱远平书记也积极投身到课题研究中来，并成为课题研究的核心成员。

随着研究的进行，我们于 2008 年又以课题——《DJP 教学与教师专业化发展的研究》(TER2008-040)成功申报四川省人文社会科学重点基地课题，2011 年 12 月两个课题同时结题。课题结题后我们又成功申报全国教育科学"十二五"规划 2011 年度教育部规划课题——《区域推进多元学习构建高效课堂教学研究》(FHB110106)开展后续深化研究。因此，本书是对我的团队近十年来进行的《导学讲评式教学研究》成果的系统梳理，也是三个课题研究成果的集中体现。

需要指出的是，本课题研究团队的主要成员除了本书作者外还有：内江师范学院王新民教授，成都市龙泉驿区教育科学研究院初中数学教研员黄海；成都市龙泉驿区双槐中学校长副校长饶庆、李富林、兰红英等；成都市龙泉驿区十陵中学校长杨光秀等；成都航天中学刘杰、罗晓红等；成都市龙泉驿区第六中学吴青林、李春燕等；龙泉中学张昌金、胡娟、陈晓华等；龙泉驿区柏合学校的王聪等；龙泉驿区经开区实验中学郭辉银、李平等老师和"成都市王富英名师工作室""成都市龙泉驿区王富英名师工作室"的成员：成都市龙泉驿区教育科学研究院谭竹、王海阔、龙兴议，香港大学教育学院博士生赵文君、成都市龙泉驿区第六中学教师余兴珍、成都市龙泉驿区华川中学副校长李继强、成都市天府七中王占娟、成都市天府新区太平中学黄芳、郑春梅，成都市盐道街中学王正成，成都市天府新区煎茶中学向华、成都市彭州清平中学席丹，成都市龙泉中学牟林、邹长碧，成都市洛带中学吴青以及"成都市太平中学王富英名师工作室"的何蓉群、欧小琴、陈晓峰、刘绪江、魏建军、邓国春、徐小玉、颜丽、谢欣慧、刘维立。

特别需要指出的是，本课题研究组副组长王新民教授虽然这次没有参与本书的写作(原计划是我们三人完成本书的写作，因他忙于其他研究任务未能参加)，但他的研究对本书的构成做出了重大贡献，在此特别表示感谢！

在本课题研究和推广中，我们得到了各级领导和龙泉驿区 20 多所学校的领导和老师们的大力支持，在此表示感谢！

感谢成都市龙泉驿区教育局局长黄与红、副局长张英武和基教科的领导，他们在课题研究和成果推广过程中给予的大力支持。

感谢北京师范大学数学学院博士生导师曹一鸣教授，他在本书的写作过程中提出了很多有价值的指导意见。

感谢四川省教科所理论室王真东主任，他在课题后续研究和成果推广中给予了大力支持。

感谢四川省教育学会秘书长纪大海教授，他不但对我们的研究给予了极大的关心和支持，还为本书写了序。

感谢原成都教育学院院长周小山教授一直对本课题的关心和支持。

感谢成都市教育科学研究院教育改革发展研究所胡燕所长、陈军老师，他们一直关心和支持本课题研究和成果推广工作。

感谢成都市龙泉驿区教育科学研究院周文群院长和其他院领导，他们在课题研究过程中为我们提供了良好的工作环境。

感谢成都市双槐中学原校长叶定安，没有他最初的支持本课题不会取得今天的成绩。

感谢成都市双槐中学现任校长杨远琼校长和仲志明书记，她(他)们倡议并牵头成立了"导学讲评式教学联盟学校"。前后共19所学校参加，每年进行一次讨论年会。对导学讲评式教学的推广应用起了很大的推动作用。

感谢成都市龙泉七中罗登远校长、林静副校长和柴小林主任，他们承担并完成了课题《DJP教学与教师专业化发展研究》的主要研究工作。

感谢龙泉驿区第六中学唐祥清校长带领学校教师以区级立项课题继续进行本课题的深化推广研究。

感谢成都市天府新区太平中学的叶超校长，他在课题成果推广研究中给予了大力支持。

感谢香港大学教育学院博士生赵文君女士，在我们完成书稿后她认真阅读了全书，为书稿的校对付出了辛勤的劳动。

感谢中国教育学会《中国教育学刊》杂志社马宪平社长、陈进美老师，北京师范大学出版社路娜老师对本书出版的大力支持。

感谢成都市武侯区教师发展研究院张玉华老师，本书中用到的一些课堂学生讲解案例的文字材料，是她在繁忙的工作中抽空帮助将视频转化为文字材料的。

最后，要特别感谢本书两位作者的家人。朱远平的夫人叶昭女士是成都市龙泉中学高中语文老师，她不但大力支持本书的写作，而且还帮助进行书稿的文字校对。我的夫人马晓容女士是我的大学同窗，在课题的研究中她经常与我交流在教学实施中的体会和感受，特别是在本书的写作中，她承担了全部家务让我专心写作，否则本书不可能在这么短的时间内完成！

由于作者水平有限，加之本书写作时间较短，书中错误在所难免，恳请读者朋友不吝赐教。

王富英

2017年2月于成都市龙泉驿区艺锦湾